DAS GEWEHR

DIE GESCHICHTE
EINER WAFFE

G.W.P. SWENSON

Das Gewehr

MOTORBUCH VERLAG STUTTGART

Umschlag-Zeichnung: Carlo Demand.
Umschlag-Konzeption: Siegfried Horn.

Die Übertragung ins Deutsche besorgte Ernst Leverkus.

Fotos: Davies 3, Oxford University Press 1, Benn 1, Remington Arms 8, Olin-Matheson 6, Jones 4, Wallis & Wallis 47, Garcelon 3, Precision Shooting Magazine 1, Ministry of Public Buildings and Works 42, King 5, Wallace Collection 9, Smith sonian Institution 2, Enfield Pattern Room 50. Restliche Bilder vom Autor.

QUELLENVERZEICHNIS: Baker, E., "Remarks on Rifle Guns", Blackmore, H. L., "British Military Firearms 1650—1850", "Guns & Rifles of the World", Blanch, H. J. A., "A Century of Guns", Bosworth, N., "Treatis on the Rifle, Musket and Fowling Piece", Burrard, Sir G., "Notes on Sporting Rifles", Carmen, W. Y. A., "A History of Firearms", Caswell, J., "Sporting Rifles and Rifle Shooting", Cline, W., "The Muzzle Loading Rifle, Then and Now", Deane, J., "Manual of the History and Science of Firearms", Freemantle, T. F., "The Book of the Rifle", Fuller, C. E., "The Breech Loader in the Service", "The Whitney Firearms", George, J. N., "English Guns and Rifles", Grant, J. R., "Single Shot Rifles", "More Single Shot Rifles", Greener, W. W., "The Gun and Its Developement", Hatch, A., "Remington Arms in American History", Hatcher, J. S., "Hatcher's Notebook", Held, R. und Jenkins, N., "The Age of Firearms", Lewis, B. R., "Small Arms and Ammution in the United States Service", Luks, J., "History of Firearms", McKee, T. H., "The Gun Book", O'Connor, J., "The Rifle Book", Ommundsen, H. und Robinson, E., "Rifles and Ammunition", Pollard, H. S. C., "A History of Firearms", Roads, C. H., "The British Soldiers Firearm 1850—1864", Roberts, N. H., "The Muzzle Loading Caplock Rifle", Sawyer, C. H., "Our Rifles", Smith, W. H. B., "Rifles", "Small Arms of the World", "Textbook of Small Arms — 1929", Truesdell, S. R., "The Rifle; Its Development for Big Game Hunting", Taylor, J., "African Rifles and Cartridges", Walsh, J. H. (Stonehenge), "The Modern Sportsmans Gun and Rifle, Volume II: The Rifle", Whelen, T., "The American Rifle".

ISBN 3-87943-275-9

6. Auflage 1981.
Copyright © by Motorbuch Verlag, 7 Stuttgart 1, Postfach 1370. Eine Abteilung des Buch- und Verlagshauses Paul Pietsch GmbH. & Co. KG.
Sämtliche Rechte der Verbreitung in deutscher Sprache — in jeglicher Form und Technik — sind vorbehalten. Satz und Druck: W. Todt KG., Villingen/Schwarzwald, Buchbinderische Verarbeitung: Verlagsbuchbinderei Karl Dieringer, Stuttgart.
Printed in Germany.

INHALT

Die Entwicklungsgeschichte der Büchse 7

Die Einführung der Massenproduktion 27

Sport- und Scheibengewehre 79

Visiere 107

»Das Gewehr« — im Bild 109

DIE ENTWICKLUNGSGESCHICHTE DER BÜCHSE

Die Verbreitung des Wissens um die Existenz des Schieß-pulvers während des Mittelalters war sowohl aus weltlicher als auch aus geistlicher Sicht gefährlich.
Die Formel zur Herstellung dieser Substanz zu verraten, das war sogar noch gefährlicher, und Roger Bacon, der Franziska-nermönch aus Somerset, welcher beides tat, traf alle ihm mög-lichen Vorkehrungen gegen den Verdacht der Hexerei und den Verrat eines gefährlichen Geheimnisses. In »An Excellent Dis-course of the Almighty Force and Efficaie of Art and Nature« (erschienen um das Jahr 1260) versucht er zu beweisen, daß »Dinge, die gewöhnlich teuflischer Magie zugeschrieben wer-den, von Menschenhand nachgeahmt werden können!«
Er stellte fest, daß eine gewisse Mischung zur Explosion ge-bracht werden kann »wenn Du den Trick kennst«, und er gab eine Formel dafür an.
Aus dem Lateinischen übersetzt lautet sie: »Nimm Salpeter, LURI VOPO VIR CAN UTRI, und Schwefel, dies zusammen ergibt großen Donner und Blitz«.
Die Buchstaben des Anagramms, hier zur Unterscheidung groß geschrieben, lauten zurückübersetzt: »Nimm sieben Teile Sal-peter, fünf Teile Holzkohle aus jungem Haselnußholz und fünf Teile Schwefel«.
Das ergibt das Gemisch

Salpeter 41,2 %
Holzkohle 29,4 %
Schwefel 29,4 %

welches für Feuerwerke, aber nicht für Schußwaffen geeignet ist.

Eine Formel zur Herstellung von Salpeter (Potassium nitrate), ohne den das oben erwähnte Gemisch nicht auskommt, wurde auch angegeben. Dieser bemerkenswerte Mann prophezeite unter anderem auch den motorgetriebenen Wagen, das Flugzeug, den maschinellen Antrieb von Schiffen, die Hängebrücke, die Taucherglocke und das U-Boot. Er war schlau genug, seine Werke nach der Wahl eines neuen Papstes mit liberalen Ansichten zu veröffentlichen, und in einem 1267 veröffentlichten Buch stellte er fest, daß Schießpulver in vielen Ländern bekannt war. Es wird vermutet, daß Bacons Kenntnisse der arabischen Literatur zur Entdeckung des Pulvers beigetragen hat. Daß er mit seinen Substanzen Versuche machte, geht aus seinen Schriften hervor.

Unglücklicherweise setzten nach dem Tod des freundlichen Papstes energische Gegenbewegungen ein, und von Roger Bacon hörte man nichts mehr.

Der nächste Schritt in der Entwicklung des Schießpulvers ist die »Liber Ignum«, etwa um 1275, eine von Juden und Arabern zusammengetragene Sammlung von Rezepten. Die Formel für das Pulver ist sehr verbessert: 1 lb Schwefelpulver, 2 lbs Holzkohle aus Weidenholz und 6 lbs Salpeter, »welche drei Dinge in einem Mörser fein gemischt werden«, und das Ganze scheint Teil einer Anleitung zur Herstellung römischer Kerzen zu sein. »The Secrets of Albertus Magnus« (St. Albert), das zur gleichen Zeit erschien, enthält dieselbe Formel für Pulver wie die Liber Ignum. Da der Verfasser bei der Kirche gut angesehen war, trug sein Einfluß viel dazu bei, den Ruf der Zauberei, der über der Sache hing, zu beseitigen.

Die angedeutete, orientalische Herkunft des Pulvers führte zu vielen Spekulationen, und in der Aera Elisabeth schreibt Sir Francis Bacon über einen Stamm im Punjab zur Zeit Alexanders des Großen: »*Es ist sicher, daß diese Waffe in der Stadt Oxydrakes in Indien bekannt war. Von den Macedoniern wurde sie Donner, Blitz und Magie genannt.*« Es hieß auch, die Gentoo

Laws, zur gleichen Zeit wie das Buch Moses geschrieben, enthielten ein Verbot der Verwendung explosiver Waffen.

Moderne Wissenschaftler zweifeln an dieser und anderen Legenden, und der älteste authentische Bericht von Explosivkörpern findet sich im »Wu Ching Tsung Yao« um etwa 1044.

1233 finden wir Papierrohre zum Fortschießen eines Geschosses und um 1250 Bambusrohre. Metallrohre scheinen eine europäische Erfindung zu sein.

Die Herkunft der Schußwaffen wird nur durch Erzählungen berichtet, die meist aus dem 15. Jahrhundert stammen und von Konstantin Anklitzen aus Freiburg im Breisgau berichten. Nachdem er dem Franziskaner-Orden beigetreten war, nannte er sich Bertholdus, später wurde er als Berthold Schwarz besser bekannt. Ein Bericht aus dem Jahr 1410 sagt: »*Diese Kunst wurde von einem Magister gefunden. Sein Name war Magister Berthold . . . der sich mit der Alchimie beschäftigte . . . er mischte die Zutaten in einem kupfernen Tiegel zusammen und verschloß ihn dicht . . . und stellt ihn aufs Feuer . . . der Tiegel zersprang in kleine Stücke . . . Später versuchte der Magister, ob man mit diesem Mittel einen Stein fortschleudern könne . . .*«

Das erste Bild einer Kanone ist im »De Notabilitatibus Sapientis et Prudentia Regum« abgebildet, welches sicher auf das Jahr 1326 datiert werden kann. (Bild 1; nachfolgend steht nur noch Nummer des Bildes). Die Verwendung von Kanonen wird im selben Jahr in einem Protokoll des Rates von Florenz erwähnt. Handbüchsen erscheinen in den »English Royal Household Accounts« von 1346. Die älteste Handbüchse wurde in den Ruinen der Festung Tannenburg gefunden, die 1399 niedergebrannt, geschleift und nie wieder aufgebaut wurde.

Es scheint, daß die berühmten Armbrustschützen aus Flandern den Übergang zu Feuerwaffen sehr schnell vollzogen. Eine alte Schrift sagt: »*König Eduard IV, der 1471 in Ravenspurgh in Yorkshire landete, brachte unter anderem dreihundert mit Handbüchsen bewaffnete Flamen mit.*« (2)

Die ersten Handfeuerwaffen waren einfache Rohre mit einem Zündloch am Ende, die manchmal auf einem Holzstab montiert waren. Das Ganze war höchst unhandlich, weshalb sehr bald die Arkebusen aufkamen (arca bouza = Bogen mit Loch), die den Schaft der Armbrust und deren Feuermethoden verwendete.

Die Geschosse waren meistens Kugeln oder Pfeile. Armbrust-Pfeile bzw. -Bolzen wurden durch Drehungen stabilisiert, die man mit Hilfe von Federn am hinteren Ende oder durch eine Führung im Lauf erzeugen konnte.

Es ist klar, daß diese Tatsache von den Waffenherstellern nicht übersehen wurde, und gegen Ende des 15. Jahrhunderts erschienen die ersten gezogenen Gewehre oder Büchsen.

Die erste Büchse gehörte früher dem Kaiser Maximilian I. und kann auf etwa 1493 bis 1508 datiert werden (3,4). Sie hat Kaliber 24 (.577) und verwendete eine Ladung von 115 grain, wie das Pulvermaß zeigt. Zu jener Zeit war das Schießpulver ein ziemlich rohes Gemisch und nur zwei Drittel so stark wie das späterer Zeiten, für das eine Ladung von etwa 75 grain für das 292 grain schwere Geschoß richtig gewesen wäre. Diese Ladung stimmt gut mit denen überein, die später für Vorderlader verwendet wurden.

Von Anfang an wurden für die Büchsen aus praktischen und religiösen Gründen Rundkugeln verwendet, denn diese waren leicht zu laden und die Kugelform erinnerte an die Himmelskörper, was dazu beitrug, den teuflischen Ruf, welcher der Büchse anhing, zu beseitigen. Die erste Erklärung für die Wirkung der Züge wurde 1522 von einem bayerischen Neuling gegeben. Man führte die Genauigkeit der gezogenen Läufe darauf zurück, daß sich auf den schnell rotierenden Geschossen keine bösen Geister oder Dämonen halten könnten. Um dieses durch den Versuch zu erhärten, veranlaßte der Erzbischof von Mainz 1547 zwei Mitglieder des Schützenvereins zu einem Experiment. Einer der beiden verwendete Bleikugeln, der andere

Silberkugeln, die mit einem tiefeingeschnittenen Kreuz versehen und von der Kirche gesegnet waren. Nach zwanzig Schüssen stellte sich heraus, daß die Bleikugeln neunzehn Treffer erzielt hatten, die Silberkugeln keine!

Dies führte natürlich zu der Annahme, daß rotierende Kugeln in Wirklichkeit von den Dämonen geleitet würden.

Fortan wurde die Herstellung von gezogenen Gewehren verboten und alle erreichbaren eingezogen. Verstöße gegen dieses Edikt wurden mit dem Verbrennungstod geahndet. Der wahre Grund war natürlich, daß die Silberkugeln sich nicht in die Züge pressen ließen und deshalb nicht in Rotation versetzt wurden wie die Bleikugeln. Allerdings wurde dies damals übersehen.

Das Verbot wurde wie die meisten seiner Art nicht lange beachtet. Aber die Verbindung zwischen Büchse und Hexerei bestand weiter. Das Buch „Der Hexenhammer" (The hammer of Witches 1487) beschreibt die Methoden, durch welche der Teufel zu Hilfe gerufen werden konnte. Die meisten der Rituale erforderten den Diebstahl einer geweihten Oblate während der Messe. *»Es gibt viele Edelleute, die solche Hexenschützen bei sich am Hofe halten und ihnen erlauben mit ihrer Verderbtheit zu prahlen.«*

Eine andere Methode war, verzauberte Kugeln vom Teufel zu erhalten. Das bedeutete: Kugelgießen an einem Kreuzweg an Heilig Abend, wenn der Teufel erscheint. Er konnte Farnsamen anwenden (Farne haben keinen Samen), was dem Schützen erlaubt, jedes Ziel zu treffen. Oder der Teufel gründet eine Schießschule für je drei Schützen, von denen einer seine Seele verliert.

Als Carl Maria von Weber seine Oper »Der Freischütz« schrieb, konnte sein Librettist zwei Bände über Zauberkräfte beim Schießen veröffentlichen, soviel Material hatte er 1843 gesammelt. Zu jener Zeit existierte in verlassenen Gegenden noch der Glaube an Geisterkräfte, die dem Schützen helfen.

Bei diesen Verhältnissen ist es vielleicht kein Wunder, daß die Entwicklung des Gewehres so langsam voranschritt.

Gleichzeitig mit der Entwicklung erschien der Büchsenmacher auf der Szene. Vorher wurden Kanonen und Büchsen von Glockengießern, Grobschmieden und Uhrmachern hergestellt. Die Schäfte wurden von Holzschnitzern gemacht. Die allgewaltigen Zünfte begannen die Herstellung zu begrenzen und die Preise zu halten, und die einzigen Ausnahmen in ihren strengen Regeln betrafen jene Büchsenmacher, die in den Privatwerkstätten für die Kaiser und Könige arbeiteten.

Das gezogene Gewehr war wegen seiner schwierigen Herstellung und Ladung meist auf Scheibenschießen und die Jagd beschränkt. (6, 7, 9, 10, 15). Für Militärzwecke blieb die Arkebuse während des ganzen 16. Jahrhunderts im Gebrauch. *»Vor der Schlacht von Monguter ließ der Prinz der Gegend einige tausend Arkebusen gleichen Kalibers herstellen, die ›harquebus du calibre de Monsieur le Prince‹ genannt wurden, was ihnen schließlich den Namen caliver eintrug.«*

Wir wissen, daß der Sheriff von Lincolnshire 13 s 6 d für calivers, komplett mit Kugelzange und Zubehör, bezahlt hat.

Die Muskete war als Waffe zum Töten von Pferden und zum Durchschlagen von Panzerungen gedacht. Zunächst im Kaliber 10 (.79) erforderte sie eine Anschlaggabel. Später wurde das Kaliber auf 12 (.73) verkleinert. Charles I. zahlte 15 s 6 d für jede Muskete mit Anschlag und Zubehör (13,17).

Obwohl die ersten Büchsen aus Wien kamen, ging die Entwicklung dort sehr langsam voran. Es schien, als ob sich die Büchsenherstellung in der Gegend von Nürnberg, Suhl, Augsburg und Solingen konzentrierte, speziell als nach der Einführung des Radschlosses um 1515 viele Uhrmacher auf Schloßmacher umsattelten.

Das Radschloß verwendet eine Feder, um ein Stahlrad gegen einem Stück Pyrit zu drehen, was einen Funkenregen auf das Zündpulver in der Pfanne auslöste. (5, 8, 9, 10, 15, 16, 17).

Die alten Luntenschlösser erforderten eine stets glimmende Lunte, solange ein Schuß nötig war, und obwohl spätere Ausführungen mit einem richtigen Abzug versehen waren, blieb es ein Problem, die Lunte am Glimmen zu halten.

In der Nacht war der Soldat gezwungen, die Lunte in einem mit Löchern versehenen Behälter zu tragen, um das Licht und die Funken zu verdecken, und an regnerischen Tagen erwies sich die Hutkrempe als sehr brauchbar. Wie der Earl of Orrery es ausdrückte: »*Die Lunte ist sehr gefährlich, wenn Soldaten in der Hast des Kampfes zum Pulverfaß rennen. Bei Nachtmärschen wird man oft von der Lunte verraten. Bei windigem Wetter zünden von der Lunte geblasene Funken die Muskete, womit der Schuß verloren ist, wenn nicht gar jemand verletzt oder getötet wird.*«

Trotz der Vorteile des Radschlosses wurde es im Allgemeinen nicht für Militärwaffen verwendet, da eine solche Waffe das Zehnfache einer Luntenschloß-Muskete kostete.

Für Jagd- und Scheibenbüchsen jedoch erreichte es eine fast einzigartige Beliebtheit. Mit der Zeit hatte sich die äußere Form stabilisiert. Der deutsche Schaft führte sich ein, d. h. die Waffe wurde nur mit den Händen gehalten, wobei die Wange auf dem Schaft ruhte. (15, 16). Der Kolben war hinten kurz und birnenförmig. Er war in jedem Fall zu kurz, um an die Schulter gesetzt zu werden. Diese Form war nötig wegen der Mode jener Zeit. Die spanische Form, die heute verwendet wird, verlangt ein Anschlagen der Waffe an die Schulter (10,17).

Der Dreißigjährige Krieg zerstörte die deutsche Waffenherstellung völlig, und obwohl die italienischen Städte Brescia, Milan, Florenz und Gardonne sehr gute Waffen herstellten, wurden nur wenig Büchsen gemacht.

In der letzten Hälfte des 16. Jahrhunderts führte sich die Verwendung des gekörnten Pulvers allgemein ein. Diese Veränderung, bei der das Pulver zu kleinen Körnern statt zu einem Staub gemahlen wurde, verbesserte die Stärke um ein Drittel und verhinderte die Trennung der Bestandteile auf langen Märschen.

Außerdem konnte es nicht mehr vorkommen, daß das durch die Kugel stark zusammengepreßte Pulver zu Fehlzündungen führte, denn die Körner sorgten für Luft in der Pulverkammer. Das Bedürfnis für einen vereinfachten Zündungsmechanismus führte zum Schnappschloß, einer holländischen Entwicklung von etwa 1580. Bei diesem Schloß schabte ein Stück Pyrit an einer rauhen Stahlplatte entlang, um den Zündfunken zu erzeugen. Diese Konstruktion wurde von Büchsenmachern in Amsterdam, Utrecht und Maastricht eingeführt und beeinflußte den Waffenbau in Deutschland, Österreich, Schweden, Dänemark und sogar Marocco.

Die Sprödigkeit des Pyrits verlangte ein Schloß, das eine schabende Bewegung erzielte und war stets ein Hindernis. Man suchte deshalb nach einem robusterem Material und fand es im Feuerstein. Bald erschienen verschiedene Formen von Steinschlössern. Das sogenannte französische Steinschloß von 1630 erwies sich als das Beste und beherrschte für 200 Jahre den Waffenbau (14). — Diese neue Entwicklung vergrößerte das Interesse an gezogenen Gewehren für militärische Verwendung, und 1631 hatte der Landgraf von Hessen drei Jäger-Kompanien mit Büchsen bewaffnet. Maximilian von Bayern stellte 1645 drei Jäger-Regimenter für »kleinere Kriegshandlungen« auf.

Zwei Jahre später führte Friedrich Wilhelm von Brandenburg Scharfschützen in jeder Infanterie-Kompanie ein. Ludwig der Vierzehnte rüstete Kavallerie-Einheiten mit den ersten Karabinern aus, und 1680 gab es in jeder Kompanie der englischen Leibwache acht gezogene Karabiner.

Bei ausreichender Zuverlässigkeit wurde von Militärwaffen hauptsächlich ein geringer Preis verlangt. Eine Arkebuse mit Zubehör kostete im Jahre 1631 1 lb 16 s.

Bei Jagd- und Scheibenbüchsen erreichte das Steinschloß weit schlechtere Ergebnisse. Ein gutes Radschloß erzeugte einen waren Funkenregen und zündete sehr schnell. Es wurde daher von vielen bevorzugt, trotz der ansprechenden Form des Steinschlosses, welches weniger unhandlich und leichter zu spannen war als das Radschloß.

Das Laden der Kugel wurde zu dieser Zeit durch die Erfindung des Schußpflasters merklich erleichtert. Dieses Schußpflaster besteht einfach aus einem Stückchen Abfall-Leder oder doppeltgewebtem Stoff, das um die Kugel gelegt wurde. Das Schußpflaster diente der Erleichterung beim Laden und natürlich auch der »Liderung« (Gasdichtung) sowie der Führungshilfe in den Zügen. Es machte sogar die Verwendung eines eisernen Ladestockes überflüssig. Das genaue Datum der Einführung ist nicht bekannt, aber das Schußpflaster wird in dem Werk »The Art of Shooting and Riding« von Alonso de Espinar um 1644 erwähnt.

Zu jener Zeit scheint die genaue Funktion der Züge unbekannt gewesen zu sein. Verschiedene Meinungen waren bekannt:

a) Die Züge drücken sich in das Geschoß ein, und diese Eindrücke wirken wie die Federn an einem Pfeil.

b) Die Züge wirken als Bremse und halten das Geschoß zurück, so daß sich die treibende Kraft des Pulvers besser auswirken könne.

c) Die drehende Bewegung der Kugel wirkt wie bei einem Bohrer, so daß sich das Geschoß durch die Luft bohrt.

Das gefettete Schußpflaster, das zur Theorie a und b in Gegensatz stand, kam schließlich nicht mehr zur Verwendung.

Die Form der Büchse änderte sich im Laufe der Zeit. Kleine Jagdgewehre vom Kaliber .30 bis .40 wurden in den baltischen Ländern, in Deutschland und in Österreich viel verwendet, während für größeres Wild Büchsen im Kaliber .50 bis .70 in Gebrauch waren (11, 15, 16).

Diejenigen, die aus Wagen oder vorbereiteten Plätzen schossen, oder die Diener hatten, welche ihnen die Waffen trugen, bevorzugten eine andere Art von sehr schweren Büchsen, die oft 20 Pfund und mehr wogen und deren Kaliber bis zu .85 ging. Es heißt, man könnte mit ihnen größeres Wild auf 400 yards töten, und Schüsse auf 200 yards wären nichts Ungewöhnliches (17).

Bei der Art der Züge scheinen keinerlei Regeln gegolten zu haben. Die Zahl der Züge schwankte bei einigen untersuchten Büchsen zwischen zwei und 133, und in den meisten Fällen scheinen ungerade Zahlen bevorzugt worden zu sein.

1858 sagt Dean: »*Unter den vielen Sammlungen alter Waffen, die durch meine Hände gegangen sind, waren einige Büchsen mit völlig geraden Zügen, aber der größte Teil war mit spiralförmigen Zügen versehen, von denen die meisten eine halbe Umdrehung, einige eine dreiviertel Umdrehung und nur sehr wenige mehr als eine ganze Umdrehung auf 2, 2½ und 3 ft machten. Auch trifft man jede Form der Spirale und der Züge an, von denen einige als sehr modern gelten.*«

Einige Büchsen haben Züge, die an der Mündung sehr steil sind und in Richtung Laufhinterende immer flacher werden. Bei anderen ist es gerade umgekehrt, und einige haben in der Mitte steile Züge, die am Anfang und am Ende des Laufes flacher werden.

Die Mehrzahl der Büchsen haben eine ungerade Zahl tiefer gerundeter Züge, die eine ganze Umdrehung machen.

Im Jahre 1700 ist die Rundkugel noch immer die einzige Form des Geschosses. Aber 1728 sagt Leutman in »History of St. Petersburgh: »*Es ist sehr nützlich, aus gezogenen Waffen elliptische Geschosse zu verfeuern.*«

1742 war das Erscheinungsjahr von »New Principles of Gunnery«, das von einem Engländer namens Benjamin Robins geschrieben wurde, der »*viele Experimente mit Waffen gemacht hat und herausfand, daß der Luftwiderstand einen wesentlich größeren Einfluß auf die Geschoßbahn hat, als allgemein angenommen wird*«. Er demonstrierte, daß — im Gegensatz zur allgemeinen Ansicht — die Geschwindigkeit eines Geschos-

16

ses gemessen werden und die Flugbahn bestimmt werden kann. Kurz vor seinem Tode 1751 deutete er an, daß eine Kugel denselben Gesetzen gehorcht wie ein Pfeil, und daß die verbesserte Genauigkeit darauf beruht, daß bei der rotierenden Kugel die Ungleichheiten sich nach allen Seiten gleichmäßig auswirken.

Robins schlug auch die Verwendung eines eiförmigen Geschosses vor, das mit dem schweren Ende voraus abgefeuert werden sollte, um den Schwerpunkt vorne zu halten. Es ist eine Ironie des Schicksals, daß diese Ergebnisse vom Bürger einer Nation veröffentlicht wurden, die an Feuerwaffen völlig uninteressiert war.

Untersuchungen zeigen, daß Sir Hugh Plat 1594 schrieb: »*Wie man eine Pistole herstellt, mit einem 2 ft langen Lauf von höchster Genauigkeit . . . mit acht tiefen Zügen im Inneren des Laufes und einem Geschoß, das etwas größer als die Laufbohrung ist . . .*«

Auch Arnold Rotsipen, ein in London arbeitender Holländer, meldete 1634 ein Patent über einen gezogenen Lauf an. Aber es bestand damals noch kein Interesse an Waffen mit gezogenen Läufen. Die erste gezogene Büchse, von der man bestimmt weiß, daß sie in England hergestellt wurde, ist ein Hinterlader nach Art der Ferguson-Waffe von Willmore of London um etwa 1690. Diese Büchse hat das Kaliber .66 mit acht Zügen von .030 in Tiefe, die sich in Richtung auf die Mündung auf .020 in verringerte.

Es würde auf Robins Beschreibung passen: »*Gezogene Läufe, die in England hergestellt wurden (ich kann mich nicht erinnern, anderswo etwa Ähnliches gesehen zu haben), sind dazu bestimmt, von hinten geladen zu werden, wo die Wandstärke für diesen Zweck stärker ist. Pulver und Blei werden durch ein Loch an der Seite eingefüllt, das dann mit einer Schraube verschlossen wird.*« (24)

Die britische Regierung hatte schon etwas eingeführt, was allgemein als völlig neue Waffe galt. Bekannt als Tower-Muskete oder auch als Brown Bess, wurde sie die Standardwaffe der englischen Armee von 1730—1830. Konstruiert für leichtes Laden, große Feuergeschwindigkeit und Zuverlässigkeit unter extremen Bedingungen, war die Muskete in diesen Dingen den Büchsen weit überlegen. Die Genauigkeit war allerdings eine andere Frage.

»Eine Militärmuskete, die nicht sehr schlecht gebohrt und ver-arbeitet ist, wie so viele, trifft auf 80 oder höchstens 100 yards einen Mann ... was die Treffsicherheit auf zweihundert yards angeht, könnte man genausogut auf den Mond schießen, in der Hoffnung ihn zu treffen.«

Da die Entwicklung der Büchse in Europa still stand, kamen die neuen Impulse aus den amerikanischen Kolonien. Die ersten englischen Auswanderer nahmen Musketen mit Lunten-schlössern und Vogelflinten mit (12). Da die Indianer, die man traf, mit Feuerwaffen nicht vertraut waren, blieb die Situation bis zur Entdeckung und Besiedlung der Wildnis unverändert.

Dann wurde eine leichte Büchse benötigt, die genau war und mit möglichst wenig Pulver und Blei auskam (20).

Die amerikanischen Büchsenmacher, die meist Religionsflüch-tige aus Deutschland waren, kannten die Jagdbüchsen ihrer Heimat sehr gut und benützten sie als Ausgangspunkt (21, 22, 25, 26, 30, 31, 32). Das Kaliber lag bei etwa .45, der Schaft wurde so kurz wie möglich gehalten, um Gewicht zu sparen, und die Züge machten eine Umdrehung auf etwa 6 bis 8 ft, um zu verhindern, daß das Geschoß beim Laden darüber glitt. Mo-derne Versuche zeigten mit einer Kugel von .45 eine Geschwin-digkeit von 1565 ft/sec. bei 65 grains Pulver und von 2150 ft/sec. bei 100 grains.

Es wurde nur eine Kimme benutzt.

»Dieser Waffentyp war für seine gute Genauigkeit auf große Distanz bekannt ... bei allen Entfernungen unter 100 yards wurde das Ziel bei Vollkorn-Abkommen getroffen. Es machte

*keinen Unterschied, ob das Eichhörnchen auf einen Baum
sprang oder ob der Kopf des Truthahnes 25, 50 oder 90 yards
entfernt war, man mußte ihn nur voll im Visier halten und der
Schuß saß.«*

Für größere Reichweiten war es üblich, die Ladung zu verstär-
ken. Die größte Besonderheit der Kentucky-Rifle, wie sie genannt wurde, obwohl die meisten in Pennsylvania hergestellt
wurden, war ihr ungewöhnlich langer Lauf. Es heißt, dies sollte
den Geschwindigkeitsverlust ausgleichen, der entsteht, wenn
man ein Schußpflaster verwendet, statt das Geschoß in den
Lauf zu hämmern.

So gut die Waffe für die Wildnis geeignet war, wo es auf d e n
einen Schuß ankam, so schlecht eignete sie sich für die militärische Verwendung, für den Kampf in geschlossener Forma-
tion. Sie hatte keine Bajonetthalterung, und es konnte auch
keine angebracht werden.

Obwohl ein abgesetztes Geschoß für eine begrenzte Verbesserung der Feuergeschwindigkeit verwendet werden konnte,
machten Pulverrückstände die Waffe bald unbrauchbar.

Der beste Weg, dies Problem zu lösen, bestand darin, die
Funktion des Ladens vom Laufhinterende her auszuführen. Die
Kugel konnte dann Verunreinigungen vor sich herschieben.

Hinterlader-Luntenbüchsen gab es, und die englischen Hinterlader wurden schon erwähnt. Sie schossen gut genug, abe· die
technischen Möglichkeiten waren noch nicht so weit fortgeschrit-
ten, daß man die Verschlüsse gasdicht bekam. Das durch die
Zündlöcher austretende Gas kondensierte sich und machte das
Gewehr nach einigen Schüssen unbrauchbar (29). Gewehre
anderer Ausführungen mit Zylinder- oder Blockverschlüssen
waren in dieser Hinsicht sogar noch ungünstiger (18, 19).

Von allen bekannten Konstruktionen des frühen 18. Jahrhun-
derts war die Erfindung von Isaac de la Chaumette, einem nach
London entkommenen Hugenotten, die aussichtsreichste (23).
Sein Gewehr besaß eine Verschlußschraube, die von unten

nach oben durch das hintere Laufende ging. Zwei Umdrehungen des beweglichen Abzugbügels öffneten den Verschluß. Nachdem das Gewehr geladen war, wurde die Verschlußschraube wieder geschlossen und das Gewehr war feuerbereit. Die erste Demonstration der Waffe im Artillery Ground von London war zwar ein Erfolg, rief aber die Opposition der Londoner Büchsenmacher gegen einen Außenseiter hervor, und der Erfinder verschwand von der Bildfläche.

Eine Verbesserung dieses Verschlusses, die in Nuten in der Verschlußschraube bestand, bedeutete einen Schritt vorwärts, aber erst der bekannte Colonel Patrick Ferguson beendete die Entwicklung »*durch eine geniale Vorrichtung. Der Lauf hat an seinem hinteren Ende auf der Oberseite ein Loch, das gerade groß genug ist, das Geschoß durchzulassen. Dieses Loch ist ausgefüllt durch eine Schraube, die mit dem Abzugsbügel verbunden ist. Eine halbe Umdrehung des Abzugsbügels senkt die Schraube soweit, daß die Laufbohrung ganz freigegeben wird. Da diese Bohrung hinten ohne Züge und etwas erweitert ist, läßt sich das Gewehr leicht laden, das Geschoß preßt sich aber beim Schuß in die Züge und wird in Rotation versetzt*« (34, 35). Die Überlegenheit dieser Waffe über den Crespi-Hinterlader ist klar. 1770 führte die österreichische Armee die Crespi ein, aber schon sieben Jahre später, als sich die Mängel herausstellten, wurde die Versorgung eingestellt. Die vorhandenen Gewehre wurden an Freiwilligen-Regimenter ausgegeben.

Ferguson, der aus West-Indien einige Erfahrungen im Partisanen-Krieg besaß, fand, daß nach den obengenannten Verbesserungen der englische Hinterlader die besten Resultate zeigte. Vor dem Generalwaffenmeister und einigen Offizieren wurde, wie das Annual-Register vom 1. Juni 1776 berichtet, in Woolwich eine Vorführung abgehalten.

»*Trotz schweren Regens und starkem Wind zeigte Ferguson die folgenden vier Dinge, die nie zuvor bei einer Handfeuerwaffe gesehen wurden:*

1. Er schoß vier oder fünf Minuten lang auf ein 200 yards entferntes Ziel, mit vier Schüssen pro Minute.

2. Er feuerte sechs Schüsse in einer Minute ab.

3. Er schoß pro Minute viermal, wobei er mit vier Meilen pro Stunde vorrückte.

4. Er goß eine Flasche Wasser in Lauf und Pfanne des Gewehrs, als er es lud, und in weniger als einer halben Minute schoß er so gut wie immer, ohne das Geschoß herausgenommen zu haben. Auch traf er über 100 yards ins Schwarze, wie er überhaupt das Ziel während des ganzen Versuchs nur dreimal fehlte.«

Bei diesem Test waren die Bedingungen für die Waffe sehr günstig, denn das feuchte Wetter und der Regen verhinderten, daß Pulverrückstände den Verschluß blockierten, wie bei anderen Hinterladern jener Tage.

Die britische Regierung bestellte 300 Gewehre und schickte Ferguson 1777 als Kommandeur eines leichten Corps nach Amerika. Die Leistungen seiner Waffen wurden durch seine Fähigkeiten als Infanterie-Kommandeur und Partisanenführer völlig in den Schatten gestellt. Aber wir wissen, daß General Howe alle diese Waffen aus dem Dienst nahm, als Ferguson verwundet wurde. Nach seiner Genesung hatte er in den südlichen Kolonien große Erfolge mit irregulären Truppen. Als er die Aufmerksamkeit der Hinterwäldler in den Kings Mountains im Oktober 1780 erregte, wurde er getötet, seine Streitkräfte geschlagen und der größte Teil seiner Waffen gingen verloren. Eine geringe Anzahl wurden als Jagdgewehre verwendet und einige überlebten.

Die Kentucky Rifle war britischen Offizieren, die in Nordamerika dienten, schon bekannt, und General Wolfe hatte bei seinem Sieg bei Quebec eine dabei. Die Tatsache, daß kein Bajonett aufgepflanzt werden konnte, und daß der hölzerne Ladestock unter Belastungen oft brach, hatte die Waffe in Mißkredit gebracht. Aber ihr Nutzen in der Schlacht wertete sie wieder auf.

General Hanger (der zu jener Zeit in Tarletons Truppe Major war) schrieb: »*In meinem ganzen Leben sah ich keine besseren Gewehre (oder Männer, die besser schossen) als die, die in Amerika gemacht waren. Sie werden hauptsächlich in Lancester und einigen umliegenden Ortschaften in Pennsylvania hergestellt. Der Lauf wiegt etwa 6 lbs und verfeuert ein Geschoß vom Kaliber .50. Ich habe nie eine Waffe mit größerem Kaliber gesehen, und ich sah viele hunderte. (37)*
Colonel Tarleton, inzwischen ist er General, und ich standen wenige Meter vor einem Wald und beobachteten den Feind, den wir angreifen wollten . . . durch die feindliche Front ging ein Bächlein mit einer Mühle daran, der wir genau gegenüberstanden. Zwischen uns und der Mühle war ein freies Feld, auf dem es nicht einen einzigen Busch gab. Unser Meldereiter stand hinter uns, aber mit der Breitseite des Pferdes zur Mühle. Ein Schütze lief über den Mühlendamm, sah uns zwei Offiziere und ließ sich fallen, da sie auf große Entfernung immer aus dieser Position schossen. Er zielte kühl und schoß auf meinen Freund, mich und den Meldereiter. Nun hören Sie, wie gut der Bursche schoß. (Ich habe das Gelände einige Male mit großer Aufmerksamkeit überquert und möchte behaupten, daß die Distanz nicht weniger als 400 yards betrug.) Es war im August und kein Lüftchen regte sich. Colonel Tarletons und mein Pferd standen bestimmt nur zwei ft auseinander, denn ich unterhielt mich gerade mit ihm, wie wir mit unseren Truppen, die 300 yards hinter uns im Wald lagen, wo sie der Feind nicht sehen konnte, am besten angreifen sollten. Eine Kugel flog zwischen unseren beiden Pferden hindurch. Ich sagte zu meinem Freund: Ich glaube, es ist besser, wir machen uns davon, da sich sonst bald drei oder vier dieser Herren auf unsere Kosten amüsieren. Kaum hatte ich dies ausgesprochen, als der Meldereiter sagte: Sir, mein Pferd ist getroffen. Das Pferd fiel um und starb. Es war genau am Blatt getroffen, ganz in der Nähe des Herzens . . .«
General Hanger hatte oft Gelegenheit, sich mit Experten über

das Schießen zu unterhalten. Er brachte einige Kentucky-Gewehre sowie eine größere Anzahl englischer und deutscher Büchsen mit nach England zurück.

Die britische Regierung, die große Verluste hinnehmen mußte, versuchte deutsche Scharfschützen anzuheuern, kam aber als Folge des Siebenjährigen Krieges in Schwierigkeiten. Obwohl einige dieser Leute von erster Qualität waren, waren andere mit ausrangierten Musketen bewaffnet und völlig unbrauchbar. Als nächsten Schritt versuchte man, Amerikaner, die der Krone treu waren, mit Büchsen zu bewaffnen. Einige Waffen wurden aus Deutschland importiert, aber sie entsprachen nicht den Wünschen der Amerikaner. So bestellte man einige hundert englische Kopien der Kentucky-Büchse (33). Damit waren dann diese Truppen sehr erfolgreich.

So brauchbar Waldläufer und Pfadfinder als Scharfschützen waren, so konnten sie im regulären Kampf doch nicht neben normalen Truppen mit Musketen und Bajonetten bestehen. Colonel von Heerigen, der Kommandeur eines hessischen Regimentes, schrieb: »Der größere Teil der Scharfschützen kann mit Bajonetten auf die Bäume gejagt werden. Sie brauchen über eine Viertelstunde zum Laden ihrer Waffen.«

Der amerikanische General »Mad Antony« Wayne stellte fest: »Ich liebe Büchsen nicht. Ich wünsche keine zu sehen, da sie kein Bajonett hat.« Sogar General Washington war gezwungen zu sagen: »Seine Excellenz werden denen, die mit Büchsen nicht hervorragend umgehen können, Musketen geben.«

Wie sagt General Hanger: »Es dauert sehr lange, bis aus einem Soldaten ein guter Scharfschütze wird.«

Am Ende des Krieges hatten die Engländer eine große Zahl Scharfschützen, die aus den amerikanischen Loyalisten, hannoverschen Truppen und deutschen Söldnern bestand.

Zu jener Zeit erschien die französische Revolution am Horizont. Die Bedürfnisse der deutschen Söldner an Waffen wurden durch Ankäufe befriedigt. Man beschloß, die Dragoner mit gezogenen Hinterlader-Karabinern auszurüsten. Durs Egg, der bekannte Büchsenmacher, wurde beauftragt, diese Waffe herzustellen, die ein Nachbau der Crespi war und einen 30 in langen Lauf hatte (36). Fünf Regimenter wurden damit beliefert. In der Zwischenzeit begnügten sich die meisten Staaten auf dem Kontinent mit der Jager-Büchse und die österreichische Grenzwacht wurde mit doppelläufigen Gewehren ausgerüstet, die einen gezogenen Lauf hatten. Man fand heraus, daß diese Waffen schwer und schlecht ausgewogen waren, und zog sie bald aus dem Dienst.

Die Österreicher versuchten auch ein starkes Luftgewehr (Windbüchse) einzuführen, der Erfinder war ein Tiroler Uhrmacher namens Bartholome Girandoni. 1779 wurden zwei von ihm erfundene Gewehre, ein Repetiergewehr für Schießpulver und eines für Preßluft, von der österreichischen Regierung getestet. Im November des gleichen Jahres begann man mit der Herstellung des Luftgewehres. Aber bis zum Ende 1784 wurden nur 175 Stück hergestellt. Bis Ende 1787 wurden 700 weitere produziert. Das Gewehr war mit den Werkzeugen jener Tage extrem schwer herzustellen, aber es war dennoch eine sehr fortschrittliche Waffe (38).

Sie wog nur 9¼ lb und war ein Repetierer für zwanzig Schuß, der in der Sekunde einmal schießen konnte. Das Geschoß fiel durch sein Gewicht aus dem Magazin vor einen federbetätigten Zubringer. Die Geschoßgeschwindigkeit betrug nur 985 ft/sec, was einige 100 ft/sec weniger waren als bei den damals üblichen Waffen. Der Druck im Preßluftbehälter, der gleichzeitig als Anschlagkolben diente, betrug etwa 400 lb/sq. in. Die ersten zehn Schüsse reichten etwa 120 yards weit, die nächsten zehn nur 100 yards. Sollten weitere zehn Schüsse verfeuert werden, so reichten diese nur noch 80 yards weit.

Da man zum Wiederauffüllen des Preßluftbehälters 2000 Pumpstöße brauchte, waren Ersatzbehälter nötig. Aber die verwendete Blechqualität war sehr schlecht und der Druck begrenzt. Bis

1799 wurden 1500 dieser Gewehre hergestellt, aber die österreichischen Offiziere fürchteten diese Waffen und mißtrauten
den damit ausgerüsteten Truppen. 1801 wurden sie aus dem
Dienst genommen und eine Hof-Order von 1802 enthielt Luft-
gewehre auf der Liste der geheimen und versteckten Waffen
und verbot ihre Herstellung. Sie wurden gegen die Türken und
Franzosen eingesetzt, und der bekannte General Thornton
wurde 1802 in Paris von General Mortier informiert, daß die
Franzosen alle Soldaten, die mit dem Besitz dieses Gewehres
in Gefangenschaft gerieten, töteten.

Die Franzosen setzten während dieser Zeit die Verwendung
der Büchse nicht fort. Ihre sehr schweren Verluste im Siebenjährigen Krieg durch die hessischen Scharfschützen führten zu
Bemühungen, etwas Gleichwertiges aufzustellen, und 1793
wurde der Carabine de Versailles eingeführt. Die genau pas-
sende Kugel mußte mit einem Ladestock in den Lauf gerammt
werden. Das starke Wachstum der Armee machte das Training
schwierig. 1805 wurde diese Waffe auf Befehl Napoleons nicht
mehr weitergebaut. Nach Napoleons Worten war das die
schlechteste Waffe, die ein Soldat in die Hand bekommen könnte.
Die dauernden unbefriedigenden Experimente mit im Ausland
gekauften Büchsen führten dazu, daß die Engländer für die neu-
gebildete British Rifle Brigade eigene Gewehre entwickeln
wollten. In einem Wettbewerb, der im Februar 1800 stattfand,
wurden deutsche, amerikanische und britische Büchsen getestet, und die von Ezekiel Baker, einem Büchsenmacher aus
Whitechapel, vorgelegte Waffe gewählt (41). In seiner endgül-
tigen Form hatte dies Gewehr einen 30 in langen Lauf im Kaliber .615in, wobei die Züge eine Viertel Umdrehung machten.
Dieser Nachbau der Kentucky Rifle sorgte zusammen mit einem
gefetteten Schußpflaster für leichtes Laden und erlaubte die
Verwendung einer starken Ladung.

Das Baker-Gewehr verbesserte die effektive Reichweite der
Muskete von 70 yards auf eine größere Distanz (50). Der Er-

finder: »*Ich fand heraus, daß 200 yards die größte Entfernung war, über die ich mit einiger Sicherheit schießen konnte*«.

Die Rifle-Brigade hinterließ mit ihren neuen Waffen bald ihre Spuren in Napoleons Kriegen. Im Kampf gegen die französischen Tirailleurs, die mit Musketen bewaffnet waren, waren sie im allgemeinen erfolgreich. Geschichten, die in Verbindung mit der Büchse von persönlicher Tapferkeit während des amerikanischen Revolution berichten, zeigen, wie sich der Gebrauch der Büchse entwickelt hat. »*General Colbert, der die feindliche Kavallerie befehligte, stellte plötzlich fest, daß die Scharfschützen sich zurückgezogen hatten und daß die englische Kavallerie schutzlos dastand. Er begann einen schnellen und entschlossenen Angriff mit seinen eigenen Leuten. Die Scharfschützen kehrten sofort zurück und warfen sich in den Kampf. Aus den Straßengräben brachten sie so viele schnelle gutgezielte Schüsse an, daß der Angriff stecken blieb. In diesem Moment sprang der für seine guten Leistungen belobigte Thomas Plunkett mit der Absicht aus dem Graben, daß er einen der Kerle fangen müsse. Er warf sich auf den schneebedeckten Boden, zielte und schoß General Colbert nieder. Dessen Trompeter wollte ihm zu Hilfe eilen, aber Tom Plunkett hatte wieder geladen, und so wurde auch dieser ein Opfer der unfehlbaren Waffe. Tom Plunkett hatte gerade noch Zeit aufzuspringen und unter den Hochrufen seiner Kameraden vor einem Dutzend feindlicher Soldaten in die hinteren Reihen zu fliehen.*«

Colonel Beaufoy, ein Mitglied der Duke of Cumberland's Sharpshooters (48), zeigte mit den ersten praktischen Versuchen, daß die Züge der Baker für weitere Entfernungen bei weitem nicht so gut geeignet waren, wie man annahm. Züge mit einer vollen Umdrehung waren besser geeignet (45, 49). Der Nachteil dieser Züge war aber, daß die Kugel bei einer stärkeren Ladung einfach über sie hinweggleitet, langsamer wird und den Windeinflüssen mehr ausgesetzt ist. Seine Ratschläge für das Laden und Schießen waren ihrer Zeit weit voraus.

DIE EINFÜHRUNG DER MASSENPRODUKTION

Nachdem die Vereinigten Staaten ihre Unabhängigkeit erklärt hatten, wurde der Waffenmangel akut, hervorgerufen durch das Fehlen von Büchsenmachern. Im Jahre 1785, als Thomas Jefferson in Frankreich war, entdeckte er, daß man lauter gleiche Gewehrschlösser hatte, mit derem Zusammenbau auch ungelernte Arbeiter zurecht kamen. Im Jahre 1789 schrieb er aus Frankreich ». . . ein Handwerker hat mit Hilfe von Lehren und anderen Mitteln begonnen, alle Teile einer Muskete so exakt und genau zu bauen, daß es möglich ist, jedes Teil auch für jede andere Muskete zu verwenden . . . Da diese Erfindung keine Beachtung bei der hiesigen Regierung findet, sollte man daran denken, sie für die Vereinigten Staaten zu übernehmen«.

Bis dahin hatte sich die Art der Waffenherstellung seit Beginn nicht wesentlich geändert. Die Schäfte wurden aus dem blanken Holz mit Meißel, Hohlmeißel und Schnitzmesser herausgearbeitet, die Schloßteile wurden von Hand gefeilt und jedes einzelne Schloß sorgfältig für sich zusammengesetzt, während die Läufe geschmiedet und der Dorn aus einzelnen Metallstükken geschweißt wurde.

Der Versuch, in Frankreich Waffen herzustellen, deren Teile beliebig austauschbar waren, schlug in der schwierigen Zeit der napoleonischen Kriege fehl. Ein Schweizer Handwerker, Georg Bodmer, stellte in dieser Zeit Schlösser für Waffen maschinell her, gab die Produktion aber ca. 1816 wieder auf. Fabriken, die reichen Kaufleuten gehörten und in denen Militärwaffen hergestellt wurden, beschäftigten vielfach Heimarbeiter, Fabriken der Regierung zogen später Soldaten und Zivilisten zur Arbeit heran.

Arbeiter, die in Waffenfabriken arbeiteten, erhielten Steuerermäßigungen und Befreiung von Militärdienst. Soldaten wurden vom aktiven Dienst zurückgestellt. Solche Mittel konnten in Amerika nicht angewandt werden, weil es keine Militärpflicht und keine gelernten Büchsenmacher gab.

Die Fabrikation von Gewehren war wegen der erforderlichen Genauigkeit bei der Herstellung des Laufes schwieriger. Es entstanden in Europa Zentren spezialisierter Fabriken. Karlsbader Gewehrläufe wurden nach Nürnberg geschickt und in Bayern und Tirol verwendet, während Läufe aus Brescia, Lüttich und Wiener Neustadt bis nach Bosnien geliefert wurden.

Während Thomas Jefferson 1798 immer noch am Problem der Massenproduktion in Amerika herumknobelte, schloß Eli Whitney aus Connecticut einen Vertrag mit der US-Regierung über die Herstellung von 10 000 Musketen »*die in allen Teilen genau oder so genau wie möglich zu drei Modellen passen*«.

Unter Verwendung von gehärteten Schablonen für alle Teile begann die Arbeit. Es wurde klar, daß dies keine vollkommene Lösung war. Obwohl stets das gleiche Modell gemacht wurde, bedeutete eine Zunahme der Produktion eine proportionale Zunahme der Arbeit, außerdem war wegen der gehärteten Schablonen ein außerordentlicher Verschleiß an Werkzeugen, speziell Feilen, nicht zu vermeiden.

Whitney konstruierte daraufhin einige Werkzeugmaschinen, welche automatisch die gewünschten Teile genau herstellten. Andere vor ihm machten zum Antrieb von Schleifmaschinen und Schmiedehämmern von der Wasserkraft Gebrauch, aber Whitney war unstreitbar der erste, der sie für Massenproduktionen ausnutzte.

Die Aufgabe war nicht leicht, und einige Male war Whitney dem Scheitern nahe. Aber, ermutigt durch Thomas Jefferson, der in dieser Zeit Präsident der Vereinigten Staaten wurde, konnte er den Vertrag 1809 erfüllen.

In dieser Zeit wurde allgemein das Steinschloß zur Zündung

benutzt, und obwohl die Alchimisten wußten, daß es Stoffe gab, die auf einen Schlag hin explodierten, zog niemand diese Stoffe zur Zündung von Schießpulver heran, bis ein merkwürdiger schottischer Pfarrer beschloß, seine Flinte zu verbessern. Dieser Geistliche, Alexander Forsyth aus Belhelvie, Aberdeenshire, verwendete Kaliumchlorat als Zündmittel, welches nach dem Schlag vom Hahn eine Stichflamme lieferte.

Bei der ihm patentierten Methode wurde eine kleine Menge des Zündmittels aus einem Vorratsbehälter in ein Rohr gebracht, wo es über einen Zündstift vom Hahn gezündet wurde. Diese unsichere und teure Methode war außer für beste Sportwaffen nicht zu gebrauchen, und fast sofort wurde das Zündmittel in Röhren oder Hütchen gegossen oder als Pillen verwendet, um nur einige der vielen Verwendungsarten zu nennen.

Potet in Paris und Contriner aus Wien waren besonders erfolgreich, so daß Forsyths Patente sich auf dem Kontinent nicht halten konnten, während er auf den britischen Inseln schwer gegen Patentverletzungen kämpfte.

Der erfolgreichste aller Erfinder, Samuel Pauly, war mit Zündhütchen nicht zufrieden, sondern stellte die erste Patrone her, indem er Zündhütchen, Ladung und Geschoß zu einer Einheit zusammenfaßte und einen Hinterlader-Mechanismus dazu entwickelte. Der Herzog von Rovigo berichtete 1813 Napoleon, daß er Pauly in zwei Minuten zweiundzwanzig Mal schießen sah (52).

Das konservative Militär Frankreichs verhinderte jede Weiterentwicklung. Pauly ging nach England, um seine Arbeiten fortzuführen, und wenn er nicht alle seine Ersparnisse an der Konstruktion eines Heißluftballons verloren hätte, wäre die Patrone fünfzig Jahre früher erschienen.

Obwohl in Amerika die Musketen nun maschinell hergestellt wurden, wurde der geringe Bedarf an gezogenen Büchsen leicht mit bisherigen Methoden gedeckt. Nachdem sie das Kentucky-Gewehr als ihre erste Militärwaffe kopiert hatte, führte die US-Army 1804 einen Nachbau des Jäger-Gewehres, komplett mit Bajonett, ein. Die Qualität des Laufes und die Genauigkeit waren aber schlecht.

Die Unzulänglichkeit dieser Waffe trat im Krieg von 1812 klar zutage, wo das beim Vorderlader so wichtige regelmäßige Laden und Schießen erneut zeigte, daß hastig ausgerüstete Truppen mit Vorderladerbüchsen den trainierten Soldaten mit Musketen in offener Feldschlacht nicht standhalten können.

Ein weiterer Neu-Engländer, Captain John Hall, hatte seit 1811 seinen Crespi-Hinterlader angeboten. Obwohl sein letztes Unternehmen die Konstruktion einer Schaluppe ungewöhnlicher Form war, die dann auch prompt sank, wurde seine neue Büchse ein außerordentlicher Erfolg. Der Einbau des Schlosses in den Verschlußkasten bedeutete eine beachtliche Vereinfachung der Konstruktion, obwohl das Visier versetzt werden mußte, um Platz dafür zu schaffen.

Einhundert handgemachte Stücke wurden 1816 geliefert, und aufgrund des Regierungsbeschlusses, die Waffe herzustellen, wurde die National Armoury in Harpers Ferry (Virginia) als Hersteller ausgewählt. Die Arbeit begann 1819, und etwa 1824 waren die ersten 1000 Büchsen fertig. Ein Versuch, bei welchem hundert dieser Waffen auseinandergenommen und die Teile untereinander und mit solchen aus der Fertigung von 1827 vertauscht wurden, zeigte, daß »*in bezug auf die Genauigkeit, die Qualität der Arbeit wesentlich besser ist, als alles, was wir bisher in der Herstellung von Handfeuerwaffen gesehen oder zu sehen erwartet haben*«. Bericht des Komitees von 1827. (55) Damals kam eine neue Erfindung in Gebrauch: die Grenzlehre, welche für jedes Teil Maxima und Minima der Abmessungen für eine zufriedenstellende Funktion festlegt. Die Toleranzen waren damals nicht so eng wie heute, aber sie genügten für eine einwandfreie Funktion der Waffen. Beispielsweise durfte der Spalt zwischen Kammer und Lauf eine — aber nicht zwei — »Papierstärken« betragen.

Die Regierung der Vereinigten Staaten hatte einen Plan aufgestellt, nach welchem eine Anzahl privater Waffenfabriken
eine große Menge Feuerwaffen herstellen sollten, die für die
Ausrüstung der Streitkräfte nötig waren. Die Preise wurden
nach den Unkosten der National Armoury einheitlich festge-
setzt. Alle diese Firmen waren in Neu-England. Das Resultat
war eine Flut neuer Methoden, die später als das amerikanische System bekannt wurden. Fräsmaschinen von Whitney,
Laufdrehbänke von Blanchard, Goodrichs Verbesserungen der
Schaftmaschinen von Blanchard, Halls Maschine zur Herstellung gezogener Läufe, das Werkzeug- und Lehren-System vom
Eames und die Universalfräsmaschine von Howe sind Beispiele
für den schnellen Fortschritt bei der Herstellung von austauschbaren Teilen.

In Europa unternahm die österreichische Regierung eine Serie
von Versuchen mit dem Steinschloß-System im Jahre 1822.
Die Tabelle zeigt die Zahl der Versager:

Österreich — ein Versager auf 62 Schuß

England — ein Versager auf 44 Schuß

Frankreich — ein Versager auf 15 Schuß

Spanien — ein Versager auf 22 Schuß

Rußland — ein Versager auf 28 Schuß

Trotz dieser Zahlen führte sich das Perkussions-System erst
1834 ein, als der Hall-Karabiner entsprechend ausgerüstet
wurde und Österreich, Frankreich und England folgten ab 1340.
Bis auf Österreich, welches eine Zeitlang Zündröhrchen verwendete, benutzten alle anderen das Zündhütchen, welches
1814 Joshua Shaw aus Philadelphia patentiert worden war.
Dieses Zündhütchen wurde auf ein in das hintere Ende des
Laufes geschraubtes Piston gesetzt. Private Unternehmer waren den Regierungen in der Entwicklung weit voraus, und 1832
stellte Le Faucheaux aus Paris ein Kipplauf-Gewehr her, in
welchem die Patronen über einen Zündstift gezündet wurden,
der in einem Zündhütchen in der Patrone selbst endete. Ob-

wohl die Waffe eine schlechte Konstruktion war, und die Patrone Gasverluste zeigte, wurde es in großen Stückzahlen verkauft. Das »Fusil Robert«, ein Gewehr mit Fallblockverschluß, welches zur gleichen Zeit produziert wurde, wurde von Frankreich und Belgien getestet.

Ein schon früher erwähnter deutscher Schüler von Pauly, Johann Nikolaus Dreyse aus Sömmerda bei Erfurt, stellte 1827 einen Vorderlader mit Papierpatrone her. Das Zündhütchen — als Zünd»pille« — befand sich am hinteren Ende des Geschosses, welches dabei als Gegenlager diente. Eine Zündnadel durchstieß das Pulver und zündete es über dieses Zündmittel. 1835 entwickelte Dreyse einen Hinterlader mit Zylinderverschluß, bei dem die Zündnadel — noch Ursache vieler Versager — ausgewechselt werden konnte, ohne daß man den Verschluß zu zerlegen brauchte. Die preußische Regierung führte das Gewehr um 1840 herum unter strenger Geheimhaltung ein.

Unterdessen mühten sich andere Regierungen in Europa mit Vorderladern ab.

Captain Gustav Delvigne, ein Captain der französischen Armee, schlug 1826 vor, bei Vorderladern eine im Durchmesser kleinere Pulverkammer einzuführen, wie sie von Handfeuerwaffen des 15. Jahrhunderts bekannt waren. Auf den Rand dieser Pulverkammer sollte das Geschoß mit einigen kräftigen Stößen des Ladestocks gestoßen werden, wobei es sich in die Züge preßt. Captain Delvigne war gezwungen, seine Experimente auf eigene Kosten zu machen; er stellte zwanzig Büchsen her, welche eine siebenfache Überlegenheit über die glatten Musketen zeigten. Allerdings setzten Pulverrückstände bald die Pulverkammer zu und »erschwerten das Laden sehr«.

Lt. Col. Poncharra sah 1833 einen Zentralstift in der Mitte der Pulverkammer vor, durch welchen das daraufgestoßene Geschoß ausgedehnt wurde. Das Geschoß war mit einem gefettetem Pflaster umhüllt und trug am hinteren Ende eine Holzscheibe. Obwohl kompliziert, wurde das System vom Herzog von Orleans für die Tirailleurs de Vincennes eingeführt. »*Als ein Beweis für die Perfektion der Waffe, selbst noch 1838, mag es erwähnt sein, daß der Herzog, während einer Erkundung durch die Streiche eines arabischen Scheichs aus einer Entfernung von etwa 600 m gestört wurde. Er bot dem seiner Soldaten fünf Francs, der den Araber niederstrecken würde. Einer sprang aus den Reihen der Chasseurs d'Afrique vor und schoß den afrikanischen Anführer durchs Herz.*«

Im Felde war es nicht immer möglich, die Spezialpatrone für das französische Gewehr in gutem Zustand zu halten, und deshalb schlug Colonel Thouvenin weitere Verbesserungen vor. Die wichtigste davon war die Verwendung eines Langgeschosses.

Schließlich entwickelte Captain Minié, der mit Thouvenin zusammenarbeitete, ein konisches Geschoß mit einer abgeflachten Rückseite und einem eisernen Geschoßschuh. Es wurde kein Kugelsetzer oder Dorn mehr benötigt, und vor dem Schuß lag das Geschoß relativ lose im Lauf.

Die Idee mit dem Langgeschoß war nicht neu. Der deutsche Bischof von Münster war 1663 dafür bekannt, daß er lange, konische Messing- oder Kupfergeschosse für die kleinkalibrigen Radschloßpistolen seiner Leibwache entwickelte.

In der ersten Hälfte des 19. Jahrhunderts führten sich die Langgeschosse, wegen ihrer Form »*gerundete Bolzen*« genannt, bei amerikanischen Sport- und Scheibenbüchsen ein. Sie waren den von Robins vorgeschlagenen Geschossen nicht unähnlich, außer daß sie mit der Spitze voraus verschossen wurden. Die Genauigkeit dieser Geschosse war sehr groß und auch die Reichweite stark gewachsen. Etwa 1840 kam der »*flache Bolzen*« auf, der die Genauigkeit sogar noch verbesserte.

Inzwischen hatte die englische Regierung über den Ersatz für das Baker-Gewehr entschieden. Captain Berners aus der hannoverschen Armee hatte 1835 eine Büchse mit eliptischer Bohrung hergestellt und der Inspektor von Small Arms entwikkelte ein Gewehr mit zwei Zügen, das von den Brunswick-Jägern verwendet wurde. Wie vorauszusehen war, machte der Vorschlag von Lovell das Rennen und wurde hastig eingeführt (70).

Die US-Navy führte 1839 den Jenks-Hinterladerkarabiner ein (69). Diese Waffe war gegenüber allem, was bisher produziert wurde, eine beachtenswerte Verbesserung. Gasverluste, welche dem Hall-Karabiner so zu schaffen machten, waren fast ausgemerzt, und die Mündungsgeschwindigkeit, beim Hall-Karabiner nur 1246 ft/s, stieg beim Jenks-Gewehr auf 1687 ft/s bei gleichem Kaliber .52 in und gleicher Ladung, 70 grain. 1841 wurden genaue Kopien dieser Waffe in Belgien hergestellt und der englischen Regierung unterbreitet (64). Wie nicht anders zu erwarten, wurde sie nicht angenommen.

Trotz der Geschwindigkeit, mit der die Entwicklung voranschritt, war die Anzahl der verschiedenen Waffenmuster bei den einzelnen Regierungen, sogar in den Vereinigten Staaten, sehr klein.

Colonel James Bankhead, US-Army, schrieb 1845: »*Mindestens ein Zehntel der regulären Infanterie sollte mit gezogenen Waffen ausgerüstet sein, und sie würden, gutes Training vorausgesetzt, sehr wirksam sein.*«

Die norwegische Regierung führte 1842 die Larsen-Büchse ein, ein weiterer Hinterlader mit beweglicher Kammer. In sorgfältigen Tests übertraf der Larsen-Hinterlader (72) das preußische Jäger-Gewehr von 1839 und bewies, daß seine Feuergeschwindigkeit mehr als dreimal so groß war wie der preußischen Waffe.

Die Situation in England war etwas unübersichtlich. Das Brunswick-Gewehr war prompt von zwei zivilen Experten jener Tage angeprangert worden als »eine Mißgeburt der Wissenschaft« (William Greener) und als das »Schlechteste vom Schlechten« (Han Busk). »*Auf alle Entfernungen über 400 yards war die Trefferlage völlig unregelmäßig und nicht wiederholbar. Das*

Brunswick-Gewehr zeigte sich in punkto Reichweite allen ande-
ren Waffen unseres Wissens vollkommen unterlegen ... Das
Laden der Waffe ist so schwierig, daß es ein Wunder ist, daß
die damit bewaffneten Regimenter es so lange verwendet
haben.«

In Fortsetzung der Versuche wurde das preußische Zündnadelgewehr getestet, und es ist interessant zu bemerken, daß es
für allgemeine militärische Anwendungen« als nicht annehm-
bar befunden wurde (H. Busk).

Indem man das bessere Zündnadelgewehr beiseite schob, traf
man 1851 die Entscheidung, daß *die belgische Minié-Muskete*
die Waffe für die gesamte britische Armee sein würde«. In der
Absicht das Minié-Geschoß zu verwenden, wurde sein Gewicht
bei einem Kaliber von .702 in auf 680 grains vergrößert, obwohl der Duke of Wellington für die Beibehaltung der Original-
größe plädierte.

Die Notwendigkeit für ein neues Gewehr mit verkleinertem
Kaliber lag offen, und Purdey, Wilkinson, Lanchester, Greener
und Westley Richards wurden aufgefordert, Büchsen in An-
lehnung an die Minié-, eine verbesserte Minié- und die Bruns-
wick-Waffe, zu entwickeln. Die Waffe von Westley Richards
erschien nicht rechtzeitig, und W. Greener konnte trotz seiner
Anstrengungen keine zufriedenstellende Genauigkeit bei seiner Waffe erreichen, nicht einmal mit einer Rundkugel. Die
Waffen unterscheiden sich praktisch in allen Teilen — nur *ein*
Ding war allen gemeinsam: das verkleinerte Kaliber«.

Keine der Waffen wurde gewählt, und eine völlig neue Waffe
vom Kaliber .577 in mit einem konischen Geschoß vom Minié-
Typ mit 530 grains wurde als das Modell 1853 eingeführt.
Westley Richards erhielt für seinen Entwurf des neuen Kalibers
und des hinteren Visiers 1000 englische Pfund. Die Waffe kostete 2 Pfund 10 sh.

Die Amerikaner machten im Seminolenkrieg die Erfahrung, daß
»Posten durch Einzelschüsse aus den Seminolen-Gewehren auf

eine Entfernung von 400 oder 500 yards verwundet wurden«.

Der schlaue Samuel Colt, Erfinder des modernen Revolvers, verkaufte einige seiner Revolver-Gewehre sowohl über die Navy, die schon immer liberalere Ideen hatte, als auch direkt an die Truppen (65). Die Zweiten Dragoner wurden mit einer Anzahl von Colt-Gewehren ausgerüstet, und ein Soldat berichtete: *»Während unseres Durchzugs durch das Indianerland fühle ich mich mit einem Ihrer Gewehre immer sicherer, als wenn ich von einer Wache von 10 oder 15 Mann begleitet worden wäre, die mit herkömmlichen Musketen oder Karabinern ausgerüstet sind.«*

Im Licht von Berichten wie diesem sollte die Stellungnahme von Lt. Col. G. M. Talcott, Beschaffungsoffizier im Waffenamt, gesehen werden: *»Es gibt nun Colt, Jenks, und viele andere Arten patentierter Waffen . . . Es kann nicht angezweifelt werden, daß sie alle in Vergessenheit geraten werden.«* Wir wissen, daß dieser Offizier später seines Kommandos enthoben und aus dem Dienst entlassen wurde.

Die Kaffernkriege brachten den Engländern ähnliche Schwierigkeiten, aber bald beherrschte der Krimkrieg die Szene.

Die ersten Truppen wurden mit .702 Minié-Gewehren bewaffnet, aber bald wurden diese durch das Modell 1853 im Kaliber .577 in ersetzt, welches mehr Wirksamkeit bewies.

In Hythe, Kent, begann 1853 ein Trainingsprogramm für Schützen, und brachte zufriedenstellende Resultate. Die Büchse machte sich bald bezahlt.

»Lt. Godfrey (1st Battalion Rifle Brigade), welcher an der Spitze seines Batallions mit einigen wenigen Männern im Schutze eines Bergkammes vorrückte, schoß auf 600 Meter so hervorragend auf die russischen Soldaten (seine Männer reichten ihm ihre Gewehre, so schnell er schoß) — daß in seinen eigenen Worten »wir den Vorteil errangen, sie zum Schweigen gebracht zu haben, ohne daß einer unserer Männer verletzt wurde.«

Während einer anderen Unternehmung wurde Col. Mause vom dritten Regiment, der verwundet war, von einem Serganten vom 90. Regiment unterstützt. In der Zeit, die er bei dem Colonel verbrachte »*erledigte er nicht weniger als 16 Russen*«. Er sagte zu Col. Maude: »*Ich wurde in Hythe ausgebildet, Sir.*«

In Amerika wuchs infolge des Mexikanischen Krieges und des Dranges nach Westen die Nachfrage nach Büchsen und Kavallerie-Karabiners.

Die Zivilisten verwendeten die Plains-Rifle, eine Entwicklung aus dem Kentucky-Gewehr (80). Sie waren im allgemeinen halbgeschäftet mit einem 36 in langem Lauf und verschossen ein Geschoß von $\frac{1}{2}$ oz im Kaliber .54 in, »*für normales Schießen betrug die Pulverladung die Hälfte des Geschoßgewichtes, und der Rückstoß war dann praktisch nicht zu bemerken. Mit dieser Ladung würde das Gewehr bis 150 yards extrem genau schießen. Bei einer Verstärkung der Ladung würde es noch weiter schießen und auf 200 bis 250 yards mit einer Rundkugel tödlich sein*«.

Washington Irving schrieb »*in so gefährlichen Zeiten ist der erfahrene Gebirgsläufer niemals ohne Gewehr . . . Sein Gewehr ist sein dauernder Freund und Beschützer . . . Mit seinem Pferd und seinem Gewehr ist er unabhängig von der Welt und meistert alle Rückschläge.*« Das englische Sportgewehr jener Tage sah der Plains-Rifle in mancher Hinsicht sehr ähnlich, unterschied sich aber durch den stärkeren Drall der Züge, wie er von Col. Beaufoy angegeben wurde (73). Es konnten nur kleine Ladungen verwendet werden. Nach 1840 begann W. Greener, trotz seiner Verdammung des Brunswick-Gewehres, James Purdey und andere mit der Produktion von Sportgewehren mit zwei Zügen (92). Ein Engländer, welcher den Winter 1847 auf 1848 im amerikanischen Westen verbrachte, schrieb »*ich würde eine einläufige Büchse mit zwei Zügen vorschlagen, weil man mit dieser Ausführung eine größere Pulverladung verwenden kann, ohne daß das Geschoß durchrutscht. Man kann eine größere Zahl von Schüssen hintereinander abgeben, ohne den Lauf zu schädigen oder an Genauigkeit zu verlieren, und wenn man konische Geschosse verwendet, kann man das alles bei geringerer Gefahr für die Waffe tun«.*

Die amerikanische Armee vereinfachte zeitweise die Situation durch die Einführung des Modells 1841, welches einen 33 in langen Lauf und ein Kaliber von .54 in hatte, was dem Western-Standard entsprach. Es wurde sofort sowohl bei Soldaten als auch bei Zivilisten populär, und wurde wegen seiner Verwendung bei den Mississippi-Volunteers im Mexikanischen Krieg »Mississippi-Büchse« getauft, und wegen seiner Verwendung als Jagdgewehr auch »Yagerewehr« genannt (67).

Jefferson Davis, später Präsident der Konföderation, schrieb an das Waffenamt: *»Die feinen Gewehre, die Sie dem Regiment lieferten, welches ich die Ehre hatte zu kommandieren, sind höchstes Lob wert. Ich zweifle, daß jemals von irgendeinem anderen Waffenamt Dinge geliefert wurden, die so perfekt in Konstruktion und Ausführung sind. In der Genauigkeit gleichen sie den besten Sportbüchsen. Ihre Reichweite, denke ich, übertrifft die der alten Musketen, und es gibt weniger oft Versager oder Reparaturen als bei jeder anderen kleinen Waffe, die ich jemals im Militärdienst gesehen habe.«*

Kit Carson sagte: *»Es ist die beste Büchse für die Überquerung der Plains.«*

Eine Lösung des Karabiner-Problems war schwieriger. Die Herstellung des Jenks-Karabiners wurde von der berühmten Firma Remington aus Illion, N. Y. übernommen (69). 1816 von Eliphalet Remington gegründet, hatte sich die Firma auf die Herstellung von Vorderladerbüchsen und Läufen spezialisiert.

Die »York State«-Büchse, welche der Plains-Rifle ähnelte, aber früher hergestellt wurde, war die Standard-Waffe in der Adirondack-Wildnis, welche durch die Arbeiten von Fennimore Cooper berühmt wurde (56 und 57).

Remington war der erste, der bei der Entwicklung des Laufes

aus Stahl Erfolg hatte. Die Verwendung von Stahl für Läufe war von europäischen Büchsenmachern für unmöglich gehalten worden, weil Stahl als zu spröde, unberechenbar und zu schwer bearbeitbar für Läufe galt. Man erfand einen langen Bohrer, um die Stahlrohlinge zu durchbohren, anstatt wie früher zusammengeschweißte Teile zu verwenden. Diese Verbesserung wurde 1845 beim Jenks-Karabiner eingeführt und verbreitete sich schnell.

Über die frühen Colt-Karabiner wird 1846 berichtet: »*Beim kleinsten Fehler im Geschoß gehen zwei oder mehr Ladungen los, was das Schießen mit ihm sehr gefährlich macht.*«

Der Sharps-Karabiner, erfunden von Christian Sharps aus New Jersey und 1844 patentiert, basierte auf einem Fallblocksystem und war sehr stark und robust. Die scharfe Kante des Fallblockes schnitt beim Schließen des Verschlusses der hinteren Boden der Papierpatrone ab und bereitete so die Zündung vor. Die Waffe wurde 1850 von einem Gremium von Waffenoffizieren getestet. Sie berichteten:

»*Die Durchschlagskraft, Reichweite und Genauigkeit der Schüsse ... mit der Papierpatrone und dem konischen Geschoß ... war der jedes anderen uns bekannten Hinterladers überlegen ... Wir sind der Ansicht, daß diese Waffe jedem anderen Hinterlader überlegen ist.*«

Es sollte bemerkt werden, daß der Sharps feste Munition in Form einer Leinenpatrone verwendete, die erste, die in einem Militärhinterlader Anwendung fand.

»*An unserer Westgrenze schlug Col. Wrights Truppe, welche hauptsächlich mit Hinterladern (Sharps) bewaffnet ist, ohne einen Mann Verlust die gleiche große Indianerbande in die Flucht, die früher Col. Steptoes Kräfte, die mit den alten Musketen und Karabinern bewaffnet waren, zerstreut hatte.*«

Vor dem Bürgerkrieg wurden Sharps-Karabiner wegen ihrer Verwendung im Grenzdienst in Kansas bekannt, wo die Sklavenfrage heiß umstritten war. Es wurden fast 1.000 Sharps-

Karabiner zu je 25 Dollar nach Kansas verschifft. Über den berühmten New Yorker Evangelisten Henry Ward Beecher wurde gesagt: »*Er glaubte, daß das Sharps-Gewehr ein moralisches Potential darstellte und daß, wo es um die Sklavenhalter ging, jedes dieser Instrumente mehr moralische Macht besaß als hundert Bibeln.*« Ein späterer Historiker schrieb: »*In der ersten Niederlage, die die Sklavenbewegung hinnehmen mußte, spielten die Sharps-Gewehre eine entscheidende Rolle.*«

»*Der gefeierte John Brown verwendete diese Büchse mit großer Wirkung gegen die Grenzstrolche von Missouri. Zu jener Zeit versuchten er und einige Männer aus dem Norden, das Gebiet von Kansas zu einem freien Staat zu machen, während sich die Leute aus Missouri gleichermaßen bemühten, es einen Sklavereistaat werden zu lassen. Nachdem John Browns beide Söhne ermordet wurden, besorgte er eine Ladung Sharps-Gewehre. Bei einer Gelegenheit, als etwa hundert Grenzstrolche auf das Gebiet vordrangen, um John Brown tot oder lebendig zu erwischen, legte er einen Hinterhalt für sie mit vier Sharps-Büchsen und vier Männern zum Laden. Als sie auf einer Ebene noch etwa 400 bis 500 m entfernt waren, eröffnete er das Feuer und tötete über zwanzig von ihnen.*«

Während die anderen Staaten in Europa das »Kentucky-Prinzip« ignorierten, entwickelte die Schweiz es weiter zu ihrer berühmten Kanton-Büchse. Es erging eine Ausschreibung für ein »Bundes«-Gewehr, und die Waffe und Munition, welche von Oberst Wurstenberger vorgeschlagen wurde, wurde ausgewählt. Der Karabiner hatte nur ein Kaliber von .409 in, mit einem konischen Geschoß von 240 grains und einer Ladung von 62 grains, es wurde auch ein gefetteter Flicken verwendet. Zu seiner Zeit war es die genaueste Büchse, die bei einer Streitmacht Verwendung fand (77).

Die Franzosen waren wegen der vielen glattläufigen Musketen, die noch verwendet wurden, im Nachteil und suchten ihre Lage dadurch zu verbessern, daß sie diese Waffen mit Zügen versahen. Sie verschossen daraus eine Kugel von 720 grains bei einer Ladung von 70 grains. Der Rückstoß war sehr stark (87). Die Cent Gardes, welche im Palast von Napoleon III Dienst tat, führte eine Büchse im Kaliber .36 in mit einem 31½ in langen Lauf. Der Verschluß erinnerte sehr stark an den Sharps-Karabiner, aber die Waffe verschoß eine Kupferpatrone. Da sie für Verwendung in geschlossenen Räumen gedacht war, betrug die Ladung nur 30 grains.

Das österreichische Vergleichsschießen von 1854 zeigte die Überlegenheit der Wilkinson-Büchse, die bei dem englischen Vergleichsschießen 1852 zurückgewiesen worden war. Das Geschoß hatte zwei tiefe Kerben, welche demselben Zweck dienten wie das Loch beim Minie-Geschoß. Das Kaliber betrug .55 in bei einem Geschoßgewicht von 540 grains und einer Pulverladung von 62 grains.

Die Russen waren im allgemeinen mit in Belgien hergestellten Brunswick- und »Tige«-Gewehren oder glatten Musketen ausgerüstet, aus denen das Nessler-Langgeschoß von 500 grains verschossen wurde. Das war eine belgische Erfindung und ein wirklich gutes Mittel zur Verbesserung der Reichweite.

England war das erste Land in Europa, das zur Massenproduktion bei Gewehren überging. Während der Großen Ausstellung 1851 wurden die Trommelwaffen von Colt und die Mississippi-Büchse von Robins und Lawrence aus Windsor, Vermont, stark beachtet. Letztere zeichnete sich durch hervorragende Verarbeitung aus. Colt wurde gebeten, einen Vortrag über: »*Die Anwendung von Maschinen bei der Herstellung von Hinterladewaffen mit rotierenden Magazinen und die Eigentümlichkeiten dieser Waffen*« zu halten. Er hob hervor, daß 80 % der Fertigung seiner Waffen mechanisiert sei und daß diese Grundsätze auf alle Hand- und Faustfeuerwaffen angewendet werden könnten. Dieser Vortrag hatte 1853 Folgen; ein *Vertrag über die Lieferung von 28 000 Minié-Büchsen wegen »Meinungsverschiedenheiten zwischen den Vertragspartnern*« platzte.

Ein Besuch der Vereinigten Staaten war in England schon lange ins Auge gefaßt worden, und man schickte drei Artillerieoffiziere und den Maschinenmeister des Woolich Arsenal auf die Reise. In der Waffenfabrik von Springfield wurde für jedes der Jahre 1844 bis 1853 eine Büchse zerlegt, die Teile durcheinandergeworfen und wieder zusammengebaut, um den Erfolg der amerikanischen Methode zu demonstrieren. Auch die Werke von Colt, Robins und Lawrence und anderen wurden besichtigt. Der Besuch endete mit Aufträgen über die Erstellung eines Maschinenparks in Enfield. Als Oberaufseher wurde der Waffenmeister der Harpers Ferry National Armoury, James Burton, ausgewählt. Die ersten vollständig in Enfield hergestellten Waffen verließen 1858 das Werk, und die Produktion stieg schnell auf 1100 Büchsen in der Woche.

Bei der amerikanischen Wahl einer Infanterie-Büchse siegten die Vorstellungen des konservativen Teils der Armee, und so wurde eine Vorderladerbüchse vom Kaliber .58 in gewählt, welche praktisch von dem Modell 1853 Enfield nicht zu unterscheiden war. Das Kaliber .58 in wurde als Kompromiß zwischen den .54 in der Mississippi-Büchse und den .60 in einer Versuchswaffe angesehen. Aber es erwies sich als kein Zufall, daß es identisch mit dem englischen Kaliber .577 in war, besonders nachdem die Versuche mit den Waffen im Kaliber .54 in beendet waren. Befremdend ähnlich waren auch die drei Züge und die Steigung dieser Züge von 6 feet. Das Geschoß wurde von James Burton auf der Grundlage des Minié-Geschosses entwickelt. Es besaß keinen Pfropfen, aber am Ende eine dünne Wandung, die die Ausdehnung erleichterte. Als ein Nachbau der europäischen Waffe war die als Modell 1855 bezeichnete Büchse schon vor ihrem Erscheinen veraltet.

Eine bemerkenswerte, private Anstrengung zur Produktion einer wirklich genauen Büchse war der Versuch von Major (später General) John Jacob, der die Sinde Irregular Horse kommandierte. Er begann 1845 mit seinen Versuchen und konnte 1855 berichten, daß seine Gewehre im Kaliber .577 in bis auf 2 000 yards ausgezeichnete Leistungen zeigten. Als Offizier der East India Company's Army unterließ er es, seine Erfindung England zu unterbreiten. Die East India Company verwarf seine Vorschläge mit der Begründung, »was gut genug für die Englische Armee sei«, sei auch gut genug für sie. Jacob verwendete eine Steigung der Züge von 2 feet und ein Spitz-kopfgeschoß mit vier Warzen, die eine mechanische Verbin-dung mit den Zügen herstellten. Er fand heraus, daß die Spitze eines normalen Bleigeschosses »einfällt«, wenn man es mit einer üblichen Pulverladung verschießt. Deshalb machte er die Spitzen seiner Geschosse aus einer härteren Substanz, etwa Zink — ein Gedanke, der auch von amerikanischen Sportschüt-zen ausgenutzt wurde. Seine Forderung, Munitionswagen mit Explosivgeschossen in die Luft zu jagen, erwies sich im Indi-schen Aufstand als richtig. Die indische Regierung willigte schließlich ein, ein Regiment »Jacobsschützen« aufzustellen, aber der Tod des Erfinders 1858 setzte diesen Plänen ein Ende (106).

Die englischen Fachleute, die von der Enfield-Muskete nicht voll befriedigt waren, setzten ihre Suche nach brauchbaren Kavallerie- und Infanteriebüchsen fort.

Der Sharps-Karabiner war unter den getesteten Waffen wahr-scheinlich der berühmteste. Obwohl er sich in den Staaten be-währt hatte, wurde er wegen des Gasverlustes, der angeblich ein über den Verschluß gelegtes Taschentuch zerstören konnte, zurückgewiesen. Eine weitere amerikanische Waffe, der Kara-biner von Green, zeigte zwar keinerlei Gasverluste, aber er benötigte eine besondere Patrone, die sehr schwer herzustellen war, so kam auch er außer Gebrauch (100). Der Karabiner von Prince erreichte die ungewöhnliche Ehre eines Zeugnisses von dreizehn Londoner Büchsenmachern, welches im April 1858 in der Times veröffentlicht wurde. Ein Dokument vom Juli des gleichen Jahres sagt aus: »*Hiermit bezeuge ich, gesehen zu*

*haben, wie aus der Büchse 1 800 Schuß verfeuert wurden, ohne
daß sie ein einziges Mal gereinigt wurde (98).«*

gezeichnet H. R. Hewtell, Capt. R. N.

Die Waffe, welche beinahe alle Bedingungen erfüllte, war der
berühmte »Affenschwanz«-Karabiner von Westley Richards. Sie
wurde wegen ihres Kniegelenkverschlusses so genannt (105).
Wie beim Jenks-Karabiner verhinderte der Verschluß Gasverluste und Störungen. Die Ergebnisse waren von Anfang an gut,
und Col. Wilford stellte fest: »*Ich sah einen kleinen Karabiner,
der nicht mehr als 5½ lbs. wiegt, auf eine Entfernung von 800
yards besser schießen als die lange Enfield.*«
Die Verwendung von Hinterladern bei der Infanterie wurde von
manchen Zeitgenossen als »unmannhaft« abgelehnt, weil man
dachte, daß die Offiziere stehenbleiben würden, um Ausschau zu
halten, während die Soldaten liegen und so in Sicherheit sein
würden. Man glaubte, die Infanterie wäre mit Vorderladern
bestens ausgerüstet. Lord Harding beauftragte 1854 Sir Joseph
Whitworth, einen »ausgezeichneten Mechaniker« aus Manchester, Forschungen über die Produktion einer genauen Büchse
zu betreiben. Ohne Erfahrungen in der Waffentechnik, außer
einem Besuch bei der Waffenfabrik in Springfield während seiner New York-Reise 1854, stach Whitworth in ein beachtliches
Wespennest, das durch die bevorstehende Entwicklung der
Werke in Enfield bereits gereizt worden war. Die Gefühle der
Büchsenmacher hatten sich durch seinen Bericht weiter ver-
bittert, so daß er »*große Unterschiede zwischen den Meinungen der Büchsenmacher*« fand und die »*Informationen waren
so gegensätzlich*«, daß er nicht in der Lage war, zu einem befriedigenden Ergebnis zu kommen. Es wurden Toleranzen bis
zu 0.03 in bei der Laufherstellung entdeckt, was einen »*Mangel
an Genauigkeit*« der Läufe ergab. Die Regierung richtete ein
500 yards langes, umzäuntes Gelände für Whitworths Versuche
ein und bestellte Westley Richards zu seinem Assistenten. In-

dem er sich eine Theorie von Brunel, dem bekannten Ingenieur, zu eigen machte, die besagte, daß eine vieleckige Bohrung am besten für Büchsenläufe geeignet wäre, mißachtete Whitworth alle herkömmlichen Praktiken und spezialisierte sich auf eine Waffe mit sechseckiger Bohrung. Während er das Gewicht des Geschosses der .577 in Enfield, 530 grains, beibehielt, reduzierte er das Kaliber seiner Büchse auf .451 in. Wie es bei der hohen Fertigungsgenauigkeit mit Toleranzen von nur 1/2000 in zu erwarten war, erreichte er Resultate, die die Leistungen der Enfield weit übertrafen. Die Times berichtet am 23. April 1857 über Vergleichsschießen mit der Enfield: »*Die Leistungen, die die Whitworth auf 1 000 yards erbrachte, ähneln denen der Enfield auf eine Distanz von 500 yards.*« Dennoch verhinderte die Schwierigkeit des Ladens, nachdem einige Schuß abgegeben worden waren, die Verwendung eines sechseckigen Geschosses und die sehr große Genauigkeit, die bei der Herstellung erreicht werden mußte, daß die Waffe eingeführt wurde. Immerhin wurden etwa 9 000 Stück für Truppenversuche hergestellt und blieben beschränkt im Einsatz bis zur Einführung des Snider-Hinterladers (117, 118).

Außer der Montigny, einer Zündnadelbüchse aus Belgien, die sich als wenig erfolgreich erwies, außer dem preußischen Zündnadelgewehr und den skandinavischen Büchsen nach dem System Larsen behielten die europäischen Regierungen die Vorderlader bei.

Die Royal Engeneers entschieden in einer Testserie über die Verwendung der Lancaster-Waffe mit ovaler Bohrung, die dem Aussehen nach der entsprechenden Enfield-Büchse ähnelte. Die Armee-Versuche hatten gezeigt, daß die Lancaster-Waffe empfindlicher im Gebrauch war, und daß das Geschoß leicht über die Züge glitt, ohne in Drall versetzt zu werden. Dennoch wurde die Waffe angenommen, nachdem die Versuche der Royal Engeneers gezeigt hatten, daß die Büchse weniger Versager zeigte und genauer war.

Eine Ausschreibung suchte 1855 nach der nach Meinung des Kriegsministers besten Hinterladerbüchse für die Verwendung bei der Armee der Vereinigten Staaten. Die Abneigung des Sekretärs Jefferson Davis gegen den Hinterlader hielt die Sache bis zur Amtsübernahme seines Nachfolgers 1857 auf. Der Ausschuß untersuchte einige Waffen und wählte die »Hinterladerbüchse, welche von A. E. Burnside aus Rhode Island unterbreitet« wurde (103). Diese Büchse hatte eine bewegliche Kammer und verwendete eine spezielle Messingpatrone für die Zündung durch ein Zündhütchen. Daß der Ausschuß nicht zufrieden war, zeigte sich an seiner Feststellung: »*Sie sahen viel Beeindruckendes mit einer Abneigung gegen die allgemeine militärische Verwendung des Hinterladers.*« Es überrascht vielleicht nicht, daß der Auftrag Burnsides über Waffenlieferungen »im Einvernehmen gestrichen« wurde, obwohl 1858 der Burnside-Karabiner als der »*kleinste greifbare für die Verwendung bei berittenen Truppen*« wieder bestellt wurde.

Auf Grund der Möglichkeit, Vorderlader in Hinterlader abzuändern, bot George W. Morse aus Louisana dem Waffenamt einen Hinterlader mit Kniegelenkverschluß an, der eine Zentralfeuerpatrone verwendete. Diese Waffe war ihrer Zeit um mehr als zehn Jahre voraus. Sie blieb die einzige ihrer Art. Es wurden zweitausend Vorderlader für die Änderung ausgewählt. Lt. col. Hope, VC, der zu dieser Zeit der englischen Gesandtschaft zugeteilt war, sagte im Mai 1882: »*Ich berichtete sehr genau über ihre Vorzüge ... Ich wurde angewiesen, eine Büchse und tausend Schuß Munition zu kaufen ... Ich berichtete, daß ich sie unter Wasser geladen hatte, sie in den Potomac geworfen und im Fluß den Verschluß geöffnet hatte, daß ich sie im Fluß geladen und sie sehr gut geschossen hatte. Ich hatte sie auch auf dem Pferd geladen.*«

Das Komitee sagte, »*daß dies alles stimmte*«, aber die Waffe wurde trotzdem aus drei Gründen für die englischen Truppen abgelehnt:

1. Sie schoß zu schnell, 12 Schüsse pro Minute.
2. Es wurden Metallpatronen verwendet.
3. Die Patronen enthielten das Zündhütchen.

Diese bemerkenswerte Entwicklung fand damit ein vorzeitiges Ende.

Beim Ausbruch des Bürgerkrieges in Amerika versuchte der Erfinder, der mit den Südstaaten sympathisierte, zusammen mit dem früheren Kriegsminister seine Waffe in den Konföderierten Staaten zu fertigen, doch wurden wegen Mangel an Vorrichtungen und Werkzeugen nur einige hundert hergestellt.

Zu Beginn des Krieges sahen sich die Nordstaaten einem starken Mangel an Handfeuerwaffen gegenüber, da die letzten beiden Kriegsminister, die beide Südstaatler waren, dafür gesorgt hatten, daß eine möglichst große Anzahl Waffen in südlichen Arsenalen aufbewahrt und von der Konföderierten Regierung unter Präsident Jefferson Davis konfisziert wurden.

Zunächst wurden Anstrengungen zum Ankauf von Kalibern gemacht, die zu den US-Kalibern paßten, aber in dem sich ergebenden Ringen mit den Südstaaten um europäische Waffen wurde dann alles Erreichbare ohne Auswahl eingekauft (113, 120). Einige dieser Waffen waren von so schlechter Qualität, daß der Ausspruch des Obersten der New Yorker Miliz gerechtfertigt war, der seine Männer als »*arme, verdammte, verlorene Teufel*« bezeichnete.

Dieser Ausspruch paßte auch auf einige in den USA gefertigten Waffen — das Waffenamt wurde von Erfindern belagert.

Die Sharps-Büchse wurde natürlich in großen Stückzahlen angekauft und bewährte sich wirklich. Oberst Berdan von den United States Sharpshooters, »*der seine Meinung auf mehr als ein Jahr aktiven Dienst gründete, hielt die verbesserte Sharps für jeder Anderen weit überlegen ... Der einzige Punkt, in dem Vorderlader überlegen sind, ist die Tatsache, daß das Geschoß beim Laden in die Züge gepreßt und zentriert wird.*«

Maynards Büchse wurde von der Regierung in kleinem Umfang

gekauft. Es war eine Kipplaufwaffe, bei der der Lauf durch einen Nocken auf dem Unterhebel verriegelt wurde. Obwohl sie zerbrechlich aussah, war sie in Wirklichkeit sehr stabil und die bei weitem am stabilsten gebaute Waffe ihrer Zeit. Die Patrone war aus Kupfer oder Messing, mit einem Loch im Boden, um die Zündung durch das Zündhütchen zu ermöglichen. Dr. Maynard ging bei der Konstruktion des Übergangskegels im Lauf und des Patronenlagers sehr sorgfältig vor, um sicher zu gehen, daß Lauf, Geschoß und Patrone zentrisch waren. Es war ein Satz Wiederlade-Werkzeuge erhältlich, die bei einiger Sorgfalt sogar noch bessere Genauigkeit versprachen wie die Originalmunition. Die weitblickenden Konföderierten kauften vor Beginn der Feindseligkeiten einen Vorrat dieser Waffen. Sie setzten sie mit beachtlicher Wirkung ein, und man sagt, daß das fürchterliche Gemetzel von Balls Bluff hauptsächlich einem mit Maynard-Büchsen ausgerüsteten Konföderierten-Regiment zuzuschreiben ist. »*Nichts konnte dieser Waffe standhalten, die in der Hand eines geübten Schützen selbst auf eine Entfernung von vielen hundert yards selten ihr Ziel verfehlte*« (122).

Das Gewehr von Merrill, ein für die Verwendung von Papierpatronen geänderter Jenks-Karabiner, war schon veraltet, aber für Männer, die zwischen dieser Waffe und einem Vorderlader wählen konnten, war die Entscheidung klar. Capt. Jacob Hess, 21st Regt. Indiana Volunteers schrieb: »*Meine Kompanie hat sich selbst mit Ihren Infanterie-Hinterladern bewaffnet ... Laßt die edlen Männer des tapferen Einundzwanziger sich selbst ausrüsten, und ... sie können dem Gegner entgegenlachen*« (115). Die Wesson-Büchse, hergestellt von F. Wesson aus jener berühmten Büchsenmacherfamilie, war eine Kipplaufwaffe, bei der der Lauf durch den vorderen Abzug verriegelt wurde. Als Sportwaffe gedacht, verfeuerte sie dieselbe .44 Patrone wie die Ballard und war auch ziemlich genau, aber zu schwach. Einige wenige wurden von der Regierung und einige von den Staaten für ihre Truppen gekauft (125).

Das Ballard-Gewehr besaß einen Unterhebelverschluß mit einem verriegelten Verschlußblock. Es wurde mit allgemein befriedigenden Ergebnissen von Regierungs-Truppen und Truppen des Staates Kentucky verwendet. Starrs Karabiner, eine Abart der Sharps, der dieselbe Patrone wie dieser verwendete, war durch die Papierpatrone benachteiligt (121).

Die meisten anderen angebotenen Waffen kamen nicht an, teils wegen Konstruktionsfehlern, teils wegen Fertigungsmängel. Repetierwaffen wurden von den Fachleuten zunächst mit Argwohn betrachtet, und es ist interessant, festzustellen, daß die ersten 10 000 Spencer-Gewehre von der Navy für die Verwendung in der Army bestellt wurden, um die Beschaffungsoffiziere der Armee zu umgehen. Diese Waffen fesselten die Aufmerksamkeit Präsident Lincolns. Behindert von der konservativen Armeepolizei, versuchte der Erfinder Christopher Spencer, seine Waffen direkt im Felde an den Mann zu bringen, und er verkaufte 4 000 Stück an die 1st Brigade, Mounted Infantry.

Der Kommandant, Oberst John Wilder, garantierte die Bezahlung, und die Waffen wurden nach ihrer Lieferung mit gutem Erfolg eingesetzt, was Oberst Wilder am 28. November 1863 bestätigte: »*Ich halte sie für die besten Waffen, die ich je gesehen habe ... Keine Schützenkette, die bis auf 50 yards an einen Feind, der mit Spencer-Repetierern bewaffnet ist, herankommt, kommt lebend davon, noch kann sie eine Salve auf den Feind feuern, denn sie wird sofort von dem fürchterlichen Feuer dieser Waffen, die von ruhigen Schützen bedient werden, zerstreut*« (116).

Cleveland bekam die Wirkung in der Schlacht von Chickamauga zu spüren, in der »*der Kopf der Kolonne, wie wenn er von den nachfolgenden geschoben würde, dahinzuschmelzen oder in der Erde zu versinken schien, denn obwohl es stets vorwärts ging, kam man dem Feind nicht näher.*« Die Spencer-Patrone hatte, obwohl es eine kupferne Randfeuerpatrone war, eine Ladung von 38 grains, und war deshalb wirkungsvoller als die

Patronen, die in der Ballard, der Wesson oder der Henry verwendet wurden und nur 26 grains Pulver enthielten.

Die Henry-Büchse war das Ergebnis langer Bemühungen vieler Männer. Die erste Waffe in der Entwicklungsreihe war der Hunt Volition Repetierer, welcher zwölf geladene Kugeln in einer Röhre unter dem Lauf aufnahm. Die Kugel wurde aus der Röhre genommen und durch zwei Ladefinger in die Kammer befördert. Hunt war einer der wahren Erfinder der Nähmaschine, und die Waffe zeigte, daß er kein Büchsenmacher war.

Die Idee wurde von Lewis Jennings aus New York übernommen, und es wurde ein Patent daraus, welches so kompliziert war, daß die Waffe nur als Einzellader je gebaut werden konnte. Dennoch schrieb der Mechanical Reporter am 20. Februar 1851: *»Diese Waffe wurde als beinahe endloser Repetierer entwikkelt ... Eine weitere Variation derselben Waffe ist nun zusammengestellt und fast perfekt ... Die Patrone besteht einfach aus einem geladenen Geschoß. Eine Kugel ist zu einem Hohlzylinder von etwa 1 in Länge erweitert, der das Pulver enthält und hinten mit einer dünnen Korkscheibe verschlossen ist. Diese ist durchbohrt, um die Zündung zu ermöglichen. Das Zündmittel wird in Form von kleinen Pillen verwendet ... Vom Kommandierenden Offizier der New Yorker Miliz sind die besten Glückwünsche eingetroffen«* (89).

Dieses verbesserte Gewehr wurde von Horace Smith aus Norwich, Connecticut, konstruiert, dessen »Aufzug« es der Kugel ermöglichte, »durch einen beweglichen Verriegelungsbolzen gehoben und in eine Linie mit dem Lauf gebracht zu werden«.

Bei Robins und Lawrence wurden 5 000 Stück der Jennings-Waffe Modell 2 hergestellt. 1854 meldeten Horace Smith und Daniel Wesson ein Patent über eine weitere Verbesserung an und setzten die Fertigung im Sommer desselben Jahres in Norwich, Connecticut, fort. Die Zündung war in Form einer Kupferscheibe in den Boden des Geschosses verlegt worden. Dieses System wurde zeitweise durch eine Randfeuerpatrone verdrängt, die auf dem französischen System Flobert beruhte, aber eine geringe Pulverladung enthielt. Die Waffe führte zur Gründung vieler Firmen, einschließlich Unternehmen wie Smith & Wesson, Volcanic Repeating Arms Company, und die New Haven Arms Company. Im Verlauf der Geschichte beschloß Smith & Wesson, sich auf den Revolverbau zu spezialisieren, und Oliver Winchester, ein bekannter Hemdenfabrikant, wurde der bestimmende Faktor in der neuen Gesellschaft.

Frank Leslies Illustrated Newspaper vom 9. Oktober 1858 ist des Lobes voll für die Volcanic: »Es ist noch keine zwei Jahre her, seit man dachte, kein Gewehr würde der Sharps gleichen, und schon ist sie überholt durch eine weitere und wertvollere Erfindung. Eine Polizei-Abteilung, welche während der Quarantine Riots nach Staten Island gesandt wurde, war mit etwa 80 bis 90 dieser Waffen ausgerüstet . . . Ein guter Schuß trifft ein Viertel des Dollars auf 80 yards« (94).

Später in jenem Jahr wurde Benjamin Taylor Henry, ein früherer Angestellter von Smith & Wesson, eingestellt. Er konstruierte Maschinen für die Patronenherstellung und änderte das Gewehr so, daß auch (Metall)-Patronen verwendet werden konnten. Das Ergebnis war der Henry-Repetierer, der 1862 voll in Produktion genommen wurde.

Das Henry-Repetiergewehr war eine merkwürdige Mischung aus Leistung und Zerbrechlichkeit (119). Während der Navy-Versuche von 1862 berichtete Captain J. A. Dahlgren . . . »Dieses Gewehr läßt sich mit großer Geschwindigkeit abfeuern und neigt nicht zu Versagern.« Das vielleicht wirksamste Zeugnis lieferte das Erlebnis von James Wilson, »einem Unions-Anhänger in Kentucky, der, nachdem er von seinen treulosen Nachbarn bedroht worden war, eine Blockhütte außerhalb seines Hauses gebaut hatte, um sich im Falle eines Angriffs verteidigen zu können. Als er mit seiner Familie aß, wurde er von sieben Guerillas angegriffen, die in den Raum eindrangen und herumschossen, wobei einer der Schüsse ein Glas in der Hand seiner Frau traf. Glücklicherweise wurde niemand verletzt. Wilson sprang auf und rief, wenn sie schon entschlossen seien, ihn zu ermorden, sollten sie dies nicht vor den Augen seiner Familie tun, sondern ihm erlauben, dazu vor die Tür zu gehen. Die Angreifer stimmten zu, aber kaum war Wilson an der Tür, rannte er zu der Blockhütte, die er glücklich erreichte. Er ergriff eine dort liegende Henry-Büchse (die ohne nachzuladen fünfzehn mal schießen kann) und tötete alle sieben mit acht Schüssen. Jetzt kommandiert er eine Kavallerie-Kompanie, die auf Grund dieser Tatsache vom Staat mit Henry-Büchsen ausgerüstet wurde«.

Nach der Schlacht von Gettysburg wurden die auf dem Schlachtfeld gefundenen Vorderlader untersucht und herausgefunden, daß über zwanzigtausend davon mit zwei bis zehn Ladungen geladen worden waren. Das hatte großen Einfluß auf die Frage, ob man sich mit Hinterladern wiederbewaffnen sollte.

Ein Bericht des Waffenamtes vom 5. April 1864 stellt fest: »die Art Karabiner, die jetzt gefragt ist, schickt sich an, ihren Wert zu beweisen ... So betrachtet, gibt es keine Zweifel, daß Repetierbüchsen bei der Armee am beliebtesten sind, und wenn sie in genügenden Stückzahlen beschafft werden könnten, um allen Anforderungen zu genügen, es würden keine anderen Gewehre mehr verwendet ... Colts Waffe ist sowohl teuer als auch gefährlich für den Benützer (107) ... Henrys Büchse ist teuer und in ihrer jetzigen Form zu empfindlich für die militärische Verwendung, während die Waffe von Spencer zugleich die billigste, robusteste und wirkungsvollste Büchse ist ... Es scheint, daß kein Soldat, der sie je gesehen hat, in Zukunft mit einer anderen zufrieden sein wird. Wir sollten die Hersteller von Repetierwaffen, die die Kupferpatrone verwenden, in jeder Hinsicht ermutigen, denn es sind Gelegenheiten bekannt, bei denen Soldaten, die mit Sharps-Karabinern und Papierpatronen ausgerüstet waren, ihre gesamte Munition verloren, während andere, *die mit ihnen dienten, und Kupferpatronen hatten, die Flüsse und Ströme ohne Verlust einer einzigen Patrone durchquerten . . . Der Spencer-Karabiner kostet 25 Dollar.«*

Mit diesem »Frontwechsel« ging das Waffenamt dazu über, die »Ideal-Patrone« zu entwerfen, wobei es die bestehenden Patronen ignorierte. Sie entpuppte sich als eine auf das Kaliber .50 in reduzierte Spencer .56 in-Patrone mit einer sehr starken Bördelung. Dafür wurden während des Krieges keine Waffen gefertigt, und sie starb eines schnellen Todes, als sie sich anderen Entwicklungen unterlegen zeigte.

Die Konföderierten Kräfte beschränkten sich aus Werkzeugmangel auf die Instandhaltung und verließen sich auf den Import ihrer Waffen, obwohl der allgegenwärtige James Burton mit den Waffenangelegenheiten betraut war. Der Sharps-Karabiner wurde kopiert, aber es wurden nur einige hundert hergestellt. Die Teile der Hall-Büchse, die bei Harpers Ferry erbeutet wurden, wurden zu Vorderladern verarbeitet. Das Diensthandbuch der Konföderierten von 1862 zählte nur die folgenden Hinterlader auf: Hall, Merrill, Sharps, Burnside, Colt und Maynard. Es ist bekannt, daß einige Westly Richards und Terry-Karabiner importiert wurden, wobei der Terry unter dem Namen »Türbolzenhinterlader« bekannt war (102). Etwa 100 Whitworth-Büchsen im Kaliber .451 in, von denen einige mit Davidson-Zielfernrohren ausgerüstet waren, wurden an Scharfschützen ausgegeben (117).

Auf der Seite der Union wurden spezielle Scharfschützeneinheiten aufgestellt, von denen die Berdan's Sharpshooters und die Andrew's Sharpshooters wohl am Besten bekannt sind. Diese Männer wurden auf ihre Tüchtigkeit geprüft, und manche brachten ihre eigenen Büchsen mit, die oft 30—40 lbs wogen und mit Zielfernrohren ausgerüstet waren. *»Bei Yorktown hielten die Andrew's Sharpshooters zu widerholten Malen die feindlichen Batterien in Schach, bis Verteidigungsstellungen errichtet waren, die ohne ihre Hilfe nicht zu verwirklichen gewesen wären.*

Bei einer Gelegenheit wurden einige unserer Männer, die in den Schützengräben arbeiteten, von einem feindlichen Scharfschützen gestört, der sich in etwa 800 yards Entfernung auf einem Baum postiert hatte. Zwei der Andrew's Sharpshooters wurden in den Graben gerufen, das Zielfernrohr wurde auf den Feind gerichtet und der erste Schuß erledigte ihn« (93). Besondere Sorgfalt wurde auf die richtige Entfernungseinstellung verwendet und in manchen Fällen wurde ein Theodolit eingesetzt. Ein General der Konföderierten wurde auf eine angebliche Entfernung von 1 Meile und 187 feet niedergeschossen.

Gegen Ende des Krieges hatte sich die sogenannte Kupferpatrone völlig durchgesetzt. Captain O'Hea nannte sie vor der Society of Art in London 1867: »*1. Fähig, sich auszudehnen oder zusammenzuziehen, aber nicht zu platzen; 2. Aus einem Stück hergestellt und gasdicht; 3. Das Zündmittel sitzt irgendwo auf der inneren Seite des Bodens; 4. Der Rand umgreift das Geschoß, so daß sie feuchtigkeitsdicht ist; 5. Der Geschoßdurchmesser ist so groß, daß er in die Züge des Laufes paßt . . . Gasverlust ist unmöglich.*«

Der einzige kritische Punkt lag in der begrenzten Pulverladung, das Maximum lag bei 60 grains. Das stand in Kontrast zu der Papierpatrone mit Metallboden, die in englischen Büchsen verwendet wurde, und ähnelte der Potet Schrotpatrone. Es war keine große Verbesserung gegenüber der Papierpatrone. Tatsächlich stellte Westley Richards im Komitee-Bericht von 1867 fest, daß er die völlig verbrennende Papierpatrone eigener Konstruktion vorzog.

Aufgescheucht durch den Amerikanischen Bürgerkrieg und den Dänisch-Preußischen Konflikt beschloß die englische Regierung die Einführung einer Hinterlader-Modification der Enfield-Büchse. Ein Komitee wurde gebildet, um über »*die Ratsamkeit, die Infanterie oder Teile davon mit Hinterladern auszurüsten, zu berichten*«. Im Juli 1864 berichtete das Komitee, daß eine solche Maßnahme für die ganze Infanterie brauchbar wäre.

Nun mußte man entscheiden, ob man das Zündnadelgewehr oder eine ähnliche Waffe annehmen oder die Enfield Modell 1853 in einen Hinterlader umändern wollte. Das Ergebnis dieser Überlegungen erschien einen Monat später in Form einer Ausschreibung, die von etwa 50 Büchsenmachern und Erfindern mit Vorschlägen für eine Änderung der Enfield-Waffe beantwortet wurde. In den folgenden Tests reduzierte sich diese Zahl zunächst auf acht, dann auf fünf. Die »Überlebenden« waren Westley Richards, Montgomery Storm, Wilson Green und Snider. Die Snider, ein seitlich öffnender Verschlußmechanismus, der von Jacob Snider in New York erfunden wurde, verwendete im Gegensatz zu den anderen eine Papp-Patrone. Diese Patrone war der entscheidende Faktor bei der Begutachtung. Es wurde bald klar, daß dieser Patronentyp für militärische Verwendung ungeeignet war. Er wurde durch die gewickelte Messingpatrone, erfunden von Col. Boxer, ersetzt. Die Kosten der Änderung betrugen nur ein Pfund.

Obwohl die Waffe ein Notbehelf war, wurde sie ein Erfolg, und war genauer als das Modell 1853. Als der Vorrat an brauchbaren Enfields erschöpft war, wurden komplette Waffen mit Stahlläufen gefertigt (127, 138).

Als die Snider einmal eingeführt war, wurde im Oktober 1866 ein Wettbewerb ausgeschrieben, der keine Bedingungen hinsichtlich Kaliber oder System enthielt, sondern nur mit Hinblick auf Colonel Hopes Erfahrungen forderte: 1. Die Feuergeschwindigkeit der Waffe soll nicht geringer als 12 Schuß pro Minute sein, 2. die Patronenhülse oder wenigstens der Boden derselben soll aus Metall sein, und 3. die Patrone muß das Zündmittel enthalten. In diesem größten aller Wettbewerbe wurden 104 Waffen eingereicht. In die engere Wahl kamen neun Namen: Albini-Brändlin, Burton Nr.1, Burton Nr. 2, Fosberry, Henry, Joslyn, Martini, Peabody, Remington. Die Henry machte den ersten Platz, aber das Komitee stellte fest, daß die anderen wegen »Fehlern in der Munition« ausgefallen waren.

Die Boxer-Patrone, welche von der Regierung stammte, beteiligte sich nicht an dem Wettbewerb. Gewinner wurde die Patrone von Daw nach dem Prinzip von Potet.

Die Boxer-Patrone, welche das Komitee für die beste hielt, wurde in späteren Versuchsschießen ausschließlich verwendet. Der Typ des Laufes und das genaue Kaliber warfen andere Probleme auf. In einer Expertenkonferenz, in der die Möglichkeiten der Kaliber .50 und .45 diskutiert wurden, wurde das Kaliber .45 ausgewählt.

Ein weiterer Wettbewerb wurde ausgeschrieben, um über die Art der Züge Gewißheit zu bekommen. Es beteiligten sich: Henry, Lancaster, Rigby, Westley Richards und Whitworth. Henry wurde zum Gewinner über die obengenannten und weitere von Enfield eingereichte Läufe erklärt. Der Erfinder des damals klar überlegenen Systems, W. E. Metford, verzichtete unglücklicherweise auf die Teilnahme.

Man kam dann auf den Verschlußtyp. Ungefähr 65 wurden getestet und 10 wurden zur Einführung ausgewählt. Und hier traf das Komitee die Entscheidung, die die weitere Entwicklung aufhielt. Wegen der Schwierigkeiten bei der Herstellung von Zündhütchen gleicher Empfindlichkeit dachte man, daß dies für vorzeitige Zündungen verantwortlich sei, wenn Zylinderverschlüsse verwendet würden. Befremdlicherweise wurde nicht bemerkt, daß dieselbe Schwierigkeit auch bei Fallblockverschlüssen auftrat, denen die Teilnahme erlaubt wurde. Nachdem man die Teilnehmer auf fünf reduziert hatte, nämlich Berdan, Henry, Martini, Money-Walker und Westley Richards (zwei), wurde die Martini-Büchse zum Sieger erklärt, und die Henry wurde Zweite. Die neue Waffe wurde also Martini-Henry genannt und nach Truppenversuchen 1869 eingeführt. Sie kostete 2 Pfund, und 18 Shilling und 9 pence (135).

Westley Richards erhielt eine nette Summe für die Patentrechte seiner Fallblock-Büchse, welche der Martini sehr ähnlich war.

Von 1865 an wurden von der Regierung der Vereinigten Staaten und verschiedenen anderen Staaten zahlreiche Testserien unternommen. Das Ergebnis der ersten Tests von etwa 60 Waffen war: Allin, Berdan, Yates, Roberts und Remington. Der Kriegsminister setzte dafür: Allin, Peabody, Laidley, Remington und Sharpes. Jedoch erschien dies alles als eine Zeitverschwendung als der Chef des Waffenamtes zugab: »*Kurz nachdem ich im Herbst 1864 Chef des Waffenamtes wurde, gab ich Mr. Allin . . . den Auftrag, einen Plan auszuarbeiten für die Änderung der Musketen in Hinterlader, wobei er . . . wenn nötig alle Patente verwenden sollte, die je erteilt worden waren.*« Es stand also von vorneherein fest, daß Mr. Allin (der Waffenmeister der Springfield National Armoury) der Sieger in jedem nationalen Wettbewerb sein würde. Sein Plan eines Fallblock-Hinterladers ähnelte den Systemen Berdan, Chabot, Montgomery-Storm, Albini-Brändlin, Westley Richards und anderen und deshalb wurden große Summen für Patentverletzungen gezahlt.

Das Endresultat, das Modell 1866, hatte das Kaliber .50 Zentralfeuer, wobei der Lauf durch einen Einsatz vom Kaliber .58 auf .50 reduziert worden war. Die Regierungen der Einzelstaaten stellten ihre eigenen Versuche an: Bemerkenswerterweise wählte Connecticut die Peabody und New York die Remington. Die Österreicher, erschreckt durch ihre Niederlage im Krieg von 1866 mit Preußen, begannen alsbald die Suche nach einem Hinterlader, der dem preußischen Zündnadelgewehr überlegen war. Das kaiserliche Artillerie-Komitee begünstigte bei seiner Entscheidung »*die ausschließliche Verwendung der Metallpatrone*«. Der erste Schritt war ein Umbau des Lorenz-Vorderladers. Nach Versuchen wurde die Wänzl, ein einheimischer Entwurf (126) vor der Snider, der Albini-Brändlin und anderen ausgewählt. Sie wurde im Januar 1867 eingeführt.

In Wien wurden Versuche für eine völlig neue Büchse gemacht. Die Bedingungen waren ein Kaliber von 11,15 mm und eine Mündungsgeschwindigkeit von 1 300 bis 1 400 f/s. Die Büchsen von Remington und Peabody hatten es leicht, in Führung zu gehen, und weitere Versuche zeigten ihre Überlegenheit. Dann aber begann die Politik hineinzuspielen, und eine Waffe, die überhaupt nicht an den Versuchen teilgenommen hatte, die Werndl, wurde gewählt. Josef Werndl, der Besitzer der Steyr-Werke, war während des Bürgerkrieges zusammen mit seinem Fabrikdirektor Karl Holub in Amerika gewesen. Sie bemühten sich um den Ankauf von Maschinen für die Massenproduktion, hatten aber wegen des Krieges keinen Erfolg. Holub blieb für einige Jahre in Amerika bei Colt, und bei seiner Rückkehr nach Österreich ging er zu Steyr, um eine Waffe seiner eigenen Konstruktion zu produzieren. Diese, die Werndl, wurde gewählt, obwohl sie nach Kropatschek *»weder die Einfachheit noch die allgemeine Eleganz in Konstruktion und Entwurf wie die Remington besaß«* (131).

Die Franzosen waren ähnlich interessiert. Sie beschlossen zunächst eine Kopie der Snider zum Umbau ihrer gezogenen Vorderlader vom Kaliber .69 in und führten später, im August 1866, eine Abart des Zündnadelgewehrs, das Chassepot-Gewehr im Kaliber .43 in ein, das sie der Remington vorzogen. Es wird allgemein angenommen, daß der Erfolg der Preußen der entscheidende Faktor bei der Wahl einer Waffe war, die schon bei ihrer Einführung veraltet war (149). Es ist interessant festzustellen, daß alle die oben angeführten Staaten nach langen Versuchen aus meist nationalen Gründen unterlegene Waffen wählten.

Die Schweizer beschlossen die Amsler-Milbank-Konvertierung des Schweizer Bundesgewehres (129), die von der Vetterli-Repetierbüchse des gleichen Kalibers abgelöst wurde (133). Sie hatten die Winchester Modell 1866 probiert, aber die kleine Pulverladung und das leichte Geschoß waren auf die großen Entfernungen im Gebirge nicht wirksam genug. Die Vetterli hatte einen Zylinder-Verschluß und das Winchester-Röhrenmagazin.

Der deutsch-französische Krieg endete mit einer Niederlage für Frankreich. Das Chassepot-Gewehr war dem Zündnadelgewehr wohl überlegen, aber trotz hastiger Versuche, später einen ausreichenden Vorrat an Waffen mit Metallpatronen (u. a. auch Remington) anzukaufen, entschied die überlegene Disziplin der Preußen den Krieg.

Die Österreicher, angespornt durch den deutsch-französischen Konflikt, produzierten den »ersten Repetierer in Europa«. Dieser, die »Frühwirth«, hatte ein Winchester-Magazin mit einem Zylinderverschluß und verwendete die Werndl-Karabinerpatrone mit reduzierter Ladung. Sie wurde im Mai 1872 für die österreichische Gendarmerie und die Tiroler Scharfschützen eingeführt (141). In einer Modifikation von Kropatschek wurde sie von Ingenieuren und Hilfstruppen verwendet.

Rußland führte zunächst die Erfindung von Sylvester Krnka aus Österreich ein, eine einschüssige Büchse ähnlich der Snider, die 1868 schnell von der Berdan abgelöst wurde, die bei Colt in Hartford, Connecticut im Kaliber .42 in hergestellt wurde. Die ersten 90 000 Gewehre wurden in den Vereinigten Staaten hergestellt, die folgenden in Rußland. Die erste Berdan-Büchse ähnelte der Allin, der Albini-Brändlin und der Mont-Storm (130) und wurde bald durch die Berdan II ersetzt, eine einschüssige Büchse mit Zylinderverschluß für dieselbe Patrone (139).

Der Maschinenpark für die Herstellung der Berdan-Büchsen wurde von Greenwood und Batley aus Leeds geliefert und von James Burton installiert.

1869 kaufte die Türkei einen Grundvorrat an Spencer-Büchsen von der alten Firma und ging dann dazu über, laufend große Aufträge über die Winchester-Muskete Modell 1866 zu erteilen. Für große Reichweiten wurde zunächst die Peabody (128) und später die Peabody-Martini bei Providence Tool Company in Rhode Island in großen Mengen bestellt.

Die anderen europäischen Staaten, die nicht unter demselben Druck standen, schienen die Remington zu bevorzugen, die von Dänemark, Schweden, Griechenland, den romanischen Staaten (147) und Ägypten eingeführt wurde. Belgien wählte die Brentlin-Albini (137) und die Comblain (140), Italien die einschüssige Vetterli (142) und Holland die Beaumont (180).

Nach einer kurzen Friedensperiode demonstrierte der türkisch-russische Krieg die Notwendigkeit von Repetierwaffen. In der Schlacht von Plevna, in der die Türken sich verschanzt hatten, zeigte die Winchester-Büchse selbst bei ihrer leichten Patrone die Wichtigkeit der Anwendung von gezieltem Schnellfeuer. Auch als Kavalleriewaffe war sie sehr brauchbar. »Reouf Pascha war bei Yeni Zahra auf Erkundung, wobei er nur von seiner Leibwache von ca. 30 Tscherkessen, die mit Winchester-Büchsen bewaffnet waren, begleitet wurde, als ein Kosaken-Regiment, bestehend aus etwa 600 Mann, Anstrengungen machte, sie zu umzingeln. Er befahl seinen Wächtern abzusteigen . . ., die Kosaken umzingelten sie . . . aber binnen fünf Minuten wurden soviele von ihnen getötet, ohne daß seinen Leuten ein Haar gekrümmt wurde, daß die restlichen Kosaken beschlossen, sie alleine zu lassen.«

Die Mängel der russischen Waffen wurden offenbar. Das Visier der Krnka-Büchse war unbrauchbar, und es mußten neue aus Holz im Felde gearbeitet werden. Die Berdan II froren während der Kälteperioden ein, so daß die Soldaten sich angewöhnten, den Verschluß getrennt zu tragen, was die Wirksamkeit der Waffe natürlich heruntersetzte.

Die kleinen Kriege des britischen Empires zeigten allgemein die Unzulänglichkeit der Martini-Henry. Der Auswerfer wurde als fehlerhaft erkannt, und der ägyptische Feldzug zeigte die Mängel der Boxer-Patrone. Sir William Butler wies auf die »Macht der Zivilisten hin, alle Anstrengungen, die militärische Stellen zur Verbesserung der Wirksamkeit des Mannes im Felde unternahmen, lächerlich zu machen«.

Die Deutschen bewaffneten sich nun mit dem Mauser-Modell 1871, Kaliber 11 mm, eine Erfindung der Gebr. Mauser — Wilhelm und Paul. Die Finanzierung wurde von der Regierung übernommen, und die Werkzeugmaschinen wurden von Ludwig Löwe, Berlin, nach amerikanischem Muster hergestellt. Die Büchse wurde 1884 durch Hinzufügen eines Röhrenmagazins der Bauart Winchester modernisiert (167).

Während der Zeit, die dem türkisch-russischem Krieg folgte, publizierte Karl Krnka, ein Offizier der österreichischen Armee und Sohn des Sylvester Krnka 1882 sein Buch: »Das Gewehr der Zukunft«, das vielleicht beste Beispiel der technischen Gedanken jener Art.

Er wies darauf hin, daß die sogenannten Schnellader oder Magazine, die an den bestehenden Gewehren verwendet wurden und aus denen die Patronen von Hand in das Patronenlager der Waffe eingeführt werden mußten, Umfang und Gewicht der Waffe vergrößerten und nur bei festen Stellungen anwendbar waren. Um eine wirkliche Verbesserung einzuführen, muß ein Gewehr 1. verbesserte ballistische Daten sowohl hinsichtlich Reichweite als auch Genauigkeit aufweisen, 2. für Schnellfeuer eingerichtet sein, ohne die Notwendigkeit eines Nachladens von Hand, wobei man sogar bis zur vollautomatisch arbeitenden Waffe gehen sollte, 3. muß das Gewicht der Munition herabgesetzt werden, um den Soldaten zu entlasten und den Nachschub einfacher zu machen. Eine Herabsetzung des Kalibers bei einer gleichzeitigen Herabsetzung des Gewichts kombiniert mit einer Patronenhülse großen Querschnitts, die für Selbstlader konstruiert ist, ergäbe ein kürzeres Verschlußsystem, das Fortschritte bei Maßen und Gewicht verspricht.

Diese Darlegung der zukünftigen Stellung des Gewehrs beschränkte sich nicht auf die Theorie. Krnka produzierte das erste erfolgreiche Selbstladegewehr, den »Automat« mit einem zündhütchenbetätigten Verschluß und automatischer Nachladung aus dem Magazin.

Es ist wirklich eine Ironie der Geschichte, daß die schwerfälligen Fachleute der österreichischen Regierung nur Teile seines

Werkes benutzten. Die österreichischen Versuche kehrten das unterste zu oberst und legten, wie es schien, besonderen Wert auf unpraktische Seiten der Waffen, wie z. B. Waffen, die zwanzig und mehr Patronen im Kolben enthielten und die die Patronen mittels einer Kette zum Verschluß förderten wie z. B. die »Schulhof«, die rotierenden Magazine der Spitalsky und Schulhof und das veraltete Röhrenmagazin von Kropatschek (174, 175). Dieser Stillstand wurde 1885 von Ferdinand Ritter von Mannlicher überwunden, der allerdings mehr ein Erneuerer als Erfinder war. Unter Verwendung des Schloßmechanismus von Andrew Burgess aus New York und des Magazins von James P. Lee aus Connecticut verwies er die Jahre der endlosen Versuche mit dem Modell 1884 in die Vergangenheit.

In England und in den Vereinigten Staaten war die Situation sehr ähnlich. Die Martini-Henry und ihre Patronen waren beide für Verwendung mit Magazinen unbrauchbar, und die Regierung experimentierte mit einer Reihe von Schnelladern. Versuche im Felde erwiesen sich als unbrauchbar, aber die ganze Neubewaffnung wurde als ein schreckliches Problem angesehen. 1882 wurde eine Lösung auf Zeit erreicht, als eine neue Martini-Büchse im Kaliber .402 herausgebracht wurde. Die Patrone war flaschenhalsförmig und der Verschlußhebel um ein beachtliches Stück verlängert worden, um das Laden zu erleichtern. Nach kurzer Zeit wurde die Waffe als unzureichend erkannt. Die Vereinigten Staaten setzten ihre Versuche mit Mehrladegewehren fort. Es scheint, daß sowohl Erfinder als auch Gutachter, vielleicht wegen der vorangegangenen Erfolge der Winchester- und Spencer-Büchsen, voreingenommen für Kolben- bzw. Unterlaufmagazine waren. Die Hotchkiss, eine Waffe mit Magazin im Kolben, war in den Versuchen von 1878 die erste (157). 1882 wurde die Lee, die Chaffee Reece und die Hotchkiss gewählt, wobei die beiden Letzteren Kolbenmagazine besaßen, während die Lee das jetzt schon bekannte Kastenmagazin benutzt (164, 165). Die Armee selbst war von einer überschwenglichen Neigung zu dem alten Allin-Entwurf der einschüssigen Springfield besessen (144, 145).

Diese Szene änderte sich abrupt, als Frankreich 1886 das 11 mm Gras Modell 1874 durch eine neue Waffe im Kaliber 8 mm ersetzte, die der Kropatschek mehr als ähnlich war (173). Mit einem acht Patronen fassenden Röhrenmagazin unter dem Lauf unterschied sie sich nur wenig von den in anderen Ländern verwendeten Modellen. Der wirkliche Unterschied lag in der Patrone. Krnkas Empfehlungen folgend war die neue Patrone kurz, mit einem großen Körper. Das Treibmittel war Pulver B, eine Nitrozellulosemischung, die einen weit höheren Energiegehalt als das alte Schwarzpulver hatte. Die ballistischen Daten der Patrone setzten für die nächsten zwanzig Jahre die Maßstäbe. Das 216 grain schwere Mantelgeschoß erreichte etwas über 2 000 ft/sec.

Das Mantelgeschoß wurde 1875 von Major Bode aus Preußen als Antwort auf die bei hohen Geschoßgeschwindigkeiten auftretende Verformung und Zersplitterung der Geschosse vorgeschlagen. Eine Gruppe brillianter Experimentatoren aus der Schweiz, unter ihnen Schmidt, Rubin und Hebler, hatten am Problem des verkleinerten Kalibers gearbeitet.

Das britische Komitee von 1883 hatte sich langsam zum Verschluß von Lee durchgearbeitet. Als Magazine wurden die Vorschläge von Lee und Burton in die engere Wahl gezogen (164, 166). Diese wurden im Kaliber .402 ausprobiert, als die Nachricht von der französischen Neueinführung eintraf. Aufgeschreckt rief man nach Greenwood und Batley, die gute Verbindungen in die Schweiz besaßen. Das Ergebnis war die Vetterli im Kaliber 7.5 mm mit hinten liegendem Verschlußsystem, ähnlich wie heute die Schultz und Larsen. Die Waffe wurde nicht angenommen, sondern der Verschluß von Lee bevorzugt, aber die Patrone schien die Lösung des Problems zu sein. Sie war randlos und enthielt einen aus Schwarzpulver gepreßten Treibsatz, der dem 215 grain schweren Geschoß eine Geschwindigkeit von 1850 ft/sec. verlieh. Die Patrone war nicht abgesetzt und das Geschoß wurde von einem federnden Einsatz gehalten. Das Komitee forderte einen Rand, und während der Versuche wurde gefunden, daß es möglich war, die Patrone abzusetzen, aber mit so geringen Verformungen, daß das Metall nicht überbeansprucht wurde. Unglücklicherweise führte dies zu einer Patrone, die für ihre Stärke zu lang und deren Verwendung durch den Rand begrenzt war, außerdem neigte sie beim Laden zum Klemmen (179).

Nachdem sie die Waffenfabrik Mauser mit neuen Werkzeugen für die Herstellung des Modells 1887 mit Röhrenmagazin im Kaliber 9,5 mm Schwarzpulver (178) ausgerüstet hatten, taten die Deutschen den ungewöhnlichen Schritt, ein Komitee für den Entwurf einer neuen Waffe zu bilden. Das Kommissionsmodell von 1888 im Kaliber 8 mm verwendete rauchloses Pulver, das dem Mantelgeschoß von 227 grain 2 030 ft/sec. Geschwindigkeit verlieh (181). Ein Stahlrahmen nach Art des Mannlicher hielt fünf Patronen fest und fiel nach dem letzten Schuß heraus. Die Österreicher reagierten, indem sie ihre Gewehre von 1884, 1885 und 1886 für die Verwendung einer 8 mm-Schwarzpulver-Patrone nach dem Krnka-Entwurf änderten (182). Die Schweiz, das in der Entwicklung von Geschossen am weitesten fortgeschrittene Land, wählte seltsamerweise ein Geschoß mit Metallspitze, das hinten mit einem Papierflicken abgeschlossen war und von fast rauchlosem Pulver getrieben wurde. Es hatte das Kaliber 7,5 mm. Nach Versuchen ließ man die Vetterli fallen und wählte die schwerfällige Schmidt-Rubin mit einem Kastenmagazin für zwölf Patronen als das Modell 1889 (184).

Mauser begann, angespornt durch die Annahme des Kommissionsmodells 1888, mit der Produktion einer Reihe von Außenseiter-Waffen, die die Militärwaffen revolutionieren sollten. Das belgische Modell 1889 mit dem Lee-Magazin war das erste der Reihe. Der Schlagbolzen wurde mitsamt der Schlagbolzennasen aus einem Stahlstück gefertigt. Das Magazin für fünf Patronen wurde mit Ladestreifen gefüllt, der, wenn leer, herausfiel. Das Kaliber war 7,65 mm mit ballistischen Daten wie die anderer Waffen in der gleichen Klasse (183). Das Modell 1891, das von der Türkei und einigen südamerikanischen Staaten eingeführt wurde, ähnelte bis auf wenige Verbesserungen dem Modell 1889. Das spanische Modell 1893 im Kaliber 7 mm verschoß ein 175 grain schweres Geschoß mit 2 350 ft/sec. Das Magazin war zickzackförmig im Schaft untergebracht. Da die Waffe ein großer Erfolg war, wurde sie im Kaliber 6,5 mm von Schweden als das Modell 1894 und von südafrikanischen und südamerikanischen Staaten als die Modelle 1895, 1896 und 1897 im Kaliber 7 mm oder 7,65 mm eingeführt (202).

Nach den Erfahrungen mit der mit einem Röhrenmagazin ausgerüsteten Jarmen-Büchse führte Dänemark 1889 eine völlig andere Waffe ein, die Krag-Jörgensen, ein dänisch-norwegischer Entwurf mit einem waagerecht herausragenden Kastenmagazin. Das Kaliber war 8 mm, und die ballistischen Daten wichen nicht vom üblichen ab (187). Norwegen folgte Dänemark 1894 mit abgeändertem Modell im Kaliber 6,5 mm (193). Die Russen wählten das Nagant-Gewehr mit dem von Oberst Mouzin abgeänderten Schlagbolzen. Die Patrone, die der österreichischen 8 mm sehr ähnlich war, hatte das Kaliber 7,62 mm und die üblichen ballistischen Daten (245).

Mannlicher, der Österreichs führende Position als Waffenlieferant von Mauser gefährdet sah, nahm die Produktion einer neuen Waffenreihe auf, wobei er drei wichtige Fehler machte. Der erste Fehler war der Nachbau des unterlegenen Verschlusses des deutschen Modells 88, und der zweite die Einführung einer Patrone mit Rand. Drittens hielt er am schon aus der Mode gekommenen »en bloc«-Clip fest, ohne den sein Magazin nicht verwendet werden konnte, anstatt den Ladestreifen von Mauser einzuführen.

Das erste Modell, welches 1892 von Rumänien eingeführt wurde, war ein sofortiger Erfolg. Es folgten das Modell 1893

(190), und das holländische Modell von 1895. Diese Waffen waren ausgezeichnet verarbeitet, außerordentlich genau und das Schießen damit ein Vergnügen, aber die Mauserwerke bekamen die Aufträge. Die Einführung einer Patrone mit rauchlosem Pulver 1890 in Österreich führte zur Annahme einer Waffe mit Drehbolzen anstelle des Mechanismus von Burgess. Bekannt als der Karabiner Modell 1890 und das Gewehr Modell 1895 erregte diese Waffe technisch einiges Aufsehen, aber der »en bloc«-Clip und die Randpatrone begrenzten den Verkauf, nur Bulgarien und in geringen Stückzahlen Griechenland kauften dieses Modell (196).

Die italienische Carcano Modell 1891 im Kaliber 6,5 mm war ein Mischling, sie verwendete den Verschluß von Mauser und das Magazin von Mannlicher (188).

Weit weg vom Schauplatz des Geschehens setzten die USA 1890 wieder einmal eine Kommission ein. Wie früher wählte sie eine bevorzugte Waffe und bezeichnete sie nach zahlreichen Änderungen als die Krag-Jörgensen Modell 1892. Das Kaliber war .30 bei einem Geschoßgewicht von 220 grain und einer Mündungsgeschwindigkeit von 2 000 ft/sec. Es ist immer noch bemerkenswert, daß diese Waffe gegen 52 andere einschließlich Lee, Mauser und Mannlicher erfolgreich sein konnte.

Das Ende des 19. Jahrhunderts erlebte bei englischen und amerikanischen Versuchen einen wichtigen Irrtum. Die Waffen beider Länder sollten als Einzellader verwendet werden, außer bei besonderen Gelegenheiten. Es wurde eine Sperre verwendet, die das Nachladen aus dem Magazin verhinderte, wenn die Waffe einzeln geladen werden sollte. Die Engländer in Südafrika und die Amerikaner in Kuba wurden mit 7 mm Mauser-Büchsen der Modelle 1893—1897 konfrontiert, die mit Ladestreifen geladen wurden. Man fand bald heraus, daß die Ladesperre in der Praxis unbrauchbar war und Patronen in Taschen oder Gurten leicht zu verlieren und schwer zu laden waren.

Nach dieser Erfahrung gingen beide dem Problem zu Leibe.

Die Lösungen waren verschieden. Die Engländer nahmen die Long Lee-Enfield, bauten eine Ladestreifenführung ein und verkürzten den Lauf um etwa 12 cm. Dadurch wurde das Gewehr 1902 zur Short Magazin Lee-Enfield. Die Amerikaner kopierten nach Experimenten mit verschiedenen Ladevorrichtungen einfach die Mauser als das US-Modell von 1903, die allgemein als »die Springfield« bekannt ist (208).

In der Zwischenzeit hatte Mauser eine neue Waffe hergestellt, das Modell 1898, welches von der deutschen Regierung eingeführt wurde. Es unterschied sich von den früheren Modellen dadurch, daß es beim Öffnen des Schlosses spannte und eine dritte Sicherung besaß. Dieses Modell kann als die Krönung der handbedienten Waffen mit Zylinderverschluß angesehen werden. Es wurden von anderen Herstellern Änderungen eingeführt, um die Produktion zu verbilligen, die Qualität verschlechterte sich, aber das Modell 1898 blieb die beste Kombination aus Stärke, Symmetrie und Sicherheit (227).

Mannlicher machte große Anstrengungen, mit seinem Modell 1903 gleichzuziehen, einer Waffe mit Magazin für Ladestreifen. Aber Griechenland blieb die einzige Nation, die die Waffe einführte, obwohl die gute Verarbeitung und leichte Handhabung ihr unter dem Namen »Schoenauer-Mannlicher-Sportbüchse« zu großer Beliebtheit verhalf.

Die Suche nach Geschossen, die für hohe Geschwindigkeiten geeignet sind, wurde durch die Erfindung der Hochgeschwindigkeits-Fotografie beschleunigt, aber in England hielten falsche Vorstellungen über den Luftwiderstand die Entwicklung auf.

Als Mauser 1905 mit einem leichten Spitzgeschoß herauskam, war das eine komplette Überraschung. Diese neue Form, die als Spitzer bekannt war, erlaubte die Verwendung eines Geschosses, das um ein Drittel leichter war und natürlich eine höhere Geschwindigkeit besaß, ohne an Wirksamkeit zu verlieren. Dies bedeutete einen völligen Umschwung bei aller Gewehrmunition, außer Frankreich, denn Frankreich verwendete seit 1898 Spitzgeschosse, die als Balle D bekannt waren. Die Idee, einen Teil der Explosionskraft der Treibladung zum Betreiben der Waffe zu verwenden, wurde erstmals im März 1663 in den Transactions of the Royal Society erwähnt. Dort wird gesprochen von einem »*Schießen, so schnell es möglich ist und doch nach Belieben anhaltbar, wobei die Kraft des Feuers und des Geschosses verwendet wird, um die Waffe mit Pulver und Geschoß zu laden, die Zündung vorzubereiten und den Hahn abzuziehen*«. Die mechanischen Schwierigkeiten müssen unüberwindbar gewesen sein.

1856 ließ sich E. Lindner die Idee eines vom Gasdruck betätigten Kolbens patentieren, während Maxim 1883 ein rückstoßbetätigtes Gewehr patentiert wurde. Die Gewehre, wie die schon erwähnte Krnka, waren begrenzt funktionsfähig, aber die Tatsache, daß das Schwarzpulver klumpt und Öffnungen verstopft, verurteilte alle Versuche zum Scheitern.

Es war leichter, ein völlig automatisches Maschinengewehr zu bauen und deshalb ging Maxim dazu über, wobei er sich die meisten der denkbaren Systeme patentieren ließ. Andere Erfinder wie Browning, Mannlicher und Mauser beteiligten sich ebenfalls an diesem Rennen, aber das erste Patent über das, was man heute »verriegelten Verschluß« nennt, wurde W. Arthur 1885 in England erteilt. Der Massenverschluß war in einer einfachen Form einige Zeit lang bei Salon-Pistolen zu finden.

Das Aufkommen des rauchlosen Pulvers erleichterte die Aufgabe, aber das Problem, den Mechanismus auf ein tragbares Maß zu verkleinern, blieb. Griffith und Woodgate ließen sich 1892 eine rückstoßbetätigte Büchse patentieren und führten sie 1894 erfolgreich den britischen Fachleuten vor (192).

Anders als die meisten ihrer Art sah die Waffe wie ein Gewehr aus und war auch so zu handhaben und mit dem notwendigen Rückhalt wäre sie zweifellos ein Erfolg geworden. So triumphierten die Vorurteile, und sie fiel in Ungnade.

Die automatischen Gewehre von Mauser waren nur Versuchsstücke. Mannlicher produzierte einen Karabiner, der Pistolen-munition verschoß.

Das dänische Rekyriffel Syndikat produzierte 1896 ein Gewehr nach dem langen Rückstoßsystem, bei dem das Gewicht des Laufes und des Systemkastens für eine lange Bewegung aus-genutzt wurde (201). Versuche waren vielversprechend, aber das Rexer Syndikat, das die Waffe in England vertrieb, ver-suchte die Herstellung von Motorfahrzeugen mit der Waffen-herstellung zu vermischen. Das Geschäft fiel bald aus (206).

Winchester brachte eine Serie von Gewehren heraus, die auf dem alten Massenverschluß beruhten, bei dem nur die Masse der bewegten Teile dem Rückstoß Widerstand bietet. Das Modell 1907 mit der Winchester-Patrone .351 verfeuerte 53 Schüsse in einer Minute, aber das kleine Kaliber und die Gren-zen des Entwurfes machten klar, daß es sich nicht um eine echte Militärwaffe handelte (218).

Die Versuche mit automatischen Büchsen hinterließen das Ge-fühl, daß die vorhandenen Waffen gut genug seien. Die Ver-suche der Schweizer von 1907 zeigten, daß keine der einge-reichten Waffen die vorgeschriebenen Werte erreichte.

Die einflußreiche Zeitung »Arms and Explosives« bemerkte, bezugnehmend auf die englischen Versuche von 1909: »Es gibt viele Gründe zu glauben, daß die für eine Automatisierung des Ladevorganges nötigen zusätzlichen Teile eine unzulässige Vergrößerung des Gewichts und eine Komplizierung der Waffe bedeuten.«

Die britische Regierung stimmte dem sofort bei und entschied sich für ein neues Gewehr, das Modell 13 (234), mit einem handbetätigten Zylinderverschluß, der von Mauser kopiert wurde, im Kaliber .276, eine Kopie der .280 von Sir Charles Ross.

Es scheint, daß die verschiedenen Komitees die Teile für eine automatische Funktion der Waffe als einen Zusatz ansahen, ohne den sie normal handbetätigt arbeiten müßte, wenn nötig.

Bei dieser zusätzlichen Forderung schienen die Schwierigkeiten für den Konstrukteur zu groß zu sein, und es ist kaum überraschend, daß ein unabhängiger Erfinder, General Mondragon in Mexico, eine außergewöhnlich erfolgreiche Waffe entwarf. Sie wurde bei SIG in der Schweiz ab 1913 hergestellt, war gasdruckbetätigt und besaß ein Magazin für zehn Schüsse (232).

Die französische Regierung experimentierte 1911 mit »Fusil B« und »Fusil C« genannten Waffen, die ebenfalls gasbetätigt waren und immer noch die Lebel-Patrone verwendeten, aber es wurden keine weiteren Schritte unternommen.

Bei Ausbruch des ersten Weltkrieges waren alle bedeutenden Mächte mit handbetätigten Gewehren ausgerüstet. Zunächst wurden diese als völlig ausreichend angesehen, besonders die Lee-Enfield.

Die ersten britischen Truppen »The Old Contemptibles« hielt man für mit großen Mengen automatischer Waffen ausgerüstet, weil sie so schnell schossen. Als jedoch neue Truppen eingezogen wurden, stellte sich heraus, daß diese Schnelligkeit des Feuerns mit handbetätigten Waffen nur nach langer und geduldiger Übung erreicht werden konnte, keinesfalls jedoch bei einer Ausbildung in Kriegszeiten.

Die Deutschen verwendeten Mondragon-Maschinenwaffen und einige Versuchsstücke von Mauser zur Ausrüstung ihrer Flugzeuge, was die Franzosen mit dem Ankauf aller verfügbaren Winchester Modelle 1907 vergalten. Englische Flieger verwendeten Pistolen und Schrotgewehre. Nachdem man Flugzeugmaschinengewehre entwickelt hatte, war man das Problem los, aber es hatte die Suche nach einer Methode zur Verbesserung der Feuerkraft der Bodentruppen begonnen.

Beide Seiten entschieden, daß die Herstellung eines zuverlässigen automatischen Gewehres nicht möglich sei und machten sich daran, tragbare schwerere Waffen herzustellen, die von einer Mannschaft bedient wurden.

Die Gewehre mit Zylinderverschluß waren alle wirklich zufriedenstellend, bis auf eine Ausnahme — die »Ross« — die 1901 von der kanadischen Regierung eingeführt wurde (222). Diese geniale Waffe, die Erfindung von Sir Charles Ross, einem Schotten, war seit ihrer Einführung Gegenstand vieler Kontroversen gewesen. Entworfen für eine bessere Genauigkeit und größere Reichweite war sie durch die größere Länge und den komplizierten Verschluß im Vergleich mit der Short Magazin Lee-Enfield benachteiligt. Ein kanadischer Offizier: *»Die Verschlüsse klemmen, und alle Teufel können sie nicht bewegen.«*

Bei den Versuchen der Vereinigten Staaten 1916—18 waren wenig Fortschritte zu sehen. Die »Bang« wurde wieder vorgelegt, und die gasdruckbetätigte Farquhar-Hill sah vielversprechend aus, war aber noch nicht völlig durchentwickelt (238). Die Rychiger, eine gasdruckbetätigte Version der Schmidt-Rubin war, noch größer als die anderen, plump und schlecht proportioniert mit abnorm langem Verschlußmechanismus.

Als Ergebnis der russischen Versuche von 1907—12 wurde das automatische Gewehr von V. Fedorov gewählt und 150 Stück hergestellt. Nachdem es 1916 verbessert wurde, wurde eine begrenzte Anzahl davon produziert. F. V. Tokarev arbeitete zur selben Zeit an einem Selbstladegewehr, aber die Bedingungen in Rußland machten ein weiteres Arbeiten unmöglich. Gegen Ende des Krieges wurde die gasdruckbetätigte Mauser Modell 1916 in begrenzten Mengen hergestellt, ebenso die St. Etienne Modell 1918, eine Entwicklung aus Fusil B und Fusil C. Obwohl sie an sich einfach war, litt die St. Etienne an der gewaltsamen Bewegung des Ladehebels (239). Dies, sowie einige andere Fehler, machten die Waffe bei der Truppe unbeliebt.

Zu spät, um auf den Ausgang des Krieges einen Einfluß zu haben, erschien eine Übergangswaffe, die Browning Automatic Rifle, Modell 1918 (237). Mit 15½ lbs. war die Browning für ein von einem Mann verwendeten Gewehr zu schwer, aber ihre Zuverlässigkeit sowie ihr zwanzig Patronen fassendes Magazin zeigten, wie wirksam ein automatisches Gewehr sein kann.

Die allgemeine Meinung gegen Ende des Krieges ging dahin, daß verbesserte leichte mannschaftsbediente Maschinengewehre und automatische Gewehre für den einzelnen Soldaten in Zukunft die Grundlage jeder Kleinwaffenentwicklung sei.

England, Deutschland und Frankreich entschieden sich für eine hauptsächliche Weiterentwicklung der leichten Maschinengewehre für Mannschaftsbedienung (244, 249, 251, 257). Die Vereinigten Staaten und Rußland konzentrierten sich auf automatische Gewehre. Ein neues Land, das früher Teil der österreichisch-ungarischen Monarchie war, die Tschechoslowakei, baute eine Waffenindustrie nach dem alten deutschen Muster auf und lieferte sowohl automatische Gewehre wie Maschinengewehre an interessierte Käufer.

Die Vereinigten Staaten, die entschieden, daß jede Waffe von Grund auf durchkonstruiert sein muß, stellten einen Waffenkonstrukteur ein, J. C. Garand, um eine Waffe für die geforderten Leistungen zu entwerfen. 1922 erhielt er in J. D. Pedersen einen Mitbewerber. Garand spezialisierte sich auf gasbetätigte Waffen, während Pedersen ein rückstoßbetätigtes Gewehr und eine Patrone im Kaliber .276 vorlegte, die beide in den Abmessungen kleiner als Herkömmliches waren.

Bis 1927 hatte Pedersen das erste Modell seiner neuen Waffe fertig, die große Sorgfalt bei der Konstruktion, verbesserte Visiere und eine gute Lage der Waffe erkennen ließ. Es sollte die neue Dienstwaffe werden und Pedersen vereinbarte mit der englischen Firma Vickers-Armstrong, die Waffe in Groß-Britannien herzustellen. Die Versuche von 1929 erzeugten aber einen großen Schock, als die Garand der Pedersen vorgezogen wurde, und nicht nur der Pedersen sondern auch der rückstoßbetätigten Browning, der tschechischen Holek und der deutschen Heinemann.

Die Einführung der Garand, später M 1 im Kaliber 30—06, erzeugte einen Sturm der Kritik, nicht unähnlich jenem bei der Einführung des Zündnadelgewehrs (256). Sie fiel bei den englischen Sand- und Staubtests durch und wurde von praktisch allen Experten als völlig unbrauchbar bezeichnet. Ihr späterer Erfolg ähnelt dem des Zündnadelgewehrs.

Die tschechische Waffenindustrie sowie die Fabrique Nationale in Belgien fühlten sich als Erben der Gewehrproduktion von Mauser. Es entstanden dort wie auch in kleinerem Maße in Jugoslawien und Polen unzählige Abwandlungen des wohlbekannten Modells 98 (260).

Die Holek Modell 29 wurde nach ihrem Durchfall bei den amerikanischen Versuchen nicht einmal in der Tschechoslowakei angenommen, nur für Äthiopien wurde eine kleine Zahl gefertigt. Nach der russischen Revolution wurde das gasbetätigte Simonov-Gewehr im Jahre 1930 ausgewählt und viele verschiedene Typen in das Versuchsfeld des spanischen Bürgerkrieges entsandt (254). 1936 wurde sie offiziell bei der russischen Armee eingeführt. Die Tokarev, mit welcher 1916 die Entwicklung begonnen hatte, wurde 1938 der Simonov vorgezogen (259) und 1940 nochmals abgewandelt.

Die Deutschen standen im Zweiten Weltkrieg wieder ohne ein automatisches Gewehr da, und bekamen den Mangel bald zu spüren. Zu seiner Behebung griffen sie zu einer vom Bisherigen völlig abweichenden Methode.

Nachdem man einige generelle Richtlinien herausgegeben hatte, wurden mehrere Hersteller mit der Produktion einer größeren Anzahl von Waffen beauftragt. Unter den Bedingungen der Schützengräben ließ sich die richtige Waffe leicht finden.

Es wurden getestet: das Model 41 M (Mauser) und 41 W (Walther). Die Walther wurde bevorzugt. Das Endergebnis war der Karabiner 43, speziell für die Massenproduktion unter Einsatz der geringstmöglichen Anzahl von Werkzeugmaschinen entwickelt. Es ist interessant, daß eine Aufnahmeschiene für ein Zielfernrohr Teil des Systemkastens war, und daß es vorgesehen war, jede der Waffen mit einem solchen auszurüsten (266).

Krnkas Idee eines automatischen Gewehrs für eine kurze Patrone wurde 1927 wieder aufgenommen, als Mauser den Prototyp einer kurzen Patrone herstellte. Bis 1937 wurden von vielen Fabriken verschiedene Entwürfe vorgelegt. Walther produzierte 1938 ein Gewehr.

Die Erfahrungen an der russischen Front zeigten die Notwendigkeit für eine solche Waffe, und wieder wurde das System des Versuchs im Felde angewendet. Es wurden zwei gasdruckbetätigte Waffen nochmals untersucht, die Mk b 42 W und die Mk b 42 H (Hänel). Die Waffe von Hänel, bei Schmeisser gebaut, war erfolgreich und wurde in den Modellen 43 und 44 in großen Stückzahlen produziert, und obwohl die kurze Patrone schwächer war als die deutsche Standard-Patrone 7.92 mm, war sie doch auf Entfernungen bis 400 Meter wirkungsvoll (267). Nachdem sie sich völlig auf die Produktion der Garand-Büchse eingestellt hatten, weigerten sich die USA, in irgendeiner Weise von ihrem Programm abzuweichen. Gerade als die Massenproduktion dieser Waffe 1937 begann, brachte M. Johnson, ein erfolgreicher junger Erfinder, seine Johnson-Automatik heraus. Diese Waffe, die nach dem kurzen Rückstoßsystem arbeitete, brachte für den Benutzer manchen Vorteil (263). Der Lauf war in Sekunden auswechselbar, und das zehn Patronen fassende Magazin konnte sowohl mit den üblichen Ladestreifen als auch mit Einzelpatronen geladen werden, und zwar in jedem Fall ohne den Verschluß zu öffnen. Im Vergleich mit dem Magazin für acht Patronen der Garand, das nur mit einem Ladestreifen vom Mannlicher Typ gefüllt werden konnte, schienen die Vorteile der Johnson klar. Die Johnson war mit Rücksicht auf die Produktion entworfen worden, für die jene Werkzeugmaschinen verwendet werden konnten, auf denen normalerweise Textilmaschinen hergestellt wurden, während die Garand Spezialmaschinen erforderte.

Die Johnson wurde von der KNIL (Royal Netherlands Indies Army) und der holländischen Marine 1941 eingeführt, aber die Besetzung Hollands durch deutsche Truppen beendete den

Vertrag. Nach einigen Aufträgen vom amerikanischen Mar ne-corps verschwand die Johnson von der Bildfläche.

Die Garand hatte sich unter Frontbedingungen bewährt, und das veraltete Magazin wurde durch ein zwanzig Patronen fassendes Kastenmagazin ersetzt, wie es schon immer vorgeschlagen worden war. Aber der Gedanke einer kurzen Patrone hatte allgemeine Einführung gefunden, und so wurde eine Umkonstruktion der Waffe unumgänglich.

Der erste Versuch war der US-Karabiner, Kaliber 30 M 1. Nachdem sich der Grundentwurf des Waffenamtes als unbrauchbar erwiesen hatte, wich man auf private Entwicklungen der Industrie aus. Die acht Beteiligten teilten sich in drei Blöcke, deren erster das Rückstoßsystem, der zweite das kurze Rückstoßsystem und der dritte das gasbetätigte System gewählt hatten. Die gasbetätigte Winchester wurde als die Beste ausgewählt. Weil sie kürzer und leichter als das Standardgewehr war, erhielt sie den Namen Karabiner und wurde als die neue Waffe eingeführt. Leicht und handlich wie sie war, erreichte sie seit ihrem ersten Einsatz eine große Beliebtheit (264).

Schließlich wurde klar, daß die als Calibre 30 M 1 Carbine bekannte Patrone insgesamt in Wirkung und Durchschlagskraft zu schwach und im Vergleich zur deutschen 7.92 kurz ein Fehlschlag war.

Die Russen, angespornt durch das deutsche Beispiel, machten Versuche mit einer Waffe für kurze Patronen. Sie wählten eine Patrone im Kaliber 7.62, die auf der gekürzten japanischen Dienstpatrone beruhte, wahrscheinlich wegen ihrer Erfahrungen mit der Patrone der Fedorov-Büchse.

Das erste Ergebnis war die SKS 46, die sichtlich ein Lückenfüller war und auf der gasdruckbetätigten Simonov beruhte. Dieses Gewehr war leicht zu handhaben und hatte einen Holzschaft, der aus einem Stück war. Ein Klappmesser-Bajonett gehörte zur Ausrüstung.

Bald folgte der AK 47 (Automat Kalashnikov), und diese Waffe wurde, außer in der Tschechoslowakei, im ganzen Ostblock einschließlich Chinas Standard. Das Konzept und die Erscheinung sind eindeutig deutsch, aber die Waffe ist völlig aus gefrästen Teilen hergestellt. Im Krieg standfest und verläßlich, genießt sie bei Freund und Feind einen guten Ruf (269).

Die Schweiz und Schweden, beide neutral, bauten Gewehre, die Dienstpatronen verschossen, und in Erscheinung und Abmessungen den alten Gewehren mit Zylinderverschluß ähnelten.

Die Schweizer Waffe — das Versuchsmuster SK 46 — war das genaueste automatische Gewehr, das je hergestellt wurde. Sie ähnelte sehr der Schmidt-Rubin M 31 und konnte mit einem vierfachen Zielfernrohr ausgerüstet werden, das eine mit Prismen versehene verstellbare Einblicköffnung hatte.

Das schwedische Gewehr, die Ljungman AG 42, wurde später von Dänemark als die Madsen M 49 eingeführt. Da die Waffe für moderne Kriegführung technisch unbrauchbar war, wurden die Maschinen zu ihrer Herstellung an Ägypten verkauft (275). Die tschechische ZK 420 war ähnlich aufgebaut und verwendete die deutsche Dienstpatrone 7.92, sie sah der Garand in ihrer äußeren Erscheinung sehr ähnlich. Als die Tschechoslowakei in den Einflußbereich Rußlands kam, starb die Waffe aus.

Es folgte das Modell 52, das die kurze 7.62er Patrone verschoß, und sichtlich auf möglichst große Ähnlichkeit mit der SKS 48 konstruiert worden war, sogar hinsichtlich des einklappbaren Bajonetts. Während die VZ 58 in gleicher Weise als Abbild der AK 47 entworfen wurde, ist die Konstruktion vielleicht die beste der heutigen Waffen. Dauerhaft, gut ausgewogen und leicht zu schießen, verhindert nur die Herkunft ihre allgemeine Einführung. Das Ergebnis der britischen Gewehrentwicklung, bekannt als die EM 2, war ein tschechischer Entwurf und sowohl fortschrittlich als auch praktisch. Eine kurze Patrone im Kaliber .280 oder 7 mm, die etwas schwächer als der Pedersen-Entwurf war, wurde ausgewählt und die Waffe auf maximale Handlichkeit und Brauchbarkeit entwickelt. Als Visier wurde ein 1 X Zielfernrohr gewählt. Das Gewicht steht einzig da, nämlich 8 lb. bei dem serienmäßigen Modell (274).

Zur gleichen Zeit entwickelten die USA das »Vier in einem«-Konzept. Dies sollte eine Waffe sein, 7 lb. schwer und eine kurze Patrone verfeuernd, die das Garand-Gewehr, den Karabiner M 1, die .45 Submachine, und die Browning Automatic ersetzen sollte. Die gewählte Patrone ist jetzt bekannt als die 7.62 Nato, aber das Gewehr ging leider daneben.

Bei 7 lb beginnend kroch das Gewicht unaufhaltsam auf über 9 lb und die Konstruktion, die auf der Garand beruht, bietet Ländern ohne Werkzeugmaschinen für dieses Modell keinen Vorteil. Das neue Gewehr, bekannt als M 14, ist schon wieder in der Versenkung verschwunden.

Die Belgier, die für Ägypten und südamerikanische Länder die M 1948 FN (268) im Kaliber .30-06, 7.92 und 7 mm herstellten, sahen eine Chance und bauten nach kurzer Zeit die FN FAL. Die Konstruktion stützte sich auf europäische Werkzeugmaschinen und so wurde sie schnell zum Ersatz für die M 14 (274).

Ein Regierungswechsel in England führte 1952 zur Ablösung der EM 2 durch die FN und zur Einführung der Patrone 7.62 Nato. Natürlich folgten Belgien, Holland und Deutschland. Als Mitglieder des Commonwealth schlossen sich Australien, Kanada und Neuseeland an.

Hinsichtlich Genauigkeit und Handlichkeit war das Gewehr eine Enttäuschung. Ein Konstrukteur schrieb: »*Eine sehr gute Waffe, wenn sie 1930 produziert worden wäre.*«

Nach dem Fall des Dritten Reiches beteiligten sich deutsche Waffenkonstrukteure, die nach Spanien gegangen waren, an einer Konstruktionsgruppe, die als CETME bekannt war. A. Vorgrimmer, der früher bei Mauser Ingenieur war, hat die Ehre, das CETME-Gewehr Modell 58 entworfen zu haben. In Spanien mit der kurzen 7.92 verwendet, wird sie ebenfalls im Kaliber 7.62 Nato hergestellt und G 3 genannt (278). Es ist das Standard-Gewehr von Deutschland, Norwegen und Schweden. Die

Waffe ist schwer und unhandlich, ausgerüstet mit einem Doppelgriff, dafür kann man sie bei Dauerfeuer durchaus im Ziel halten. Sie ist zur Abwehr von Massenangriffen entworfen worden. Finnland ist notgedrungen gezwungen, sich auf russische Beutestücke zu stützen, daher ist sein heutiges Gewehr auch eine modifizierte AK 47 ohne bemerkenswerte Einzelheiten.

Das Aufsehen in den USA, das durch die Einführung der M 14 erregt wurde, steigerte sich noch, als es sich in Vietnam herausstellte, daß ein leichteres Gewehr dringendst notwendig war. Ein privater Konstrukteur, E. Stoner, hatte ein leichtes Gewehr im Kaliber 5.56 mm hergestellt. Nachdem es von der Armee abgelehnt worden war, wurde es von der Luftwaffe angenommen und erwies sich als für Dschungelkrieg-Führung besser geeignet als alles andere. Solcherart gezwungen mußte die Armee die einzig brauchbare Waffe anschaffen. Es ist eine Ironie des Schicksals, daß die USA nach den langen, bahnbrechenden Arbeiten, die schließlich zur Einführung der Nato-Patrone und der M 14 führten, gezwungen waren, sich zur Deckung ihres Bedarfs auf eine wirklich kleine Firma zu verlassen. Wenn man die neue Waffe, die als M 16 bekannt ist (280), betrachtet, fällt auf, daß die einzigen Gegenstücke dazu in den USA die AR 18 (289) und das Modell 1963 (284) sind, die beide ebenfalls von E. Stoner konstruiert wurden.

Es hat sich gezeigt, daß die vergleichbaren Typen von FN, Heckler & Koch/Deutschland keine ungewöhnlichen Qualitäten aufweisen.

Rußland arbeitet natürlich an einer ähnlichen Waffe.

Der neueste Entwurf ist die amerikanische SPIW (Special Purpose Infantry Weapon, etwa Infanterie-Waffe für Spezialzwecke). Diese Waffe, die kleine Bolzen verschießt, einen Treibspiegel verwendet wie das Zündnadelgewehr, und auf der gleichen Basis arbeitet wie der alte Krnka-Automat, möchte glauben machen, daß es doch niemals etwas wirklich neues auf Erden gibt.

SPORT- UND SCHEIBENGEWEHRE

Eine der ältesten Sportarten ist das Scheibenschießen. Zur Zeit der Einführung des Gewehres war das Scheibenschießen mit Bogen und Armbrust schon weit verbreitet.

Das Bild eines Scheibenschießens in Zürich 1501 zeigt drei runde Scheiben mit Kugelfängern. Beobachter in kugelsicheren Unterständen machen die Trefferlage mit Zeigestöcken sichtbar. Die Szene könnte genausogut um 1860 oder 1930 stattgefunden haben.

Während des 15. und 16. Jahrhunderts wurden oft Burggräben als Schießstände eingerichtet. Der gewählte Platz wurde zur Sicherheit von einer Mauer, einer Hecke oder einem hölzernem Zaun abgeteilt. Ein Stundenglas oder eine Uhr zur Feststellung der Zeit für jeden Schuß waren auch vorhanden. Die beliebtesten Entfernungen lagen zwischen 150 und 200 Schritten. Ein typischer Schießstand in Salzburg aus dem 17. Jahrhundert war 160 yards lang, 100—150 yards breit mit einem 16 Fuß hchem Kugelfang.

In jedem Fall schützten die Schießstände den Schützen (und seine Waffe) vor den Unbillen des Wetters. Zelte oder feste Bauten waren errichtet. Wegen der Dauer und Schwierigkeit des Ladens wurde immer nur ein Schuß abgefeuert.

Die als erstes verwendeten Scheiben waren rechtwinklig, aus Holz und mit einem schwarzen »Ochsenauge« in der Mitte. Vier Ringe von steigendem Durchmesser hüllten diesen Mittelpunkt ein. Der Durchmesser der Kreise war Berichten aus dem 16. Jahrhundert zufolge 30—40 in. Wegen der Ungenauigkeit der ersten Feuerwaffen wurde jeder Treffer innerhalb des kleinsten Kreises als Volltreffer gezählt.

Löcher in der Scheibe wurden mit Holzpfropfen wieder geschlossen. Erste Kunde von der Genauigkeit damaliger Gewehre gibt Thierbach, der im 18. Jahrhundert schreibt, die Büchse würde auf 200 Schritt die Brust eines Mannes treffen.

Mit der Einführung des Radschlosses wurde es möglich, auf bewegte Objekte zu schießen, und oft wurde dazu die Figur eines Türken auf dem Rücken eines Pferdes verwendet, die auf Rädern vorbeigezogen wurde.

Zu Anfang des 17. Jahrhunderts kamen Mannscheiben auf, die für kurze Zeit erschienen und wieder verschwanden, ähnlich wie die heutigen Klappscheiben.

Von einem Wettbewerb auf dem Schießstand des Erzherzogs Ferdinand von Tirol aus dem Jahre 1580 existiert eine Beschreibung, die lautet: »Die Teilnehmer schossen auf eine hölzerne Scheibe, die einen Ritter in voller Rüstung darstellte, eine Lanze in der rechten Hand, auf dem Helm ein Federbusch. Seine Rüstung und sein Schwert waren vergoldet, das Pferd trug am Sattel ein purpurnes Gehänge, in dem zwei Pistolen steckten. Die Scheibe wurde 130 Schritte vom Schützen entfernt über den Schießstand gezogen, begleitet von Pauken und Trompeten«. Für entsprechende Treffer auf der Scheibe wurden Preise verteilt.

Meistens wurde im Stehen geschossen (4), aber besonders schwere Gewehre wurden auf dem Tisch aufgelegt und der Schütze saß auf einem Stuhl (6, 7). Die Regeln der alten Schützenvereine gibt es noch wie z. B. die der Nürnberger Schützenvereinigung von 1528. Es durfte stets nur eine Kugel geladen werden und Durchblickvisiere waren verboten. Die Treffer jeden Schusses wurden auf einer Tafel notiert. Nachdem ein Glockenzeichen den Befehl zum Feuern gegeben hatte, war ein weiteres Zielen nicht erlaubt. Jeder Teilnehmer durfte seinen Platz ohne Erlaubnis nicht verlassen.

Diese Regeln über die Disziplin auf Schießständen würde man manchem heutigen Schießplatz empfehlen.

In ganz Europa fanden jährlich Schießwettbewerbe statt, zusammen mit Rennen und sogar Theateraufführungen. Von den Stadträten wurden Lotterien ausgeschrieben zur Finanzierung dieser Lustbarkeiten, und zur Bereitstellung wertvoller Preise. Im allgemeinen waren Haustiere bei diesen ersten Schießen die Preise. Der Schirmherr der Veranstaltung stiftete einen Becher aus Silber oder Gold.

Der erste Preis wurde demjenigen verliehen, der ohne Rücksicht auf den Wert derselben die meisten Treffer erzielte. Der zweite und dritte Preis wurde entsprechend verliehen. Für Treffer in das »Ochsenauge« wurden Sonderpreise vergeben und der Schütze mit den meisten solcher Treffer erhielt einen Kranz und einen Geldpreis. Schützenkönige wurden oft mit goldenen oder Perlenketten dekoriert, und es wurde ihnen manchmal eine Geldbörse überreicht.

Dem Gewinner wurde der Titel »Schützenmeister« verliehen. Der Preis beinhaltete oft ein bemerkenswertes Einkommen und eine Befreiung von Steuern und Abgaben. Jeder, vom Adeligen bis zum gewöhnlichen Bauern, wurde hier gleich behandelt.

Oft wurde auf spezielle, manchmal sehr wertvolle und von berühmten Künstlern gezeichnete Scheiben geschossen und diese dann als Andenken aufbewahrt.

Die treibende Kraft für alle diese Unternehmen war der, den Städten und Orten von Mitteleuropa gemeinsame Wille, möglichst alle Volksschichten an der Kunst des Schießens zu interessieren.

Beim Prager Schützenfest von 1565, das unter der Schirmherrschaft von Erzherzog Ferdinand stattfand, wurde der erste Preis vom Erzherzog gestiftet. Es ist beachtenswert, daß der Preis von einem Bürger der Stadt Freistadt gewonnen wurde.

Diese Zeit kann das goldene Zeitalter der Schützen genannt werden. Der Dreißigjährige Krieg beendete alle diese Schützenfeste, obwohl heute noch Überbleibsel beobachtet werden. Das oben beschriebene Schießen zum Spaß kam fortan nur noch für die gehobenen Klassen in Frage (9, 10, 11, 22, 23, 25, 35, 39, 40).

Die amerikanischen Kolonisten, die ihre Kentucky-Rifles mehr als Werkzeuge wie als Sportinstrumente verwendeten, beteiligten sich an Schießwettbewerben, wann immer möglich.

Die beliebteste Art dieser Wettbewerbe war »cutting the cross«. In ein Brett oder eine Planke wurde ein Kreuz geschnitzt. Dann wurde nach dem Wunsch des Schützen mit Holzkohle eine Zielmarke angebracht. Der Schütze legte sich hinter einen Holzklotz und feuerte eine bestimmte Anzahl Schüsse, meistens drei, auf die Scheibe. Als Gewinner wurde derjenige betrachtet, der den dem Kreuzungspunkt am nächsten liegenden Schuß abgegeben hatte. Die ersten vier Preise bestanden aus je einem Viertel eines Schlachttieres, der fünfte Preis aus Haut und Talg dieses Tieres und der sechste Preis war das Blei aus dem Kugelfang. Geschossen wurde meistens auf eine Entfernung von 55 oder 110 yards.

Über die Genauigkeit dieser Waffen berichtete General Hanger, der während der Revolutionszeit amerikanische Soldaten befragte. »*Sie antworteten, daß sie sicher wären, auf 200 yards einen Menschenkopf zu treffen ... Ich habe sie auch gefragt, ob sie auf 400 yards noch einen Menschen treffen würden, sie antworteten: Natürlich, oder wenigstens unmittelbar neben ihn, indem man auf seinen Kopf zielt.*« Das bedeutet einen Treffer auf eine vier inch große Fläche auf 100 yards, was von heutigen Schützen mit derselben Ausrüstung oder guten Radschloß- oder Steinschloß-Jägerbüchsen ebenfalls erreicht wird.

In Amerika wurde das reine Sportschießen mit spezieller Ausrüstung besonders an der Ostküste und in den nördlichen Staaten gepflegt, wo die maschinelle Ausrüstung und die Bereitschaft zur Aufnahme neuer Ideen besser waren.

In »A Treatise on the Rifle« beschreibt N. Bosworth, ein Ingenieur, die Verwendung des für Amerika neuen einstellbaren Visiers. »*Ich habe ein Gewehr vom Kaliber .48 bei mir ... ich*

*sah einige Habichte in verschiedenen Entfernungen ... ich sag-
te mir, der nächste sei etwa 300 yards entfernt ... ich lud und
stellte das Visier ein, der Vogel wurde getroffen ... ein weiterer saß etwas weiter weg am anderen Ende des Feldes. Ich
lud wieder und stellte das Visier auf 340 yards. Das Glück war
mir hold, und so traf ich auch den zweiten Vogel.«* (Etwa 1835)
(56, 57, 60).

In der Zeit von 1810 bis 1820 konzentrierte sich das Interesse
auf Langgeschosse. Die erste Ausführung davon, das Spitzgeschoß, zeigte gegenüber der Rundkugel eine bessere Genauigkeit. Da das neue Geschoß zunächst nur 50 % länger war
als die Kugel, konnte man es aus den meisten Gewehren ohne
Änderung der Züge verschießen. Für Verwendung in der Wildnis oder beim Militär war die Spitzkugel unbrauchbar, da man
beim Laden sehr genau auf die Lage des Geschosses achten
mußte. Bei Sport- und Scheibenbüchsen waren Laufmündung
und Ladestock so eingerichtet, daß die richtige Lage des Geschosses gesichert war. Später kamen die Langgeschosse mit
platter Spitze auf, die sich als noch überlegener erwiesen.

Die Genauigkeit eines Jagdgewehrs dieser Art wurde 1850 in
Cleveland festgestellt: *»Wenn ein Kreis von 3 inch Durchmes-
ser auf 100 yards Entfernung alle Treffer enthält, entspricht die
Waffe allen Anforderungen, und ist besser als in neun von zehn
Fällen nötig«* (104).

In England erreichte das Interesse am »aristokratischen Sport«
Scheibenschießen während der Kolonialkriege und durch die
Anteilnahme des Prinzregenten einen Höhepunkt (45, 54). Der
schon erwähnte Colonel Beaufoy (48) zeigt Scheiben, die für
die damalige Zeit wirklich gut sind. Es scheint, daß seine Gewehre auf 100 yards zehn Treffer innerhalb eines 6 inch großen
Kreises erzielten, wobei manchmal alle zehn Treffer innerhalb
eines Kreises von 4 inch oder weniger lagen (49). Das Baker-
Militärgewehr erzielt auf dieselbe Entfernung einen dreimal so
großen Streukreis (50).

Ein Gewehr »bester Herkunft« kostete 30 guineas (39, 40), während eine deutsche Sportbüchse gleicher Genauigkeit 5 guineas kostete (26, 30).

Die Eröffnung der Handelswege nach dem Sieg von Waterloo und die Entwicklung des Fernen Ostens machten das Sportschießen auch für die Mittelklassen möglich. Praktisch besuchte jeder bessere Reisende seinen Büchsenmacher, um ein oder mehrere Gewehre zu kaufen, bevor er England verließ. Afrika war weit weg und diejenigen, die kühn genug waren, die Wildnis gegen eine sichere Heimat einzutauschen, nahmen wenigstens einige Gewehre mit.

Obwohl die Europäer auf dem Kontinent die Verwendung von Doppelbüchsen auf Gemse und Hirsch als unwaidmännisch ansahen, hatte dies keinen Einfluß auf die Hirschjagd in Schottland, und aus diesem Zusammenspiel von Umständen wurde die englische Doppelbüchse geboren.

Für Rotwild genügten Rundkugeln von Kaliber .5 inch, aber für größere Tiere genügte die Schockwirkung nicht (61, 80). Mit berechtigtem Stolz wurde »D. Boone tötete einen Bären« in einen Baumstumpf geschnitzt, und alle erfahrenen Westläufer hielten sich vom schrecklichen Grizzlybären fern.

R. Gordon-Cumming schoß einen Elefanten mit einem Dickson-Gewehr im Kaliber 12 und einem holländischen Boer-Gewehr im Kaliber 6. »*Nachdem ich aus meiner kleinen Büchse 35 Schüsse auf ihn abgegeben hatte, eröffnete ich das Feuer mit der holländischen Büchse, und nachdem er 40 Kugeln geschluckt hatte, zeigte er die ersten Anzeichen nachlassender Kondition.*«

In »Wild Sports of India« erzählt der Autor, er habe ein Westley-Richards-Gewehr, das 12½ Pfund wiegt mit einer Lauflänge von 26 inch mit mehreren Zügen im Kaliber 10 und ein anderes von Wilkinson of Pall Mall, das zwei Züge hat und Kugeln gleichen Kalibers verschießt (71, ca. 1850).

Sir Samuel Baker, der behauptete, das Gewehr in Ceylon eingeführt zu haben, hat bewiesenermaßen mindestens Folgendes eingeführt: einen Seelenverkäufer von einem Gewehr, eine Waffe von Gibbs aus Bristol im Kaliber 4 (!), das 16 drams Pulver benötigte. Seine zweite Waffe war eine Blisset im Kaliber 8 mit mehreren Zügen, die dieselbe Pulverladung verwendete.

Der Hauptgrund für alle Schwierigkeiten war der große Bedarf an Schockwirkung, der auch große Tiere töten mußte. Die Erfahrungen von Colonel Beaufoy besagten, daß für gute Genauigkeit eine schnelle Rotation des Geschosses nötig ist. Dies war richtig für Scheibenbüchsen, aber sobald man die Pulverladung erhöht, gleitet die Bleikugel über die Züge. Das erste Gewehr von James Purdey hatte das Kaliber 16, es schoß mit seiner schwachen Ladung sehr gut, hatte aber keinerlei Stopwirkung (73). Trotz aller Versuche gaben die Großwildjäger schließlich auf und verwendeten entweder Waffen mit nur zwei Zügen, über die das Geschoß nicht hinweggleitet oder glatte Läufe, die ungenau waren, aber bei einem Hartblei-Rundgeschoß eine gute Durchschlagskraft zuließen (92).

In Amerika setzte man die Versuche zur Verbesserung der Genauigkeit fort. Aus den Gewehren jener Tage mit ihren weichen Läufen konnten 600 bis 800 Kugeln verschossen werden, bevor die Genauigkeit so schlecht geworden war, daß der Lauf überholt werden mußte. Die Einführung des Stahllaufes verbesserte die Dinge natürlich wesentlich, aber bei Vorderladern wirkt sich der Ladevorgang verheerend auf die Genauigkeit aus.

Alvan Clark, der bekannte Linsenhersteller aus Cambridge USA, meldete 1840 ein Patent über eine »falsche Laufmündung« an. Mit diesem Hilfsmittel konnte das Gewehr geladen werden, ohne dabei die Laufmündung zu zerstören (62, 63).

Das zweite Problem war eine große Pulverladung und die Tendenz des Geschosses, über die Züge zu gleiten. Gewehre mit stark gewundenen Zügen bildeten immer noch ein Problem. Es wurde ohne eigentliche Neuerung gelöst, einfach dadurch, daß die Züge im hinteren Laufende nur sehr flach gewunden waren, aber je weiter man zur Laufmündung kam, umso stärker wurde der Drall.

Man fand heraus, daß die Genauigkeit einer Waffe zunahm, wenn der Laufdurchmesser einige Zentimeter vor der Mündung sich allmählich leicht verringerte. Der wirkliche Grund für diese Verbesserung der Genauigkeit war unbekannt und die Herstellung derartiger Läufe ist zu teuer für Gebrauchswaffen, aber auch heutzutage werden noch gelegentlich Läufe für sehr teure Sonderanfertigungen so hergestellt. Die Genauigkeit einer Waffe mit solchem Lauf ist weit besser als alles bisherige. Obwohl nun die praktische Anwendung auf Scheibenbüchsen beschränkt ist, werden diese Läufe als Standard genommen, an denen andere gemessen werden. In England wurden sie von W. E. Metford und Hans Busk angeschafft. Busk berichtet von fabelhaften Trefferbildern auf (mit 2 in. ϕ) 100 yards Entfernung als eine Selbstverständlichkeit (93).

Aber alle diese Verbesserungen konnten die Anforderungen einer Sport- und Gebrauchswaffe nicht erfüllen. Die American Plains Rifle mit ihren wenig gewundenen Zügen zeigte in Amerika zufriedenstellende Ergebnisse. Auf 200 yards lagen alle Treffer innerhalb eines Kreises von 12 inch Durchmesser.

Diese Waffe im Kaliber .54 war natürlich für Großwild völlig ungenügend. Interessant ist ein Vergleich des Pulvergewichts zum Kugelgewicht: bei der Plains Rifle beträgt es 1:1, während es bei der Purdey 1:12 beträgt (80).

Englische Besucher der amerikanischen Steppen brachten doppelläufige Büchsen mit, von denen einige sehr gut schossen (111). »*In London kaufte der Captain (W. D. Stewart) drei Joe Mantons für etwa 40 guineas jedes. Diese Waffen waren zu ihrer Zeit von ganz hervorragender Qualität (1837).*« Francis Parkmann war nicht so überzeugt: »*Mit einem Baumstumpf als Scheibe zeigte ich die Überlegenheit der bisherigen Waffen der Hinterwäldler gegenüber den fremdartigen Neuerungen des Captains*« (1846).

Einige der Plains Rifles fanden unzweifelhaft ihren Weg nach Europa und 1859 produzierte James Purdey, der Zweite, Gewehre im Kaliber .40 bis .50, aus denen 4½ drams Pulver ein konisches Geschoß mit einer Länge von 1¾ Durchmessern verschossen. Die Züge machten auf 6 Fuß Länge eine Umdrehung. Wegen der hohen Mündungsgeschwindigkeit wurden die Waffen von ihren Benutzern »Schnellzug-Gewehre« genannt.

Nachdem er von den englischen Büchsenmachern nicht das bekommen konnte, was er brauchte, entdeckte Captain James Forsyth vom Bengal Staff Corps das Kentucky-Prinzip wieder. Er sagte: »*Ein Lauf im Kaliber 14 mit Zügen, die auf 80 inches eine Umdrehung machen, wird ein sphärisches Geschoß mit genügender Genauigkeit für alle praktischen Anwendungen auf eine Entfernung von 200 bis 250 yards ins Ziel bringen, ohne das die Kugel gleitet.*«

Es wurden bis zu fünf drams Pulver verwendet. Forsyth hatte von der Enfield-Dienstwaffe im Kaliber .577 eine schlechte Meinung, er nannte sie »*zu klein, um auf größere Tiere eine genügende Schockwirkung zu haben. Wenn große Entfernungen, also mehr wie 150 yards, zu überbrücken sind und man mit einer kleinkalibrigen Waffe nicht hinkommt, so glaube ich, ist eine Waffe nach Purdeys Prinzip die beste*«.

Die Einführung des Hinterladers wurde nicht mit derselben Begeisterung begrüßt wie bei den Schrotschützen. Der Preis einer wirklich guten Doppelbüchse war 65 engl. Pfund.

Grantly Barkley schrieb etwa 1860: »*Auf Patronen, die nicht völlig frisch sind, kann man sich bei Wettschießen Büchse gegen Büchse nicht verlassen. Bemerkenswerterweise ist das bei den Patronen für den Prince-Karabiner der Fall*« (Diese Waffe wurde von ihm auf den amerikanischen Prärien verwendet, 98).

Doppelbüchsen nach dem Lefaucheaux-System, die schlecht konstruiert waren, erwiesen sich bald als unbrauchbar und verschwanden wieder.

Die Papierpatronen mit Zündstift und die frühen Zentralfeuer-patronen nahmen in Gegenden mit feucht-heißem Klima bald Wasser auf und wurden unbrauchbar. Die Einführung von solide gezogenen Patronenhülsen und verbesserten Schlössern be-endete diesen Mißstand bald, und es begann das Zeitalter der »Express«-Büchse (150, 160, 185).

Eine »Express«-Büchse war nach Definition vom Herausgeber von »The Field« »*eine Büchse mit über 1750 ft/sec Mündungs-geschwindigkeit, mit der man mit einem Visier nach ›Ken-tucky‹-Art auf 150 yards lebenswichtige Teile der Beute — wie Herz oder Kopf — treffen kann*«.

In den Vereinigten Staaten war die Standard-Waffe zur Rotwild-jagd im Osten, wo die weitesten Entfernungen bei 100 yards lagen, und zur Selbstverteidigung im Westen ein Repetierge-wehr im Kaliber .44 mit einer Pulverladung von 40 grains. Von den Marken, die hierfür in Frage kamen, z. B. Winchester, Whit-ney, Evans, Colt (123, 146, 153, 154, 172), war die Winchester die bei weitem beliebteste, deshalb erhielt sie den Titel: »*Das Gewehr, das den Westen eroberte (The Gun, that won the West)*«. Für die Büffeljagd verwendete man die Sharps im Kaliber .50, .44 oder .45 mit Geschossen von 500 bis 550 grains und Ladungen von 90 bis 100 grains (148). Auch die Remington (147) und die Ballard (163), die dieselben Patronen verschos-sen, waren sehr beliebt.

In Südafrika waren die Buren »*nicht mit einem Gewehr zufrie-den, wenn es nicht bis auf 800 yards gute Leistungen brachte. Mit ihrem feinen Gefühl für die Trefferlage erlegten sie auf Ent-fernungen bis 500 yards Wild.*« Ihre Lieblingswaffe war die Westley Richards mit dem Fallblockverschluß, die ähnlich wie die amerikanische Peabody aufgebaut war, mit der Patrone Westley Richards Nr. 2, die 75—90 grains Pulver und ein Ge-schoß von 480—550 grains enthielt. Das Martini-Henry-Militär-gewehr war ebenfalls sehr beliebt.

Die britische Ansicht eines Expressgewehres sah etwa so aus:

Kaliber .50, 165 grains Pulver, 350 grains Geschoß, 2 000 ft/sec.
Kaliber .46 und .45, 123 grains Pulver, 300 grains Geschoß,
1 830 ft/sec. Diese Ladungen übertrafen alle anderen ihrer Zeit
und waren sehr wirksam für die Jagd auf Tiger, Bär und anderes
Großwild. Die .50 ergab einen Trefferkreis von 6 in. auf 100
yards, während die kleineren Waffen etwa 4 in. streuten.

Andere Patronen, die nicht ganz in die »Express«-Klasse gehörten, waren: Kaliber .577, 175 grains Pulver, 650 grains Geschoß, 1650 ft/sec. Kaliber .46 und .45, 96—110 grains Pulver,
369 grains Geschoß, 1600 ft/sec.

Kaliber .41 und .40, 90 grains Pulver, 350 grains Geschoß,
1600 ft/sec.

Die .577 war für Büffel und Elefanten geeignet und hatte einen
Streukreis von etwa 6 in. Für dieses Wild wurden oft Gewehre
mit weniger als Kaliber 4 und Rundkugeln verwendet.

Die beiden kleineren Kaliber waren besonders für Rehwild geeignet und erzielten auf 100 yards Streukreise von 3 in. für
.460 und .450, bzw. von 2 in. für .410 und .400.

Diese Genauigkeitswerte wurden von den besten Fachleuten
jener Zeit genannt, dürften aber meist etwas zu optimistisch
sein. Es ist bekannt, daß diese Werte mit Einzelladern erzielt
wurden, Doppelbüchsen gaben Streukreise von 4—5 in., und
auch das wurde noch nicht immer erreicht (150, 160).

Weitere Waffen waren die Swinbourne, die auf der Martini beruhte, aber Blattfedern und eine bessere Abzugsposition besaß,
die Field-Martini, die Field Sliding Block und viele andere.

Eine der Zierlichsten und Handlichsten war die Gibbs-Farqu-
harson (169). Von dieser Waffe sagte der größte afrikanische
Jäger, F. C. Selous: »Mit einer .45 von Gibbs kann man alles er-
legen, was auf dieser Erde läuft«. Die Patrone mit ihrem Hart-
bleigeschoß von 360 grains genügte nur in der Hand erfahrener
Jäger für großes Wild.

Auf dem Gebiet des Scheibenschießens konnte der Vorderlader
seinen Platz sehr lange behaupten. Es mußten erst besondere

Umstände eintreten, die die Konstruktion von Scheiben-Hinterladern befruchteten.

In den Vereinigten Staaten erreichte der Vorderlader seine letzte Entwicklungsphase. Mit »Babbit« (Hartzinn) und Papierflicken wurde eine Genauigkeit erreicht, die für viele Jahre unübertroffen blieb. 1859 erreichte Morgan James 9 Treffer innerhalb von .38 in. auf 110 yards (und fürchtete sich, wie es der Tradition entsprach, vor dem 10. Schuß, 93).

Norman Brockway erreichte einige Jahre später zehn Treffer innerhalb .62 in auf 220 yards. Viele andere Ergebnisse mit Abweichungen von weniger als einer Bogenminute sind bekannt. 1860 wurde in London die National Rifle Association gegründet, »zur Ermutigung der Volunteer Rifle Corps und der Verbreitung des Büchsenschießens in England« (118).

Diese Organisation war zu jener Zeit sehr fortschrittlich und machte Anstrengungen, die auf die ausschließliche Verwendung von Hinterladern und Repetierern abzielten. 1871 wurde in fast völliger Übereinstimmung mit dem englischen Modell die National Rifle Association of America gegründet.

Die Entwicklung des Hinterladers machte in kurzer Zeit einen Sprung nach vorn, als das Irish Rifle Team, die Gewinner der Internationalen Meisterschaften von 1873 in Wimbledon über 800, 900 und 1 000 yards die »Schützen von Amerika« über eine New Yorker Zeitung herausforderten.

Nachdem die National Rifle Association of America auf die Herausforderung nicht reagierte, übernahm der Amateur Rifle Club von New York, eine Vereinigung von 63 Mitgliedern, die Beantwortung. Man verabredete für den September des kommenden Jahres ein Treffen, bei dem die Iren mit Rigby-Vorderladern, die Amerikaner aber mit Hinterladern antreten wollten.

Als man sich in Amerika näher mit den Bedingungen befaßte, stellte sich heraus, daß der Klub bisher nur einen einzigen Wettbewerb über 500 yards veranstaltet hatte und daß die meisten Mitglieder nie über eine Entfernung von 1 000 yards geschossen hatten. Die verwendeten Büchsen waren mehr Jagdgewehre ohne Spezialvisiere. Es mußten also erst echte Scheibenbüchsen entwickelt werden. Remington und Sharps kamen dem Klub zu Hilfe und rüsteten jeder drei Mann der amerikanischen Mannschaft aus (147, 148).

Die Geschichte besitzt Ähnlichkeit mit einem Märchen über die Moral, wo geistige Überlegenheit und harte Arbeit den Sieg erringen. Der Wettbewerb wurde durch den letzten Schuß eines der amerikanischen Teilnehmer entschieden, durch Col. John Bodine, der sich und seiner Waffe den Namen »Old Reliable« errang.

Natürlich hatte dieser Ausgang des Treffens eine Auswirkung auf die Waffenentwicklung. Vorderlader, selbst die wirklich gute Rigby, wurden zum alten Eisen getan.

Das erste Ergebnis war die Farquharson-Gibbs-Metford Sliding Block im Kaliber .461 (155). Obwohl sie zunächst den Sharps, Sharps-Borchardt (156), Remington (170), Maynard (122) und Ballard (163) der Amerikaner noch unterlegen war, ermöglichte Metfords Genie und Liebe fürs Detail, die Waffe weiter zu vervollkommnen.

Unglücklicherweise wurden die internationalen Wettbewerbe wegen Unstimmigkeiten über die Regeln unterbrochen.

1883 entschieden sich die Engländer, das Absetzen der Waffe zwischen den Schüssen zu verbieten. Die Amerikaner, die nach diesem System trainiert hatten, waren gezwungen zu protestieren.

Die Militärwettbewerbe zwischen beiden Ländern waren ebenfalls über Unstimmigkeiten hinsichtlich der Regeln zum Erliegen gekommen. In Europa wurden Wettbewerbe über die traditionelle Entfernung von 200 Metern während all der Jahre fortgesetzt (77). Durch Deutsche, Schweizer und Skandinavier wurde diese Art des Schießens nach Amerika gebracht. Es wurde stets stehend geschossen und Stecherabzüge waren erlaubt.

Ein gewisser Austausch an Erfahrungen fand zwischen diesen

Ländern statt, aber die lange Reise und das Fehlen einer internationalen Organisation entmutigte viele Schützen. Die Europäer und die Amerikaner schossen auf geschlossenen Ständen auf 200 Meter in stehender Position, während die Engländer liegend oder auf dem Rücken liegend mindestens 800 yards schossen. Auf kurze Distanzen wurde in England nur mit Militärgewehren geschossen.

Mit der Verbesserung der Gewehre und Munition gründeten die Europäer 1897 die International Shooting Union und legten als neue Regeln folgendes fest: 40 Schüsse pro Person, liegend, kniend und stehend, auf eine Entfernung von 300 Metern. Dioptervisiere wurden verboten.

Die Gewehre von Metford überrundeten alle anderen auf große Distanz, und 1890, beim Elcho Match, wurden sie von allen Mannschaften verwendet. Als man rauchloses Pulver und Mantelgeschosse verwendete, schoß die Metford sogar noch besser. Schließlich wurden die Regeln geändert und alle Gewehre über Kaliber 8 mm ausgeschlossen. Das hatte eine deutliche Verschlechterung der Ergebnisse zur Folge.

In den Vereinigten Staaten führte das Aussterben der Büffelherden und das zunehmende Desinteresse an großen Schußweiten zu kleinen Kalibern und schwachen Ladungen (163, 171). Gegen Ende des 19. Jahrhunderts waren die für eine Entfernung von 200 yards beliebtesten Patronen die 32—40 und die 38—55, wobei sogar noch kleinere Kaliber von .28 oder .25 verwendet wurden. Papierummantelte Geschosse waren immer noch in Gebrauch, aber die Geschosse mit Ringnuten gewannen mehr und mehr an Beliebtheit. Die Maynard mit ihrem seit 1858 (122) unveränderten Verschluß war längere Zeit die bevorzugte Waffe wegen ihrer hervorragenden Verarbeitung und der großen Genauigkeit ihres Laufes. Auch die Ballard wurde aus denselben Gründen viel verwendet. Bücher mit Titeln wie: »How I became a Crack Shot« bestätigen die Beliebtheit des Gewehrschießens als Sport, und es gab wirklich Leute, die von dieser

Beschäftigung lebten. Ohne von der Verschlechterung der Genauigkeit auf kurze Entfernungen, die seit der Einführung des Hinterladers eingetreten war, Notiz zu nehmen, glaubten die meisten Schützen, alle Kugeln würden durch das gleiche Loch gehen, wenn nur der Schütze sein Teil täte.

Dieser Glaube wurde mit der wieder größer werdenden Beliebtheit des aufgelegten Schießens grausam zerstört. »*Man amüsierte sich sehr über das Aufgelegtschießen, denn man dachte, daß nun jeder Schütze, so oft er wolle, das Zentrum der Scheibe treffen könne. Zum Ärger vieler stellte sich heraus, daß dies nur wenigen möglich war*« (ca. 1885).

Man machte gemeinsame Anstrengungen, die Genauigkeit zu verbessern, und der Erfolg waren neue Lademethoden und bessere Läufe (203, 217, 230). Diese Zeit wurde zur Glanzzeit der spezialisierten Laufhersteller. Schalk, Brockway, Pope, Zischang, Schoyen und Peterson waren glanzvolle Namen, wobei vielleicht Pope der beachtenswerteste war, nicht nur wegen der Qualität seiner Läufe, sondern auch wegen seines Namens als Schütze und wegen seiner eigenwilligen Persönlichkeit.

Voll Vertrauen in die damaligen Lademethoden garantierte Pope einen Streukreis von 2½ in auf 200 yards. Obwohl andere Laufhersteller ebenfalls gute Arbeit leisteten, gaben Popes Show-Begabung und seine Fähigkeit, auf Verlangen gute Trefferbilder zu erzielen, ihm den Ruf, nie erreichte Schußleistungen zu ermöglichen. Beispielsweise erreichte C. W. Rowland mit einer gewöhnlichen Waffe von Pope mit 10 Schüssen über 200 yards einen Streukreis von nur .73 in, »*ein Meilenstein in der Geschichte der Schußgenauigkeit*«.

Man war zu dieser Zeit bemüht, das militärische Schießen beliebt zu machen, und sowohl England wie Amerika organisierten Wettbewerbe. Die Dienstgewehre beider Länder waren aber nicht gut genug, deshalb mußte man auf privat hergestellte Waffen des militärischen Typs zurückgreifen. In den Vereinigten Staaten unternahm man Versuche, eine brauchbare Waffe herzustellen (156), aber das Resultat kam an die bewährte Metford nicht heran. Diese blieb daher praktisch die Standardwaffe für »Militärhinterlader-Wettbewerbe« und wurde schließlich eine Grundlage der Schützenbewegung in England (169).

In Europa begann man mit Scheibenbüchsen im Kaliber 11 mm, aber bald wurde die Patrone 8.15 46 R Standard für das Schießen über 200 m. Diese Patrone war eine fast genaue Kopie der amerikanischen 32—40 (215, 216, 221, 224, 240). Man schoß hervorragend genau, aber die Abneigung gegen das aufgelegte Schießen verhinderte die Entwicklung von Waffen der allerbesten Qualität. Die Einführung des Schießens auf 300 m erforderte eine stärkere Patrone, und oft wurde die Militärpatrone des betreffenden Landes verwendet.

In England erreichte das Scheibenschießen mit der Verwendung der Lee-Metford (179) und später der Lee-Enfield seinen Höhepunkt. Obwohl die .303 Munition zunächst einiges zu wünschen übrig ließ, war die Verbesserung gegenüber der veralteten und ungenauen Martini-Henry so groß, daß man Militärhinterlader-Wettbewerbe für überflüssig hielt. Die Schützenbewegung war auf ihrem Höhepunkt, und Berufsschütze zu sein, bedeutete Befreiung von vielen Pflichten und freien Eintritt bei allen einschlägigen Wettbewerben.

Preisgelder wurden üblich, und es gab viele Schützen, die sich so ihren Lebensunterhalt verdienten, ja, die sich mit dem verdienten Geld an Geschäften beteiligten und so den Grundstock zu einem Vermögen legten.

Die damals verwendete .303 Munition ergab auf größere Entfernungen unsichere Resultate. Die von Rumänien und Holland verwendeten 6,5 mm Patronen ergaben, obwohl sie seitenwindempfindlich waren, von allen Patronen die besten Resultate (190). Der Burenkrieg vergrößerte das Interesse am Schießen. Jede Zeitung hatte ihren Schützen-Mitarbeiter und über Erfolge bei Schießwettbewerben wurde so berichtet wie heute über Golf- und Tennisturniere.

Der Ruhm des Schießens auf weite Entfernung mit Militärgewehren war so groß, daß es damals sogar als olympische Disziplin eingeführt wurde.

Der Spanisch-Amerikanische Krieg zeigte deutlich die Mängel
in der Ausbildung und Bewaffnung der Amerikaner. Die Krag-
Jörgensen-Militärwaffe, die für das Scheibenschießen als nicht
geeignet angesehen wurde, wurde untersucht, und man fand
heraus, daß der Grund für die schlechten Leistungen in einem
ungleichmäßigen Lauf und in Mängeln der Bettung zu finden
waren. Eine kleine Gruppe von Zivilisten, deren bekanntester
Dr. Walter Hudson aus New York war, begann mit Untersuchungen. In Zusammenarbeit mit den Munitionsherstellern
und den staatlichen Arsenalen konnten sie innerhalb von zwei
Jahren die »Krag« zur genauesten Militärwaffe aller Zeiten
machen (193).

Die Wettbewerbe von Palma wurden wiedererweckt, und sowohl England wie Amerika bemühten sich, an den Veranstaltungen der International Shooting Union teilzunehmen, obwohl
gerade zu jener Zeit die Verständigungsschwierigkeiten unüberwindlich schienen.

Die Verwendung des rauchlosen Pulvers hatte auf die Sportgewehre einen ähnlichen Einfluß. Auf einen Schlag wurden die
veralteten und teueren Schwarzpulverwaffen überflüssig. An
Stelle der Schwarzpulver-Doppelbüchsen von oft zweifelhafter
Genauigkeit gab es eine Mannlicher im Kaliber 6.5 (190) komplett mit Bajonett für 80 Shilling oder eine »ausgezeichnete
Mannlicher Sportbüchse im Kaliber .256 (6,5 mm) mit Pistolengriff, Abzugsbügel, Klappvisier bis 1000 yards, genau eingeschossen« für 12 £.

Im Vergleich zu den 50 guineas oder mehr, die eine alte Doppelbüchse kostete oder den 25 guineas für eine einläufige
Waffe war das Angebot von Mannlicher sehr interessant.

Zu all den Problemen der Büchsenmacher kam noch hinzu, daß
die alten Konstruktionen den neuen Anforderungen nicht mehr

genügten. Geplatzte Verschlüsse und gerissene Verschluß-
kästen waren an der Tagesordnung. Die Beschußämter, die
jeder Neuerung mit Mißtrauen gegenüberstanden, gingen in
einigen Fällen dazu über, die Läufe mit Ladungen zu prüfen,
die über 8 in. der Lauflänge in Anspruch nahmen. Dies führte
zu Läufen, die an der Mündung viel zu dick waren.

Erst 1897, als Rigbys eine rauchlose .45 Patrone entwickelte,
wurden brauchbare Verhältnisse geschaffen (205, 225).

In der Zwischenzeit hatte die 6.5 mm Mannlicher und die 7 mm
Mauser einen Qualitätsstandard erreicht, der für ein Jahrzehnt
einzig dastand. Ein Zeitgenosse beschreibt die beiden Waffen:
*»Beide haben eine flachere Geschoßbahn als die alten Express-
büchsen, und eignen sich deshalb besonders für große Entfernungen. Ihre Genauigkeit ist besser und ihre Munition leichter
als die herkömmliche ... Sie haben nicht den schweren Rückschlag, der die alten Expressbüchsen für den Schützen so un-
erfreulich machte. Es gibt keine Rauchwolke, die vor der Mündung schwebt und der Jagdbeute die Richtung zeigt, aus der
der Schuß kam, oder die eine schnelle Folge von Schüssen verhindert«* (204, 211, 213, 214).

Obwohl die sichere Schußentfernung auf das Doppelte ange-
stiegen war, verhinderte der dicke Mantel des Geschosses
dessen Zerlegung. Dagegen half natürlich ein dünnerer Mantel.
Die erste Verbesserung, eingeführt von General Tweedie 1889
und von Captain Bertie Clay vom Dum Dum Arsenal bei Kal-
kutta, war, die Spitze des Bleikernes unummantelt zu lassen.
Das Woolwich Arsenal verfolgte eine andere Methode und
brachte die .303 Mark III hollow point heraus.

Obwohl beide Geschoßarten von der Genfer Konvention für
den Militärgebrauch verboten wurden. hat sich doch der Name
Dum Dum für jede Art von Expansionsgeschoß eingeführt.

Die Mängel der .303 als Scheibenpatrone zeigten sich auf
große Entfernungen. 1902 brachte die Kings Norton Company
die berühmte Palma-Patrone heraus, die mit einem Schlag das

Kaliber .303 zum Spitzenkaliber bei den Wettbewerben machte. Der Verschluß der Lee-Enfield war jedoch zu schwach für die neue Patrone, deshalb wurden Verschlüsse von Mannlicher oder Mauser eingebaut.

1905 zeigte die Westley Richards 375/303 mit einer Geschoßgeschwindigkeit von 2450 ft/sec. und einem Geschoßgewicht von 225 grains eine merkliche Verbesserung gegenüber der .303 Standard.

Aber es stand noch eine größere Entwicklung bevor. 1906 wurde das Spitzgeschoß eingeführt, wobei man dem Rat des Captain Hardcastle folgte, der gesagt hatte: »*Man nehme das schwerste Geschoß von der ballistisch besten Form und bringe es auf die größtmögliche Geschwindigkeit. Ein solches Geschoß wird in der Höhenstreuung die beste Genauigkeit zeigen.*« Die .280 Ross, die alle diese Faktoren berücksichtigte, zeigte schließlich hervorragende Leistungen, die alle anderen überragten. Im Auftrag des schon erwähnten Sir Charles Ross wurde von F. W. Jones, dem Sprengstoffchemiker und Ballistiker, eine Hochleistungspatrone im Kaliber .280 entwickelt.

In der Hand von Mr. Jones selbst gewannen Gewehr (220) und Patrone die Long Range Championship von 1908 in Bisley »*als ein Resultat der von Mr. Jones angestellten Berechnungen und Versuche zum Thema große Schußweiten*«. In ihrer letzten Ausführung mit Hohlspitzgeschoß war die Patrone jeder anderen ihrer Art überlegen. Unglücklicherweise wurde sie infolge politischer Machenschaften für Scheibenschießen verboten.

Ross-Scheibenbüchsen im Kaliber .303, wie sie in Palma verwendet wurden, waren höchst genau, und wenn der Krieg nicht dazwischen gekommen wäre, wären sie noch weitaus erfolgreicher gewesen.

In den Vereinigten Staaten wurde eine großkalibrige Waffe mit Unterhebelverschluß durch die Einführung des rauchlosen Pulvers betroffen (153, 154, 172, 176, 177, 189). Da die vorhandenen Unterhebelgewehre für Militärpatronen nicht brauchbar waren, wurden spezielle Patronen für diese relativ schwachen Verschlüsse entwickelt. Die erste war die berühmte .30 Winchester Centre Fire, besser bekannt als 30—30 (194, 195). Mit einem Geschoß von 160 grains und 1900 ft/sec Geschwindigkeit war die Patrone ausreichend für Wild bis 150 kg. Bald folgten die 25—36 Marlin (191) und die .303 Savage, die beide ebenfalls sehr beliebt wurden.

Versuche, Schwarzpulverpatronen mit rauchlosem Pulver zu laden, um die Geschoßgeschwindigkeit zu erhöhen, waren nicht sehr erfolgreich. Der Verlust an Genauigkeit und die Wirkung dieser Patronen auf die Läufe machten solche Versuche zu einer zweifelhaften Sache. Das Modell 1895 Winchester, welches englische und amerikanische Militärpatronen verschoß, war für kurze Zeit sehr beliebt, aber die schlechte Genauigkeit und die Unhandlichkeit bereiteten dem bald ein Ende (199, 200). Der Verkauf von Büchsen mit Zylinderverschluß für die Jagd war ebenfalls nicht sehr erfolgreich, selbst so gute Konstruktionen wie die Blake oder die Remington-Lee verkauften sich schlecht. Man war eben allgemein der Ansicht, daß Gewehre im Kaliber 30—30 in den meisten Fällen ausreichten. Es wurde nicht viel Großwildjagd betrieben, und die, die es taten, verwendeten Gewehre europäischer Herkunft.

In Europa war die meistverwendete Patrone die 6.5 mm Mannlicher-Schönauer, eine randlose Ausführung der 6.5 mm Mannlicher (229). Es wurden sehr viele Drillinge verwendet. Der Schrotlauf hatte im allgemeinen das Kaliber 16, die Kugelläufe 6.5 mm bzw. 9.3 mm. Auch die Bockdoppelbüchse gewann an Beliebtheit.

Die bemerkenswertesten Gewehre der Periode vor dem Krieg waren die .318 Westley-Richards und die .280 Ross.

Die sogenannte .318 Accelerated Express hatte bei einem Geschoßgewicht von 250 grains eine angebliche Geschwindigkeit von 2500 ft/sec. Die Kombination hoher Geschwindigkeit mit guter Durchschlagskraft war auf dem Jagdsektor sehr erfolgreich.

Eine andere Patrone mit 160 grains und 2950 ft/sec, die als Konkurrenz zur Ross gedacht war, erwies sich als Fehlschlag und wurde bald fallengelassen.

Das Erscheinen der .280 Ross, der ersten serienmäßig hergestellten Patrone mit über 3000 ft/sec, wurde von einem Reklamerummel begleitet, dessen Behauptungen größtenteils nicht bewiesen werden konnten. Das 143 grains schwere Geschoß erreichte 3250 ft/sec und fällte Tiere von Rotwildgröße »wie vom Blitz getroffen«.

Die deutschen Versuche, eine Jagdpatrone zu produzieren, hinkten hinter denen der Engländer nach, aber drei Entwicklungen sind es wert, erwähnt zu werden. Die 9.3-62 mit einem Geschoß von 285 grains, entwickelt für Siedler in Deutsch-Ostafrika, war für jedes Wild brauchbar, und das Mauser-Jagdgewehr war billig und gut (246). Die Brennecke 7 x 64 und 7 x 65 R waren die Vorläufer der Winchester .270 und sind noch heute die beliebtesten Patronen in Europa. Für kombinierte und doppelläufige Gewehre gab es die 9.3 x 74.

Neue große Patronen in Kalibern von .40 bis .60 und Energien bis 5000 footpounds wurden für gefährliches Wild entwickelt — für Löwen, Büffel, Rinozerus und Elefant. Die Doppelbüchse wurde hier zur Standardwaffe.

Eine neue Form des Scheibenschießens führte sich ein. In Amerika gab es lange Zeit das sogenannte »Gallery«-Schießen. Mit der 1853 von Smith & Wesson entwickelten .22 kurz wurde eine Serie von Schüssen, etwa 25 bis hundert auf eine 25 yards entfernte Scheibe abgegeben. Die verwendete Waffe glich der normalen Büchse in Form und Gewicht. In Europa war der Zimmerstutzen, der ein 4 mm-Geschoß auf 10 m Entfernung benutzte, etwas Ähnliches. Nach der Einführung der .303 wurden in England viele Schießstände geschlossen wegen der größeren Gefahrenzone der .303. Es wurden verschiedene Methoden der Verringerung von Ladung und Geschoßgewicht erprobt, ebenso Einsteckläufe.

Es war eine Idee von Lord Roberts, dem früheren Oberkommandierenden der Armee, daß man mit kleineren Patronen weite Bevölkerungskreise am Schießsport interessieren könnte. Das Ergebnis war die Bildung der Society of Workingmen's Rifle Clubs, heute bekannt als die National Small Bore Rifle Association. Die Gedanken über eine brauchbare Kleinkaliberpatrone gingen von der .22 kurz bis zur 32-40, und am Anfang wurden alle zugelassen.

Ein Irrtum, der lange Zeit beibehalten wurde, war, daß die Waffe ebenfalls kleine Abmessungen besitzen sollte. Das Resultat war die Produktion der War Office Miniature Rifle, einer verkleinerten Version der Short Lee-Enfield (212). Als herauskam, daß diese Waffe von abgeänderten Martini-Henrys mit .22 cal.-Läufen übertrumpft wurde, sah man den Irrtum ein, das Zeitalter der heutigen Kleinkaliberwaffen begann (219, 226, 231). In Europa wurde die Entwicklung der Jagdwaffen durch den Krieg unterbrochen, aber in Amerika ging sie noch einige Zeit weiter. Die bemerkenswerteste Arbeit wurde von Charles Newton aus Buffalo, New York geleistet. Seinem ersten Versuch von 1912, die Savage High Power mit 70 grains und 2800 ft/sec bei Kaliber .22 folgte bald der zweite, die 250—3.000 Savage mit 87 grains und 3000 ft/sec (233).

Größere Patronen waren für den Savage-Verschluß nicht brauchbar, und Newton beschloß, eine eigene Gewehrreihe zu produzieren. Gehemmt durch die Zeitumstände und Geldmangel, baute er die .22, .256, .280, .30, .35 und .40 Newton mit Zylinderverschlüssen eigener Konstruktion.

Die besten sind die .256 mit 123 grains und 3100 ft/sec und die .30 mit 180 grains und 3000 ft/sec. Der Eintritt der Vereinigten Staaten in den Krieg bedeutete das Ende für die Newton Company, aber seine Konstruktionen sind bis heute interessant (236).

In der Zeit nach dem Vertrag von Versailles stand die Entwicklung in England und Amerika fast still. Die Patrone .375 Holland & Holland ,die 1912 herausgekommen war, wurde in Afrika zur Standardpatrone. 1922 erschien die .30 Super, die auch als .300 H. & H. bekannt ist. Die .270 Winchester, die der 7 x 64 sehr ähnlich war, war eine Entwicklung von 1925. So gut diese Patronen waren, so schlossen sie doch nicht an ähnliches an, und die neuen Patronen kamen aus Deutschland. Die bekanntesten sind die Halger (242) und die Vom Hofe.

Die Firma Halbe & Gerlich brachte 1925 unter Verwendung der Patronenhülse der .280 Ross, die sie wegen ihrer Stärke gewählt hatten, die .280 Halger heraus. Während der Entwicklung hatte sie ein Geschoß von 180 grain bei 3040 ft/sec, dann ein Geschoß von 143 grain bei 3410 ft/sec und schließlich ein Geschoß von 100 grain bei 3900 ft/sec. Auch im Kaliber .244 und im Kaliber .335 wurden Patronen mit ähnlichen ballistischen Daten hergestellt. Unglücklicherweise versuchten Spekulanten, an dieser Entwicklung ungewöhnlich hohe Profite zu machen und Gerlich verlegte seine Bemühungen auf die Herstellung von Hochgeschwindigkeits-Patronen. 1931 erreichte Gerlich auf dem Schießstand Berlin-Wannsee auf 100 Meter einen Streukreis von 2 in, wobei er eine Geschoßgeschwindigkeit von 1562 m/sec, das sind 5200 ft/sec, erreichte. Das Ultra-System wurde bald zur geheimen Militärentwicklung, aber es ist bekannt, daß Geschwindigkeiten von mehr als 6000 ft/sec erreicht wurden. Vom Hofes Hauptentwicklung war die 7 x 73 Super Magnum mit einer Geschwindigkeit von 3300 ft/sec bei 170 grain Geschoßgewicht. Sie verkaufte sich aber nur schlecht und wurde bald wieder eingestellt.

Nach dem ersten Weltkrieg lebte das Scheibenschießen genau wie die anderen Schießsportarten in England wieder auf. Durch die Beteiligung der Auxiliary Volunteer Force waren wie vor dem Krieg Gewehre und Munition billig zu haben und der Tradition zufolge wurde das Liegendschießen über alle Entfernungen eingeführt. Die Match-Büchsen wurden auf ein Kaliber beschränkt, auf das .303 Magnum, eine Patrone mit derselben

Ladung und Geschoßgewicht wie die 30-06 Springfield American Service.

Wettbewerbs-Munition wurde von den Nobel-Werken ebenfalls billig hergestellt, und obwohl die Freiheit in der Auswahl verlorengegangen war, gab es wenig Beschwerden.

Der Kleinkaliber-Schütze war, was Ausrüstung angeht, völlig sich selbst überlassen, und das war ohne Zweifel ein Grund für die schnellwachsende Zahl der Clubs und Mitglieder.

Schließlich führte sich die Patrone .22 Long Rifle ein, die bis heute die Standard-Kleinkaliber-Patrone auf der ganzen Welt ist.

In den Vereinigten Staaten wurde das großkalibrige Schießen unterstützt, und zivile Clubs erhielten größere Mengen an Armeemunition und Gewehren. Infolgedessen wurde nicht viel eigene Entwicklung betrieben.

Die International Shooting Union wurde größer und die Vereinigten Staaten Mitglied, wobei sie zunächst leicht die Führungsrolle übernahmen. Der Wettkampf wurde härter, wobei man gesteigerten Wert auf die Ausrüstung legte.

1930, nach einigen mageren Jahren gewann wieder das amerikanische Team unter Verwendung von Schweizer Gewehren, und die National Rifle Association beschloß, daß künftig in dem Fall, daß weniger als hundert Schützen an der Teilnahme an den ISU-Wettbewerben interessiert wären, das Hauptaugenmerk auf Kleinkaliber-Wettbewerbe mit England gerichtet würde.

Diese neue Serie der Pershing Matches wurde ein großer Erfolg, bei dem die Engländer zweimal und die Amerikaner einmal gewannen, bevor der zweite Weltkrieg dem ein Ende setzte. Die beliebtesten Gewehre waren die Winchester Modell 52 bei den Amerikanern (241, 253) und die Martini-Verschluß-Gewehre von Vickers und BSA bei den Engländern.

Kurz vor dem Krieg überschwemmte eine Woge von Experimental-Gewehren die Vereinigten Staaten. Obwohl die Hersteller durch den Mangel an brauchbaren Geschossen und Pulver gehemmt waren, und obwohl sie praktisch keine Instrumente zum Messen des Ergebnisses besaßen, durchbrachen sie doch endgültig die Ära des »Papierfetzen-Schießens«.

Übertriebene Forderungen waren an der Tagesordnung, jedoch beruhen alle modernen ballistischen Errungenschaften der Sportwaffen auf der Arbeit jener Tage.

Nach dem zweiten Weltkrieg beschränkten sich neue Patronen auf die .244 Holland & Holland Magnum, entwickelt von D. Lloyd, dem wohlbekannten Waffenspezialisten. Sie basierte auf der .375 Holland, die Mündungsgeschwindigkeit war 3500 ft/sec bei 100 grain Geschoßgewicht. Wahrscheinlich hat keine Patrone eine so lange und harte Erprobung durchgemacht. Sie kann als eine ausgezeichnete Patrone für schottisches Rotwild bezeichnet werden. Die neueste Patrone, die 6 mm Lloyd-Supermagnum mit 3700 ft/sec ist eine Weiterentwicklung in gleicher Richtung. Auch die Entwicklung auf dem Kontinent ging sehr langsam weiter, wobei die 7 x 66 Vom Hofe-Super-Express vielleicht die Führung inne hatte (272). Mit 169 grain und 3300 ft/sec ist sie praktisch identisch mit der .280 Jeffrey von vor dem ersten Weltkrieg, die 3600 ft/sec mit 140 grain erreichte.

Die Nachkriegs-Entwicklung in den Vereinigten Staaten verlief völlig gleich wie die Entwicklung in den Jahren 1907 bis 1917 (281, 283, 290). Roy Weatherby aus South Gate Kalifornien wertete die Entwicklungsarbeiten der kalifornischen Ingenieure der dreißiger Jahre aus, und brachte eine Reihe von Magnum-Patronen in folgenden Kalibern heraus: .22, .257, 7 mm, .300 und .375. Später kamen noch die Kaliber .240, .340, .378 und .460 hinzu, womit er praktisch den Markt beherrschte.

Als Weatherby-Gewehre und Patronen in größerem Umfang beliebt wurden, änderten die großen Waffenfirmen geringfügige Details und brachten sie in großen Mengen auf den Markt. Ungeachtet einiger übertriebener Behauptungen in der Werbung und ähnlichen Dingen gebührt Weatherby die Ehre, die Magnum-Büchse beliebt gemacht zu haben.

Bis auf einige Änderungen, die die Herstellung verbilligen, ist die Konstruktion heutiger Büchsen mit Zylinderverschluß praktisch die gleiche wie vor 75 Jahren. Verbesserte Produktionsmethoden haben die Genauigkeit verbessert und einige nötige Änderungen das Laden und Reinigen erleichtert.

Das Scheibenschießen hat nach dem Krieg mehrere Wechsel durchgemacht. In Europa ist das Schießen über 300 m nach den Regeln der ISU unverändert und auch das Kleinkaliberschießen wird nach denselben Regeln über 50 m ausgetragen. Die südamerikanischen Länder, die Kommunisten und viele asiatische Länder sind ebenfalls der ISU beigetreten und haben damit dessen Wettbewerbsregeln zu den am weitesten verbreiteten gemacht.

Die Vereinigten Staaten beteiligen sich ebenfalls wieder an Wettbewerben, und der Leistungsstandard der verschiedenen Länder ist so hoch, daß alle bei den Wettbewerben Chancen haben. Wettschießen mit Militärgewehren werden durch die Tatsache erschwert, daß die neuen Assault Rifles nicht genau genug für das Scheibenschießen sind. Im allgemeinen wurden die Schmidt-Rubin verwendet, aber nun denkt man daran, ein Gewehr ähnlich dem ISU-Standard-Gewehr von 11 lbs zuzulassen. Das Schießen in England erlitt einen Rückschlag als man herausfand, daß der Übergang zur 7.62 Nato Probleme bei den verwendeten Gewehren aufwarf. Man half sich damit, daß man jedes Gewehr mit Zylinderverschluß und einem Gewicht von weniger als 11½ lbs. zuließ (291). Dieses hatte leistungssteigernde Folgen bei den Wettbewerbs-Schützen, denen erlaubt wurde, handgeladene .303 Stromlinien-Munition der Imperial Chemical Industries zu verwenden.

Heute ist nur noch das Kaliber 7.62 zugelassen. Dennoch wird auf einem Treffen im Jahr handgeladene Munition erlaubt und die Einführung eines Wettbewerbs für jede Waffe und Munition während der Imperial-Meeting-Week gibt Anlaß zu den Hoffnungen, daß die Freiheit der Wahl, wie sie in den großen Tagen der Match-Büchsen herrschte, eines Tages wieder eingeführt wird.

In England hat sich das Kleinkaliberschießen nicht verändert: Es wird liegend geschossen, und zwar innen auf 25 yards und außen auf 25, 50 und 100 yards. Man hat Versuche unterrommen, das Interesse an anderen Stellungen zu erhöhen, aber unglücklicherweise ist kein Schütze dem Aufruf gefolgt (271).

Die Wettbewerbe mit den USA wurden fortgesetzt, und englische Schützen haben sich mit einigem Erfolg an den Wettbewerben im Liegend-Schießen der ISU beteiligt.

Es besteht kein Zweifel, daß die englischen Schützen bei entsprechender Unterstützung einen hohen Leistungsstandard erreichen könnten.

In den Vereinigten Staaten wurde nach dem zweiten Weltkrieg beschlossen, das Garand-Militärgewehr nicht an Zivilisten zu verkaufen (256). Dies bedeutete, daß außer einer begrenzten Anzahl von Waffen, die an Clubs ausgegeben wurden, keine Militärwaffen für Wettbewerbe zur Verfügung stehen.

Es wurde die für die Dienstpatrone ausgerüstete NRA Match Rifle herausgebracht (281). Das Ergebnis war erstaunlich: das Interesse am Schießen und die Zahl der Vereine wuchs. Bald wurde bekannt, daß die Regierung die Munitions-Versorgung einstellte. Aber keiner der großen Munitionshersteller machte sich etwas daraus, Geschosse und Ladungen an Wiederlader zu verkaufen.

Damit war die Situation glücklicherweise gerettet. Die Sondergeschoßhersteller, die während des Krieges Geschosse für die Jagdgewehre gemacht hatten, brachten ganze Serien brauchbarer Geschosse heraus und über zwei kleine Konzerne waren auch brauchbare Zünder verfügbar. Auf diese Weise unabhängig geworden, haben die Schützen die Entwicklung nie bedauert, und es ist interessant, daß sich die großen Firmen inzwischen den Bedürfnissen der Wiederlader anpassen.

Das Schießen mit Militärgewehren ist aber immer noch eine

unsichere Sache. Der Zivilist muß eine M 14, den gegenwärtigen Standard, leihen oder sich einen neuen 7.62 Lauf auf seine alte M 1 montieren lassen. Man hofft, daß es aus dieser Situation bald einen Ausweg gibt.

Die letzte Entwicklung im Gewehrschießen ist, daß das Aufgelegt-Schießen wieder auflebt.

Die Teilnehmer des Puget Sound Snipers Congress stellten 1944 fest, daß bei den alten Schützen, die früher schon auf diese Weise geschossen hatten, ein starkes Interesse am »Bench Rest Shooting« bestand (248).

Das Ergebnis war eine Art des Schießens, die der einhundert Jahre alten Vorgängerin sogar noch überlegen war.

Unter den üblichen Schwierigkeiten bildeten sich die National Bench Rest Shooting Association und die International Bench Rest Shooters, die in mehreren Versuchen mit verschiedenen Gewehrarten zeigen wollten, wie schlecht die Genauigkeit der Gewehre auf dem Höhepunkt ihrer Entwicklung ist (292).

Das bisher beste Ergebnis über 100 yards ist ein Streukreis von .138 in für zehn Schüsse mit einer .222 Magnum. Über 200 yards lag der Streukreis schon bei .298 in. Das Interesse am Schießen über 1000 yards ist ziemlich neu, aber man berichtet über Streukreise von 8½ in.

Das Gewehrschießen hat heutzutage seine feierliche Atmosphäre verloren, die es im Mittelalter umgab, und auch die patriotischen Anklänge der »old Volunteer Days«. Es ist heute ein Sport wie jeder andere. Aber wie immer ist es ein Test der Nerven und der Selbstbeherrschung. Allen denen, die diesen Test nicht scheuen: Hals- und Beinbruch!

VISIERE

Die Gewehrvisiere stammen von jenen ab, die bei der Armbrust benutzt wurden.

Das erste bekannte Gewehr, das unter (3) beschrieben wird, hatte ein Lochvisier, bei welchem man das Ziel durch ein Loch nahe vor dem Auge sieht. Speziell dieses Visier ist fest, aber es gibt Beispiele von Visieren, die sowohl in der Höhe als auch seitlich einstellbar waren. In den nächsten dreihundert Jahren verdrängte das offene Visier fast alle anderen. Bei diesem System wird eine Kerbe mit einer waagrechten Klappe in Verbindung mit einem Korn über der Laufmündung zum Richten der Waffe verwendet.

In beiden Fällen wurden als Korn das Dachkorn oder Perlkorn verwendet. Im allgemeinen waren die Visiere fest und man nahm je nach Distanz »Voll-«, »Fein-« oder »Normalkorn«

Zu Beginn des 19. Jahrhunderts wurde das Lochvisier und seine Vorteile für das Scheibenschießen wiederentdeckt. Für die Verwendung bei runden Zielmarken gab das Tunnelkorn extrem gute Ergebnisse. Dennoch nahm man irrtümlicherweise an, daß dieses Visier für viele Augen schädlich sei und einige der besten Schützen in England dies wüßten.

Den Wert eines großen Zielloches für das schnelle Schießen demonstrierte W. Lyman, der das wohlbekannte Visier produzierte, daß seinen Namen trägt und so oft nachgeahmt wurde.

Telescopvisiere wurden angeblich während der amerikanischen Revolution von beiden Seiten verwendet, und das Patent Colonel Davidsons von 1834 scheint der Vorläufer aller modernen Zielfernrohre zu sein. Lange Zielfernrohre für das Scheibenschießen mit Bench Rifles waren 1840 ein weiterer Schritt der

Entwicklung (93). Das lange Rohr und das begrenzte Gesichtsfeld minderten ihren Wert für die Verwendung bei der Jagd. Davidsons Telescope wurden mit gutem Erfolg von den Konföderierten während des amerikanischen Bürgerkrieges auf Whitworth sniper Büchsen verwendet. Bei Sportgewehren sind diese bis zu Beginn des 20. Jahrhunderts zu finden (159, 204).

Die Entwicklung der Optik zeigte die Möglichkeit, leichte, kurze Telescope zu bauen (211, 213), und die zu jener Zeit an Forschung interessierte NRA gab 1901 eine Ausschreibung für die Entwicklung eines Zielfernrohres mit höchstens 1 lb Gewicht einschließlich Halterung, einem Gewichtsfeld von 30 ft auf 100 yards und einer Höchstlänge von 9 in. heraus. Diese Daten passen sehr gut auf die heutigen Erzeugnisse. In Deutschland wurde die Überlegenheit des Zielfernrohres erkannt, und zu Beginn des ersten Weltkrieges hatte dieses Land die einzige Armee, die mit Zielfernrohren ausgerüstet war.

Im zweiten Weltkrieg waren die Deutschen wieder an der Spitze und gegen Ende des Krieges planten sie, jedes Gewehr mit Zielfernrohr auszurüsten (266). Bis zum heutigen Tag hat keine andere Nation ein Gewehr für den gleichen Zweck entwickelt, jedoch wurde öfter versucht, Zielfernrohre auf dafür brauchbare Gewehre zu montieren.

Die Entwicklung der Massenproduktion von jagdlich brauchbaren Zielfernrohren hatte zur Folge, daß Jagdgewehre speziell für Zielfernrohre entwickelt wurden (296).

Scheiben-Zielfernrohre haben während der letzten 75 Jahre ihre Form nicht verändert. Verbesserungen gab es natürlich, aber diese sind nicht zu sehen (277).

Der Wert des Zielfernrohres liegt weniger in der Verbesserung der Ergebnisse beim Scheibenschießen, da bei guten Schützen der Unterschied in den Ergebnissen bei Diopter bzw. Zielfernrohr weniger als 2 % beträgt. Vielmehr ist das Zielfernrohr eine Hilfe für fehlsichtige Schützen, beim Schießen auf ungewisse Ziele, besonders bei schlechten Lichtverhältnissen.

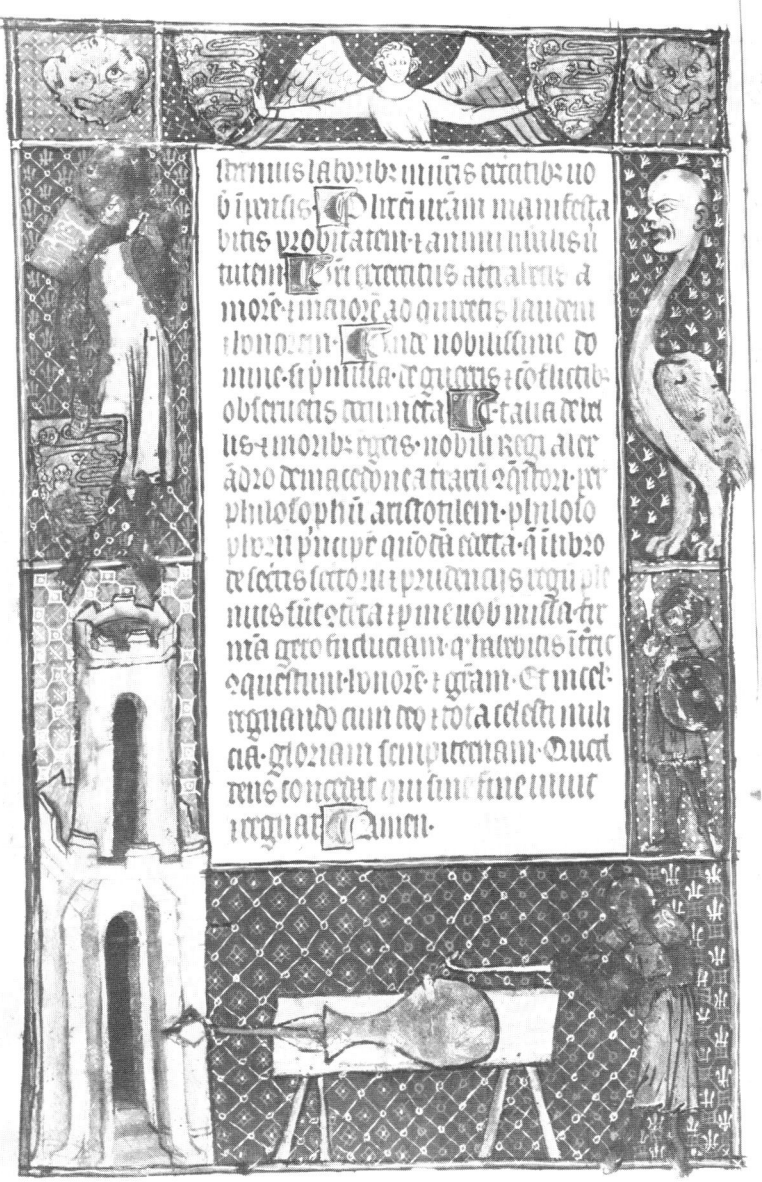

1. Die erste Darstellung einer Kanone aus dem Jahre 1326. Das farbige Manuskript zeigt einen Mohren, der die Waffe abfeuert und zur Zündung eine glühende Eisenstange benutzt.

PATRONEN

Papierpatrone für Schwarzpulver-Vorderlader

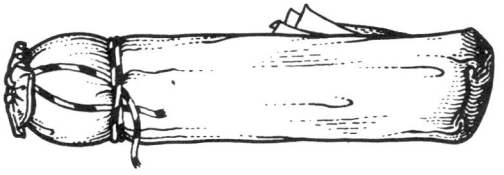

Papierpatrone für gezogene Vorderlader (Schwarzpulver)

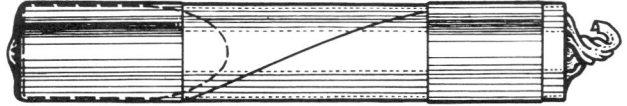

Papierpatrone für Hinterlader mit getrennter Zündung (Schwarzpulver)

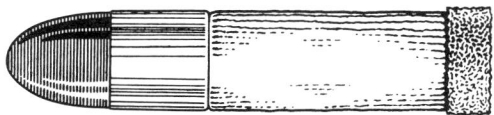

Mit Papier überzogene Patrone für Hinterlader mit getrennter Zündung (Schwarzpulver)

Lefaucheaux-(Stiftfeuer-)Patrone (Schwarzpulver)

 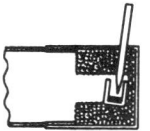 

Randfeuerpatrone

 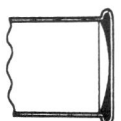 

Zentralfeuer-Patrone mit abgesetztem Rand

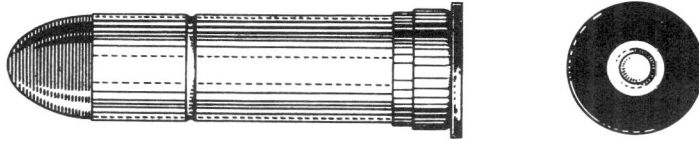

Gezogene Patrone mit Rand (Zentralfeuer)

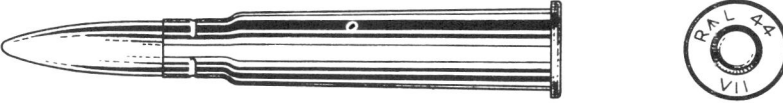

Patrone mit Patronenhülse mit halbhohem Rand

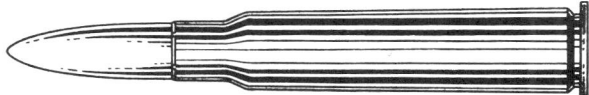

Patrone mit randloser Hülse

Konische, randlose Patronenhülse

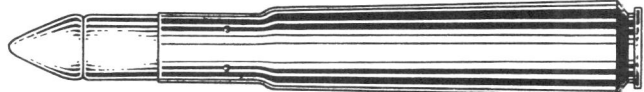

Randlose Patronenhülse mit Ansatz

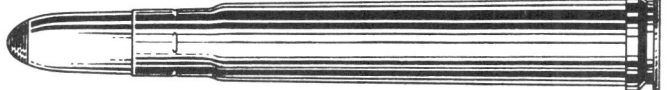

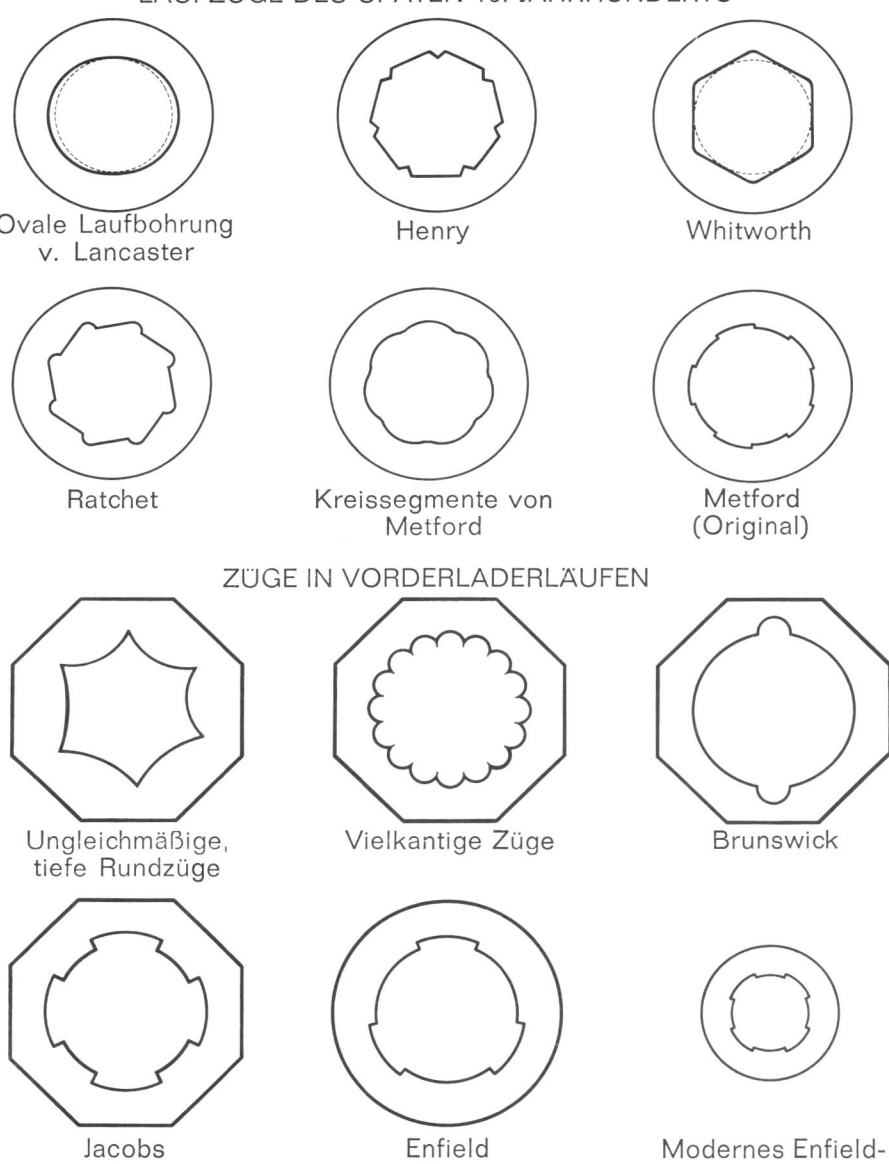

LAUFZÜGE DES SPÄTEN 19. JAHRHUNDERTS

Ovale Laufbohrung v. Lancaster

Henry

Whitworth

Ratchet

Kreissegmente von Metford

Metford (Original)

ZÜGE IN VORDERLADERLÄUFEN

Ungleichmäßige, tiefe Rundzüge

Vielkantige Züge

Brunswick

Jacobs

Enfield

Modernes Enfield-System

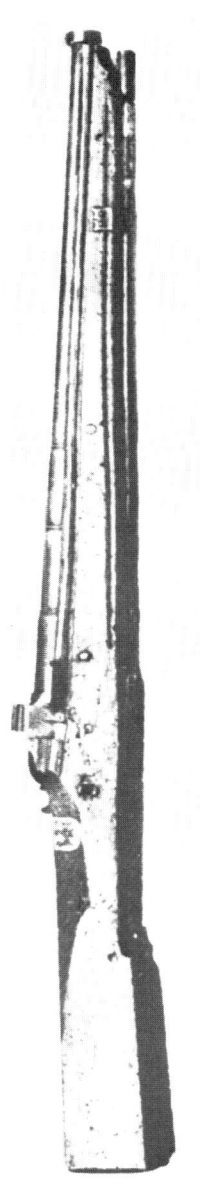

2. Handfeuerwaffe aus dem 15. Jahrhundert; der sichtbare Haken wurde gegen eine Mauer gestützt um den Rückstoß aufzufangen.

3. Das erste bekannte Gewehr. Ca. 1495. Kaliber 24, Pulverladung 115$^1/_2$ grain. Ursprünglich ein Teil aus der Meyrick-Sammlung, gehört die Waffe jetzt zur W. G. Renwick-Sammlurg.

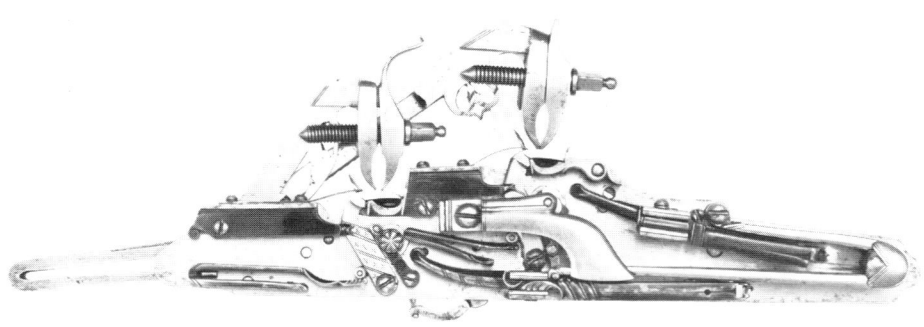

4. Ein Soldat aus der Zeit Kaiser Maximilians I., der stehend schießt wie es heute noch üblich ist. Codex Icon, München ca. 1500.

5. Schloßmechanismus einer Radschloß-Bockdoppelbüchse aus dem Jahre 1588. Auf dem Schloß sind die Buchstaben HBM eingraviert.

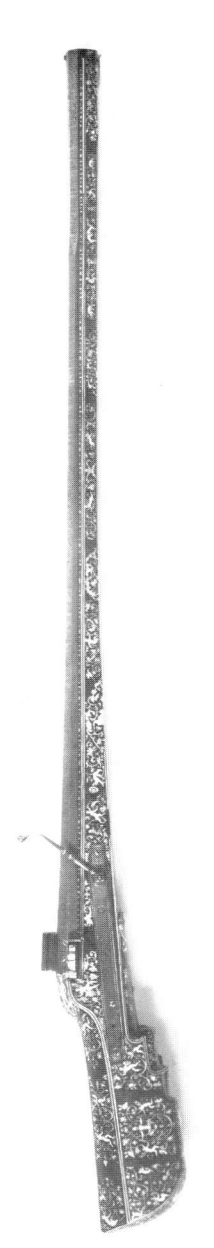

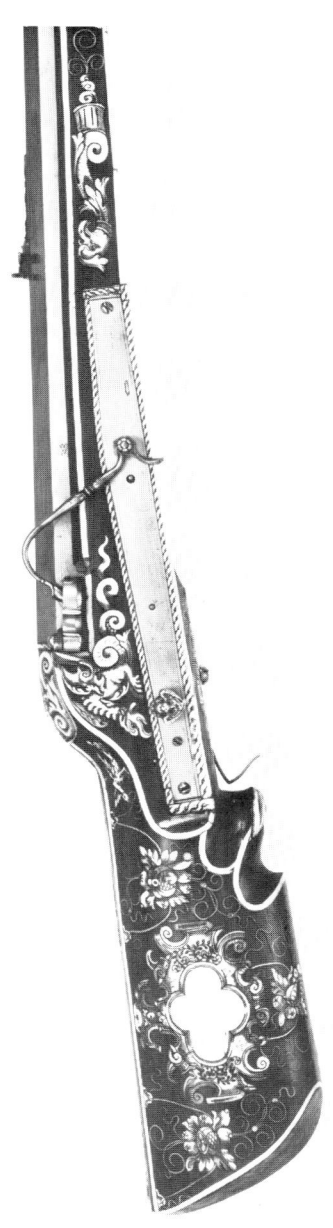

6. Luntenschloßbüchse. Kaliber .55in; Lauflänge 96,5 cm aus Nürnberg (?) 1598. Eine der ersten Schulterbüchsen. Die Waffe ist mit einem Lochvisier ausgestattet und die Härte des Abzugs ist mit einer Schraube einstellbar. Mit deutscher Schäftung.

7. Deutsche Scheibenbüchse mit Luntenschloß ca. aus dem Jahre 1600. Kaliber .60in, Lauflänge 112 cm. Wahrscheinlich wurde diese Waffe von Georg IV. zum Scheibenschießen benutzt. Später (um 1820) wurde diese Waffe aufgebohrt.

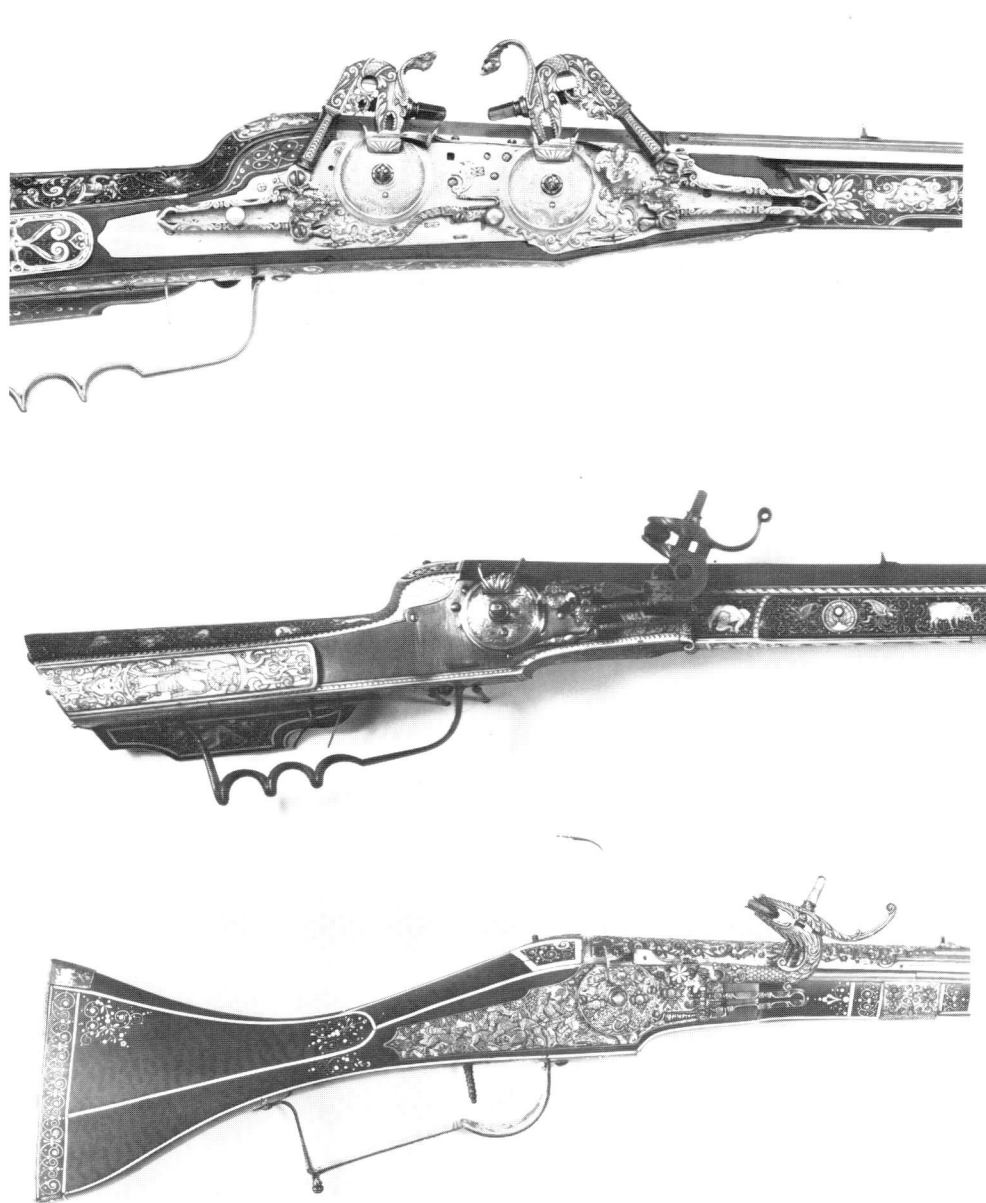

8. Radschloß-Gewehr (Roman Candle type). Kaliber .51in, Lauflänge 107 cm. 1606. Bei dieser Waffe wurden zwei Ladungen nacheinander geladen und die vorderste zuerst abgefeuert (oben).

10. Ein Radschloßgewehr von Christopher Trechsler aus Dresden von 1611/12. Kaliber .60in, Lauflänge 99 cm. Der Schaft ist aus Walnußholz mit eingelegten Elefanten, Bären, Hirschen usw. Mit Stechabzug (Mitte).

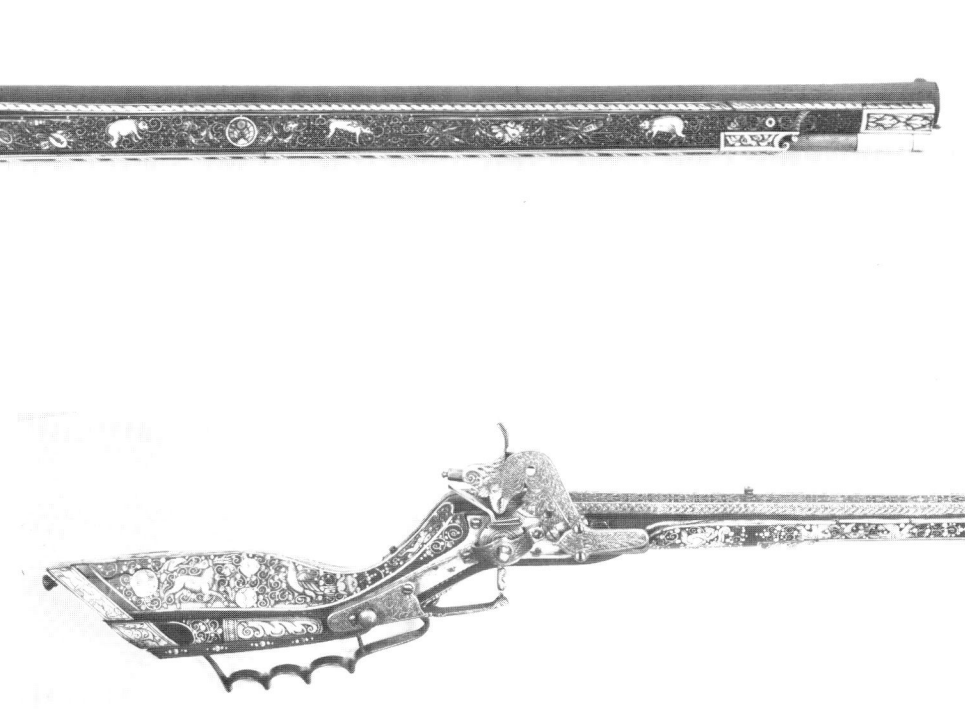

9. Radschloß-Einzelheiten. Die berühmtesten Büchsenmacher ihrer Zeit, Daniel Sadeler, Schloß- und Laufhersteller und Hieronymus Borstorffer, Schafthersteller, machten diese Waffe um 1620 mit spanischer Schäftung. (Seite 116 unten).

11. Schlesisches Tschinke-Gewehr. Kaliber .34in, Lauflänge 86 cm. Um 1630. Ein kleines Jagdgewehr, das in den baltischen Provinzen und in Norddeutschland gebräuchlich war.

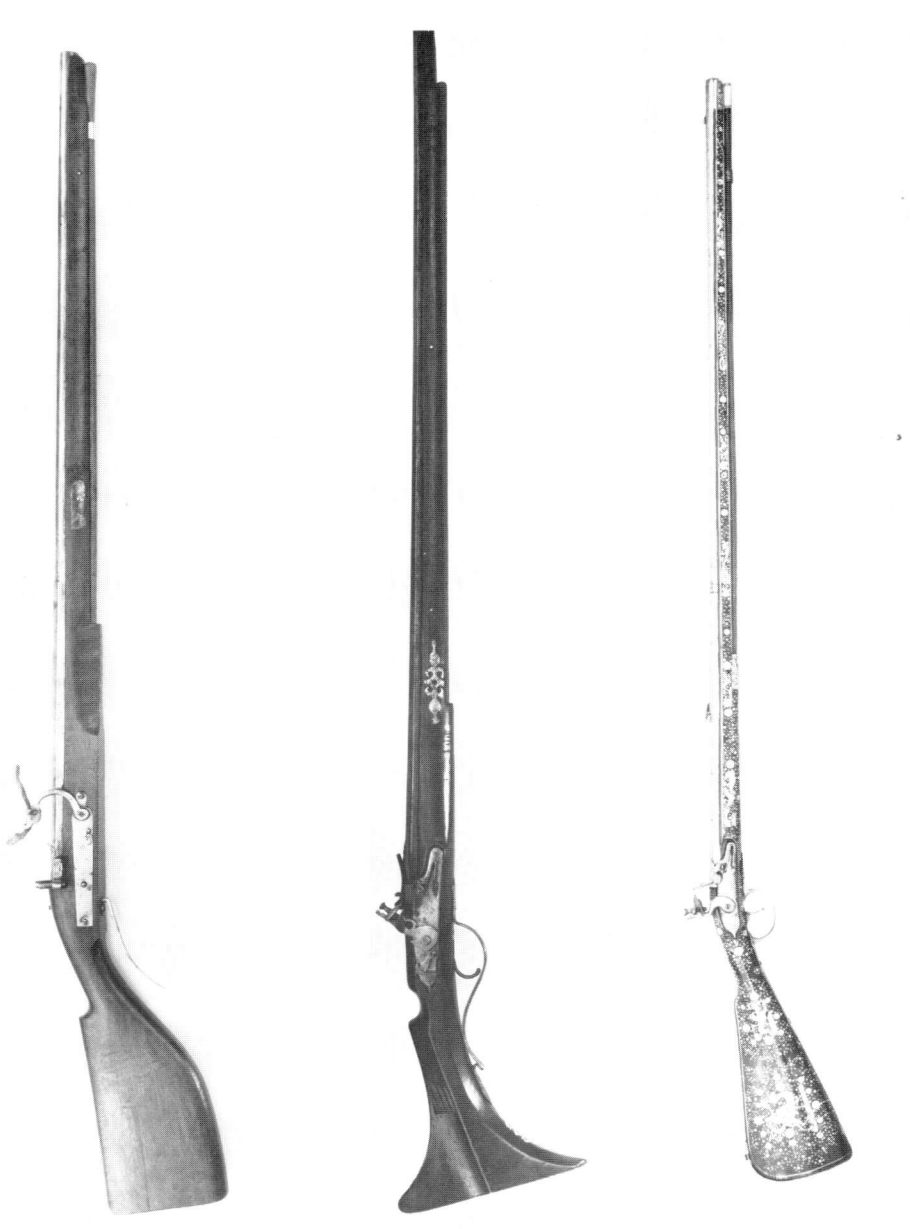

12. Luntenschloß-Muskete, das bei den amerikanischen Kolonisten Anfang des 17. Jahrhunderts in Gebrauch war. Kaliber 12.

13. Schnappschloß-Muskete. Kaliber 10; Lauflänge 102 cm. Wahrscheinlich im englischen Bürgerkrieg benutzt.

14. Schlesisches Steinschloß-Gewehr mit Hirschhorn- und Perlmutteinlagen. Ca. 1670. Lauflänge 112 cm.

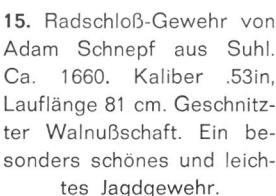

15. Radschloß-Gewehr von Adam Schnepf aus Suhl. Ca. 1660. Kaliber .53in, Lauflänge 81 cm. Geschnitzter Walnußschaft. Ein besonders schönes und leichtes Jagdgewehr.

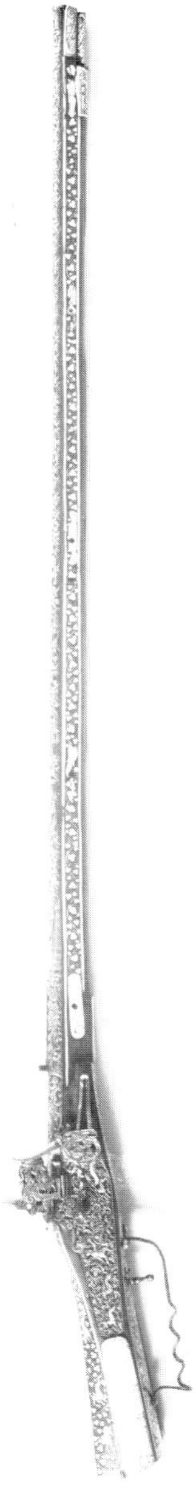

16. Deutsches Radschloß-gewehr. Kaliber .53in, Lauflänge 127 cm. Der Lauf stammt aus dem Jahre 1579, das Schloß von ca. 1670. Ein umgebautes Luntenschloß mit einem Radschloß späteren Datums.

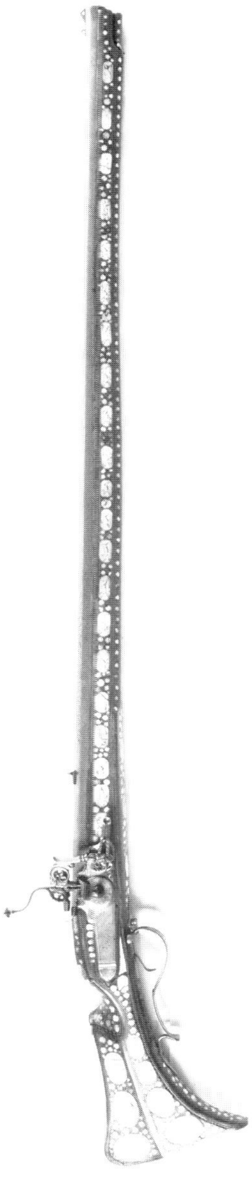

17. Radschloß-Muskete. Kaliber .75in, Lauflänge 122 cm. Der Lauf stammt aus dem Jahre 1624, das Schloß ist bezeichnet mit „Erttel A Dresden". Um 1680. Ein umgebautes Luntenschloß mit spanischer Schäftung.

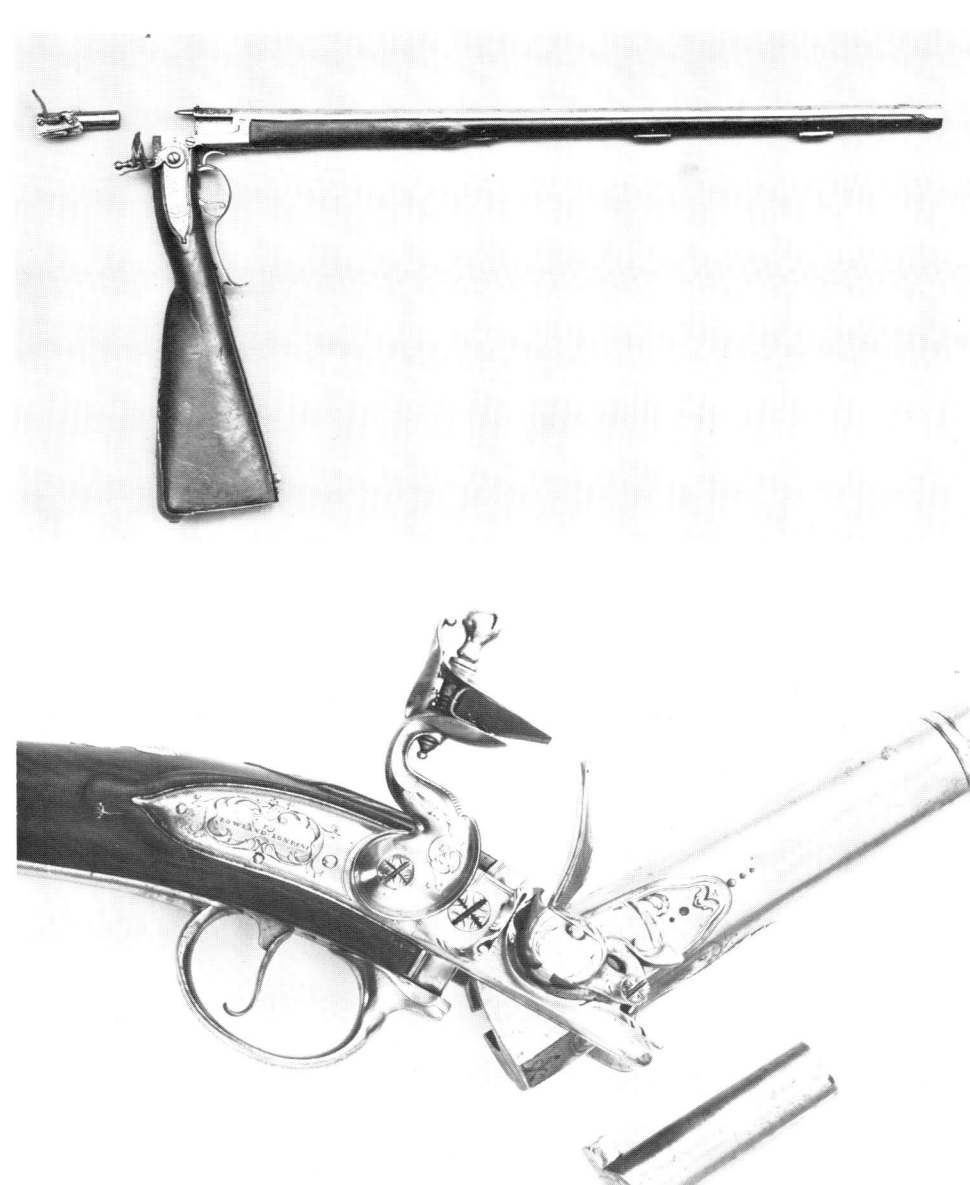

18. Steinschloß-Gewehr um 1700 von J. Michael aus Kuks. Beachten Sie die Kammer mit angebauter Pfanne (oben).

19. Hinterlader-Gewehr von Rowland aus London. Kaliber .64in, Lauflänge 84 cm aus dem Jahre 1718. Auf der Griffschale ist ein Scheibenschießen dargestellt.

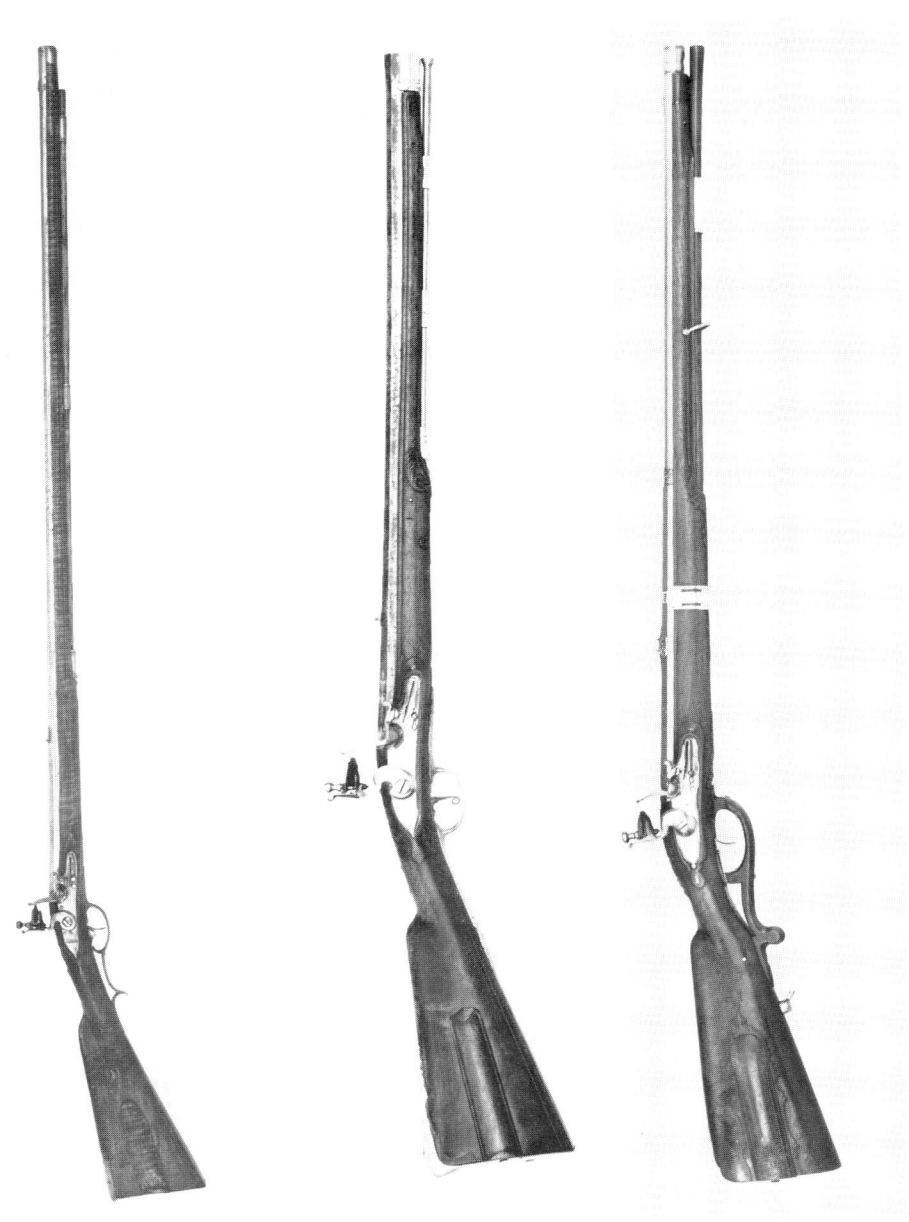

20. Pennsylvania-Gewehr. Kaliber .52in, Lauflänge 107 cm. Ca. aus dem Jahre 1730. Frühe Ausführung mit Einzelabzug.

21. Russisches Steinschloß-Gewehr, hergestellt in einer Waffenfabrik der Regierung in Tula im Jahre 1744. Das Kaliber ist .54in, Lauflänge 62 cm. Wahrscheinlich von deutschen Angestellten des Zeughauses hergestellt.

21a. Deutsches Jagdgewehr von G. Müller aus Halberstadt. Kaliber .63in, Lauflänge 79 cm. Ca. 1750. Ein brauchbares Jagdgewehr für europäisches Wild.

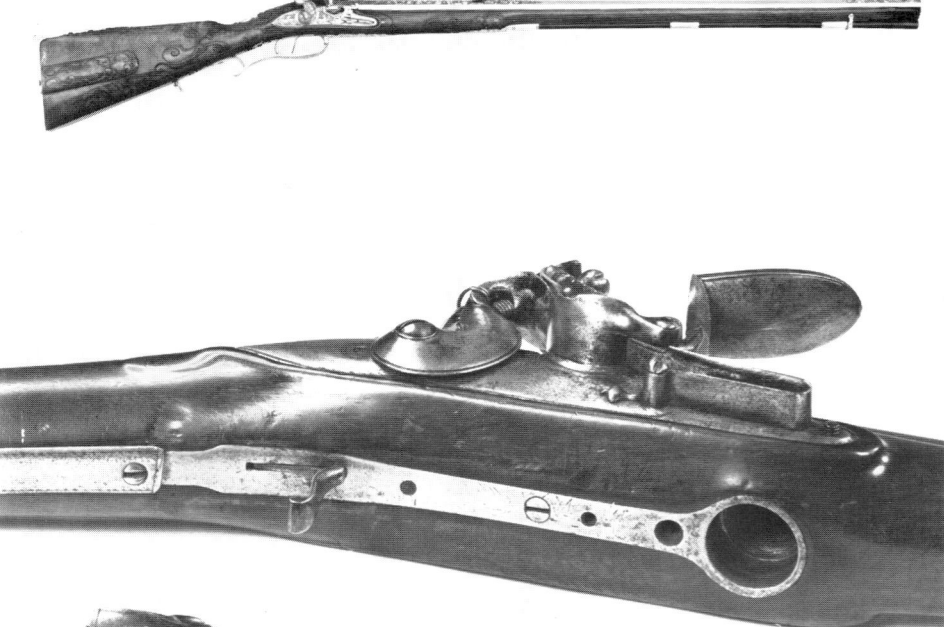

22. Deutsches Jagdgewehr von J. J. Kuchenreuter aus Regensburg. Kaliber .51in, Lauflänge 77$^1/_2$ cm. Ca. 1750. Die Familie Kuchenreuter war 200 Jahre lang eine berühmte Büchsenmacher-Dynastie (oben).

23. Steinschloß-Hinterlader-Gewehr von Kirke aus Warsop. Ca. 1750. 20er Bohrung, Lauflänge 99 cm. Modell La Chaumette. La Chaumette war der eigentliche Konstrukteur des Ferguson-Gewehres.

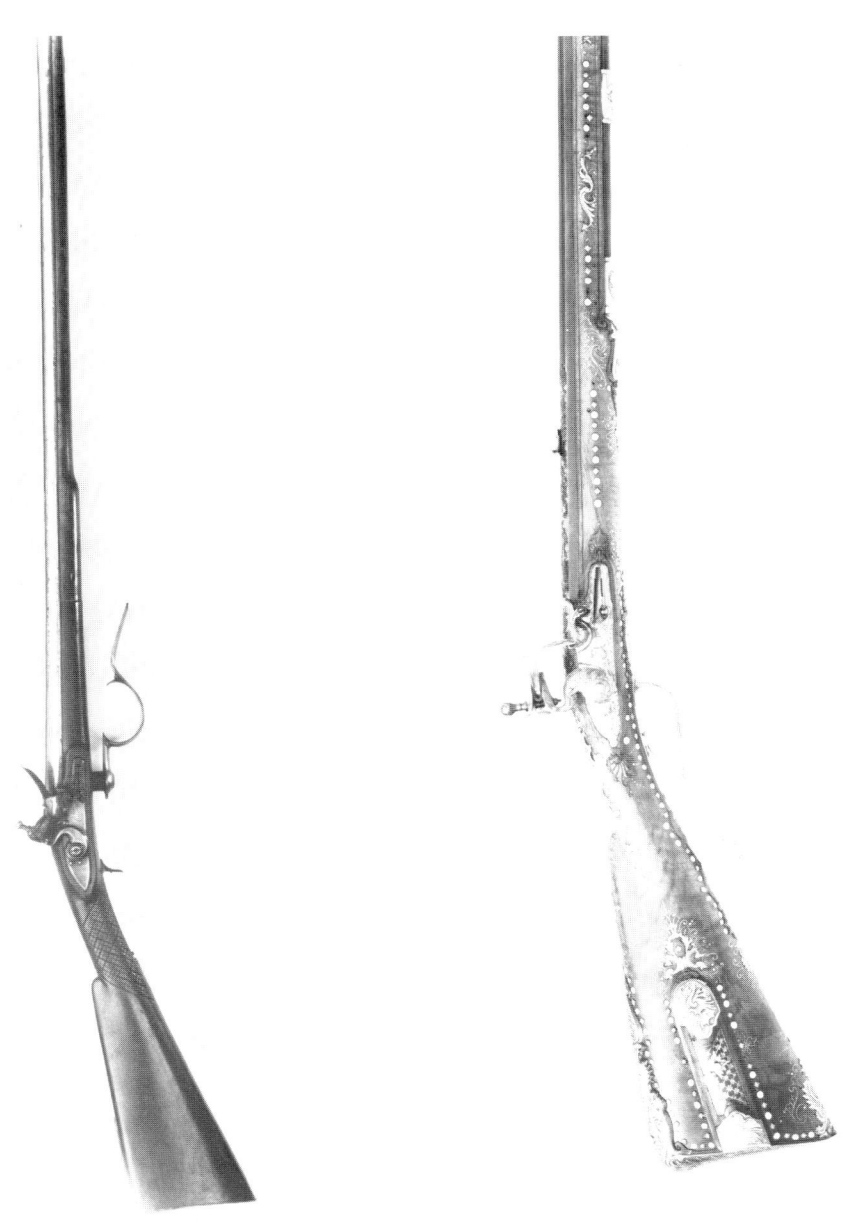

24. Hinterlader-Gewehr von Leak aus London. 28er Bohrung, Lauflänge 84 cm. Ca. 1750. Die Schraube geht nur durch das Laufunterteil. Frühes englisches System.

25. Steinschloß-Jagdgewehr von J. C. Stockmar aus Sachsen. Kaliber .60in, Lauflänge 65 cm. Eine sehr hochwertige, mit Ornamenten verzierte Jagdwaffe. Beschlagener Schaft mit Einlegearbeit aus silbernen Schnörkeln und Silberdraht.

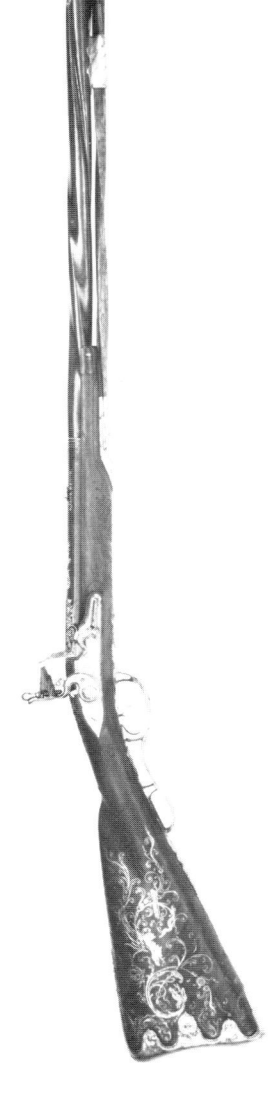
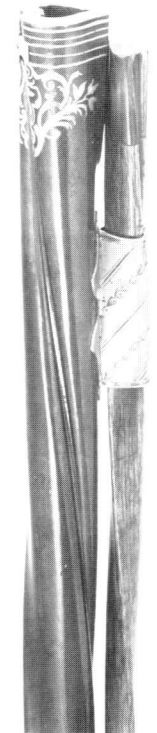

26. Deutsches Sportgewehr, das mit Gio Marion in Rho bezeichnet ist. Kaliber .65in, Lauflänge 70 cm. Ca. 1750. Eine Sportausführung des Jäger-Militärgewehres.

27. Ornamentenverziertes Steinschloßgewehr von Walster aus Saarbrücken. Kaliber .5in, Lauflänge $68^1/_2$ cm. Ca. 1760. Es ist zweifelhaft, ob dieses Gewehr jemals abgefeuert wurde, weil der Lauf herzförmig und tordiert ist.

28. Ein Ausschnitt aus 27 mit dem Lauf des Walster-Gewehres.

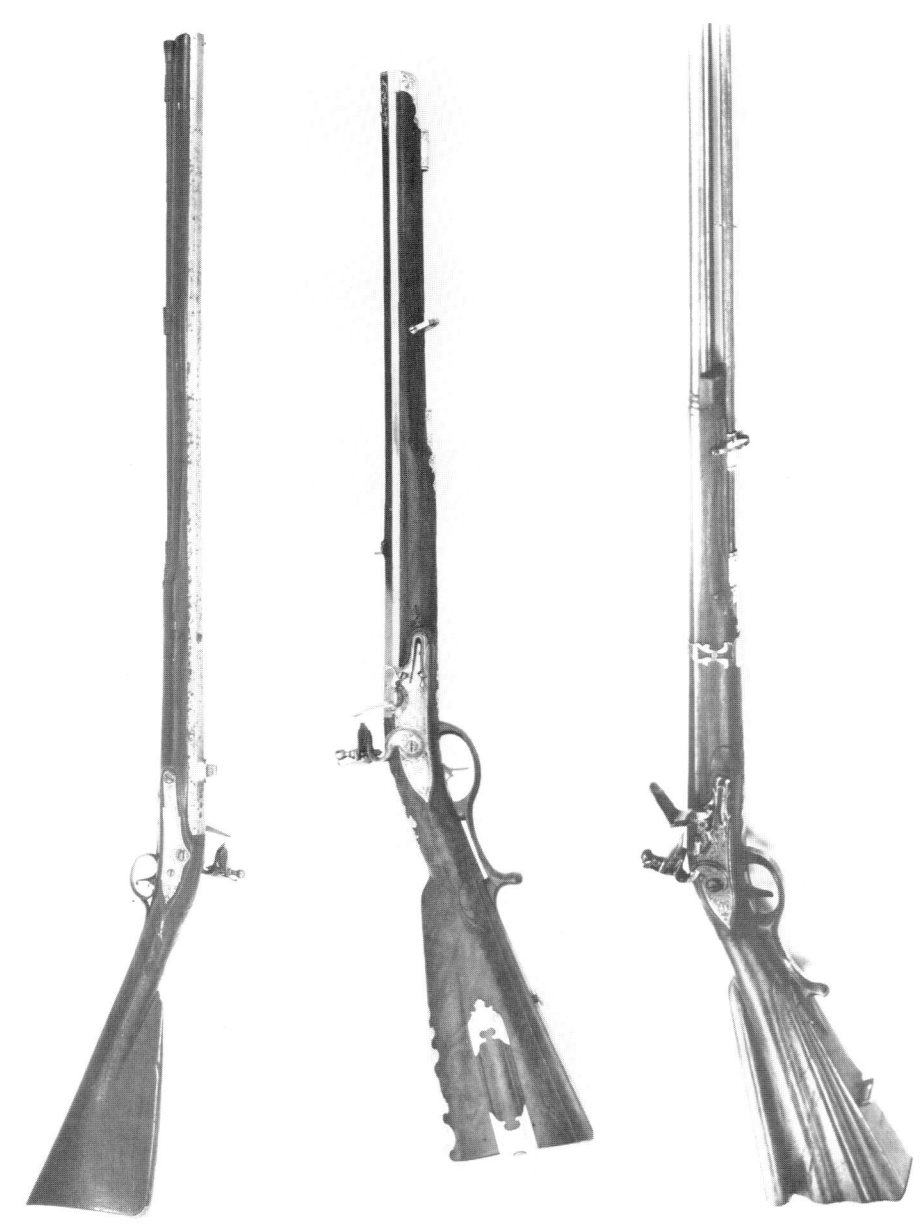

29. Hinterlader-Steinschloß-Gewehr von Stanton aus London. Kaliber .65in, Lauf mit acht Zügen. Ca. 1760. Das Gewehr wurde geladen indem man einen Stopfen aus dem Laufoberteil herausschraubte.

30. Österreichisches Sportgewehr von J. Früwirth aus Wien. Kaliber .60in, Lauflänge 56 cm. Ca. 1770. Ein Stutzen, der für die Gemsenjagd in den Alpen gebraucht wurde.

31. Steinschloßgewehr von Martin Qualek, Wien. 20er Bohrung, Lauflänge 56 cm. Beachten Sie die mitteleuropäische Schäftung.

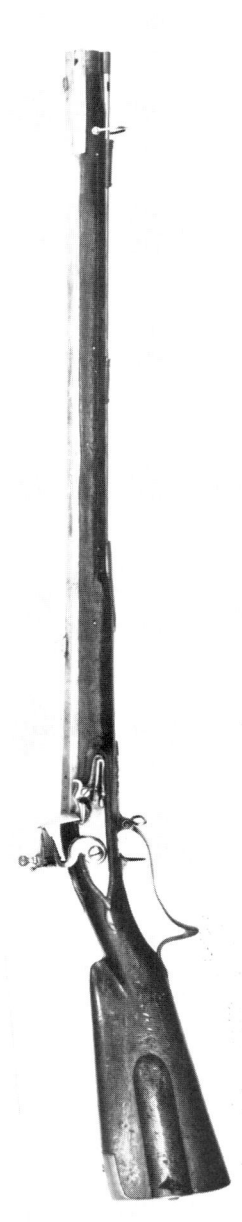
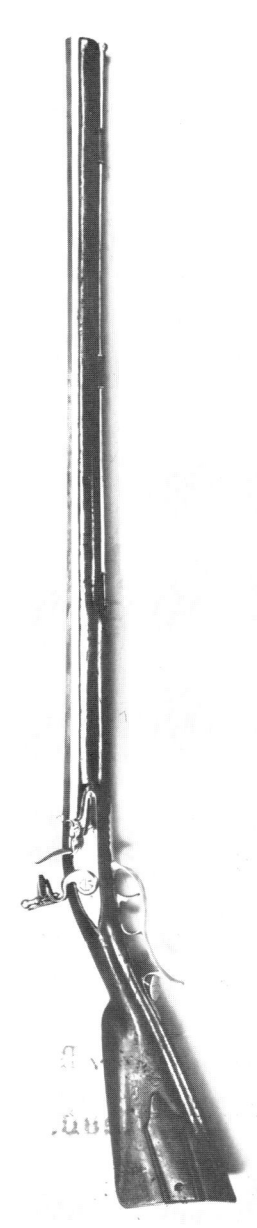
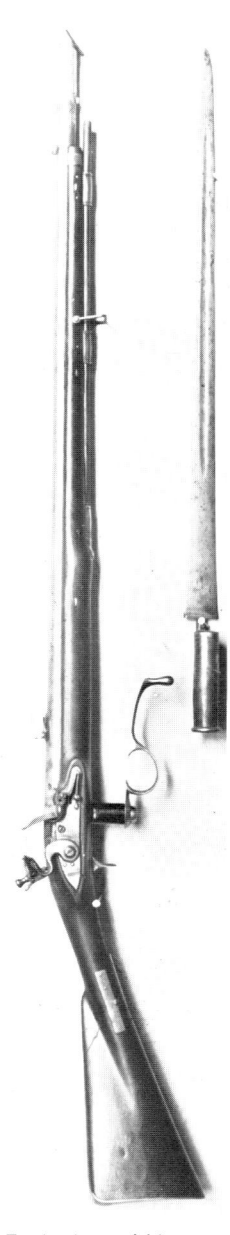

32. Deutsches Militärgewehr, Jäger-Einheiten. 14er Bohrung, Lauflänge 76 cm. Etwa um 1775. Dieser Typ wurde von deutschen Söldnern während der amerikanischen Revolution verwendet.

33. Englisches Steinschloßgewehr von William Grice. Kaliber .54in, Lauflänge 93 cm. Wahrscheinlich eines von den 700 Gewehren, die für die englischen Streitkräfte in Amerika gemacht wurden.

34. Englisches Militärgewehr. Kaliber .68in, Lauflänge 86 cm. Ca. 1780. Dieser Hinterlader von Ferguson wurde einem amerikanischen Loyalisten, Captain F. De Peyster, von Colonel Patrick Ferguson geschenkt.

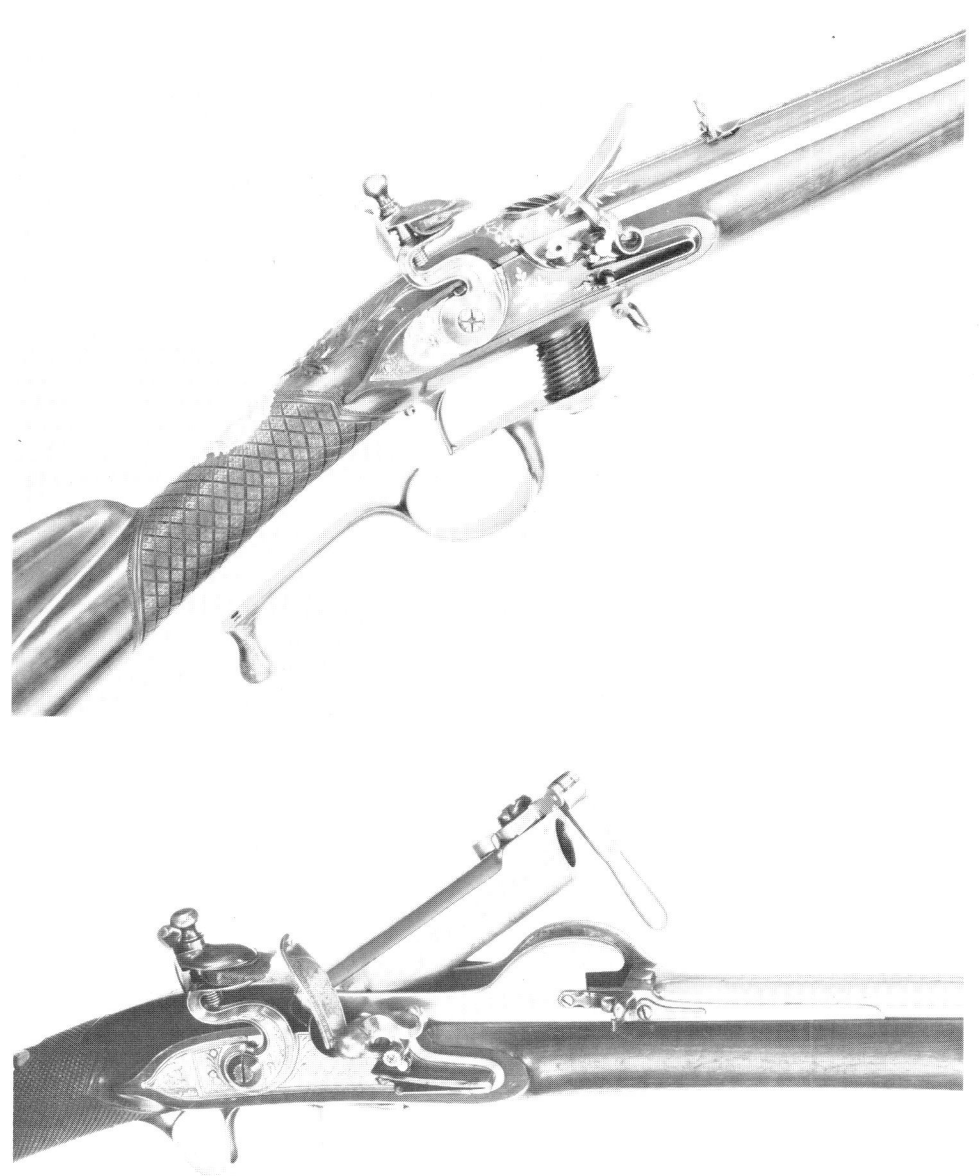

35. Steinschloß-Sportgewehr von D. Egg aus London. Kaliber .60in, Lauflänge 91$^1/_2$ cm. Ca. 1783. Es handelt sich um eine Sportausführung des Ferguson Hinterlader, der für den Prinzen of Wales gemacht wurde (oben).

36. Hinterlader-Karabiner von D. Egg. Kaliber .65in, Lauflänge 77$^1/_2$ cm. Ca. 1785. Der österreichischen Crespi-Waffe nachgebaut, wurde dieses Sportgewehr in militärischer Form von den Leichten Dragonern (1786—1788) ausprobiert.

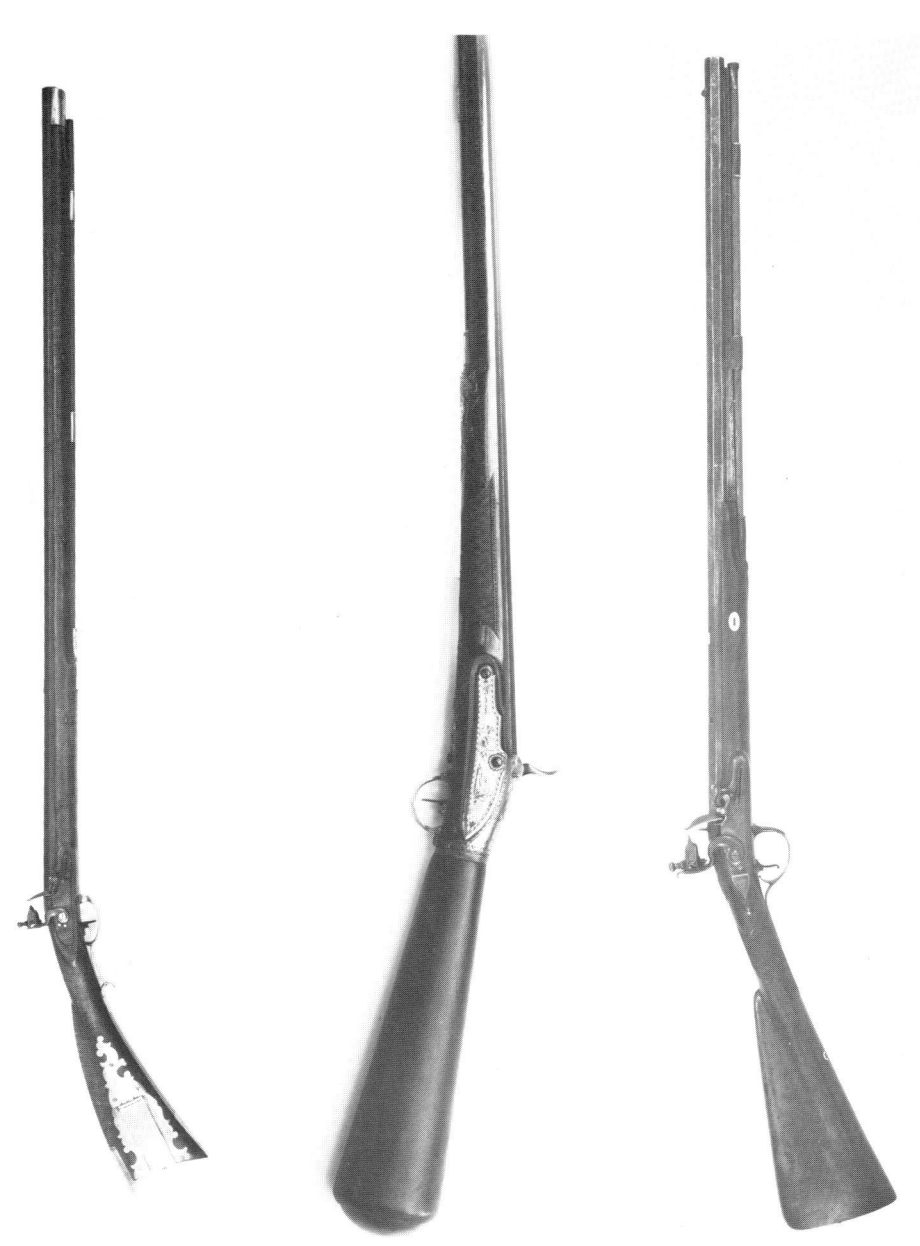

37. Pennsylvania-Gewehr, Hersteller unbekannt. Kaliber .52in, Lauflänge 107 cm. Etwa 1785. Eine gute Waffe jener Zeit.

38. Österreichisches Armee-Luftgewehr von Leopold Zana aus Wien. .56in Bohrung, Lauflänge 80 cm. Ca. 1785. Wirksam, aber kompliziert.

39. Sportgewehr von Williams aus London. Kaliber .50in, Lauflänge 86 cm. Ca. 1785. Ausgerüstet mit einem der berühmten Läufe von Kuchenreuter.

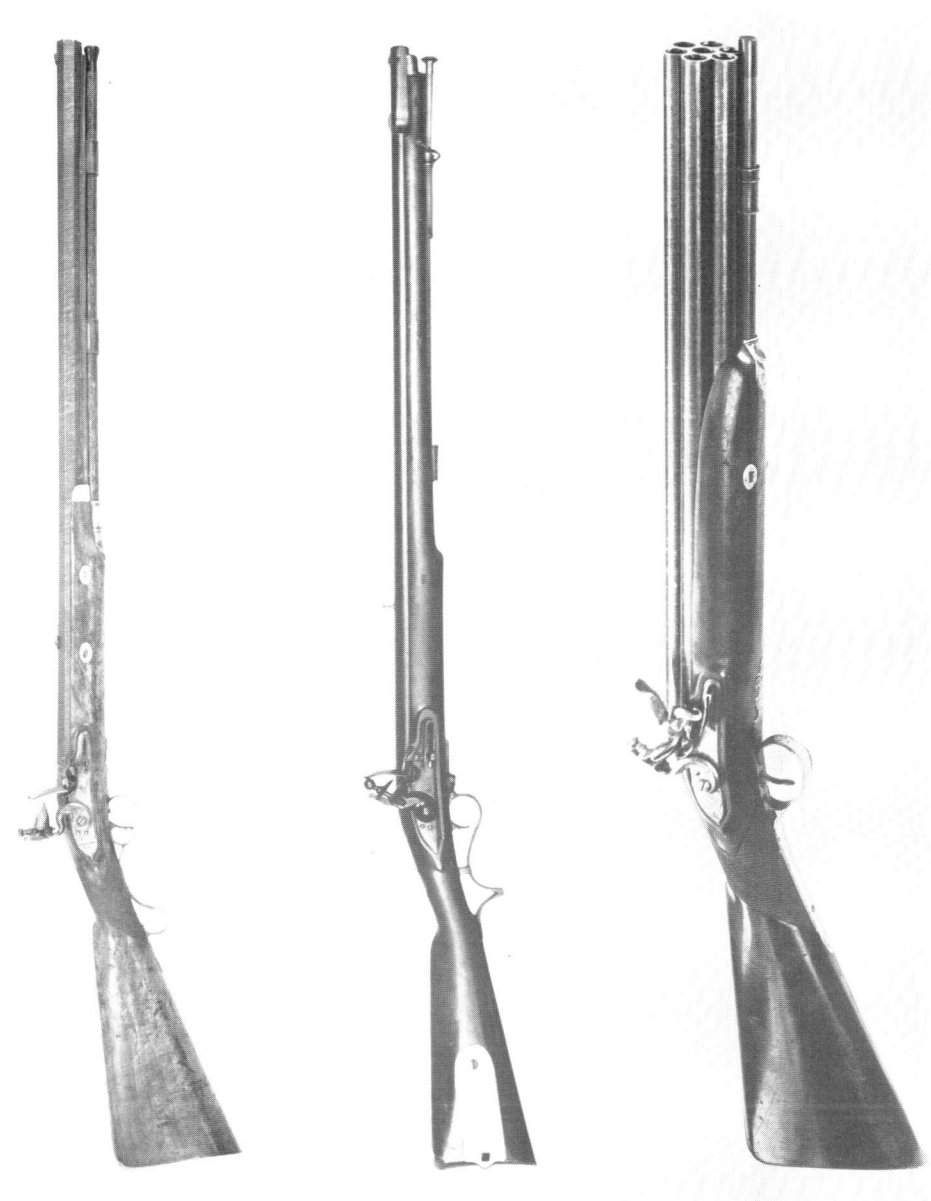

40. Steinschloß-Sportgewehr von H. Nock. Kaliber .685in, Lauflänge 91¹/₂ cm. Aus dem Jahre 1795. Ein frühes Beispiel für die englischen Sportgewehre.

41. Baker-Gewehr. Wahrscheinlich 1800. Kaliber .625in, Lauflänge 76 cm. Durch dieses Gewehr wurde das Infanteriefeuer um das Dreifache erhöht.

42. Salvengewehr von H. Nock. Siebenschüssig, 20er Bohrung, Lauflänge 51 cm. Ca. 1800. Für die Marine als Salvengewehr zur Enterabwehr gedacht.

129

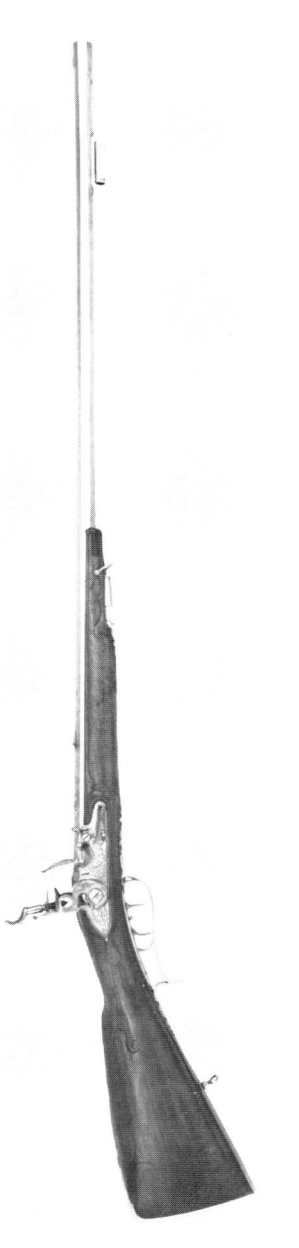

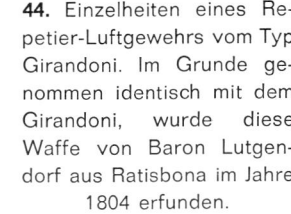

43. Sportliches Luftgewehr von Bosler aus Darmstadt. Kaliber .58in, Lauflänge 100¹/₂ cm. Ca. 1800. Ein schreckliches Gewehr. Dieses aufgepumpte Luftgewehr war das Eigentum von Georg IV.

44. Einzelheiten eines Repetier-Luftgewehrs vom Typ Girandoni. Im Grunde genommen identisch mit dem Girandoni, wurde diese Waffe von Baron Lutgendorf aus Ratisbona im Jahre 1804 erfunden.

45. Scheibenbüchse von T. Squires aus London. Kaliber .60in, Lauflänge 76 cm. Etwa um 1800. Mit einer Büchse dieser Art wurden die in Bild 49 gezeigten Trefferbilder erzielt. Beachten Sie den Stecherabzug und die Befestigung für ein Kurvenvisier.

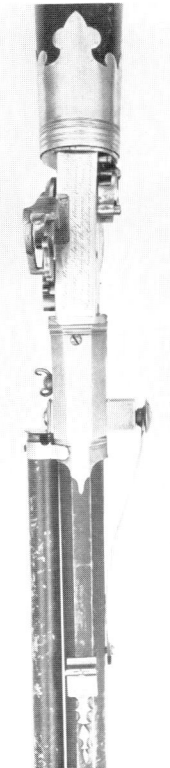

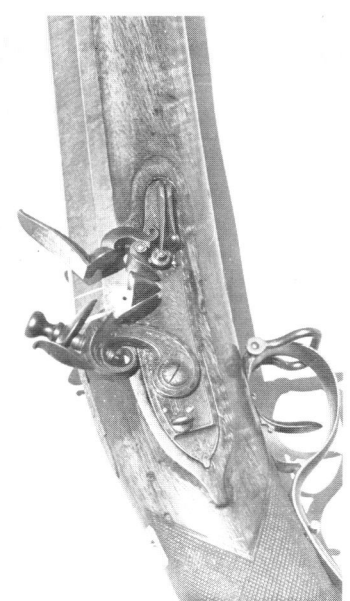

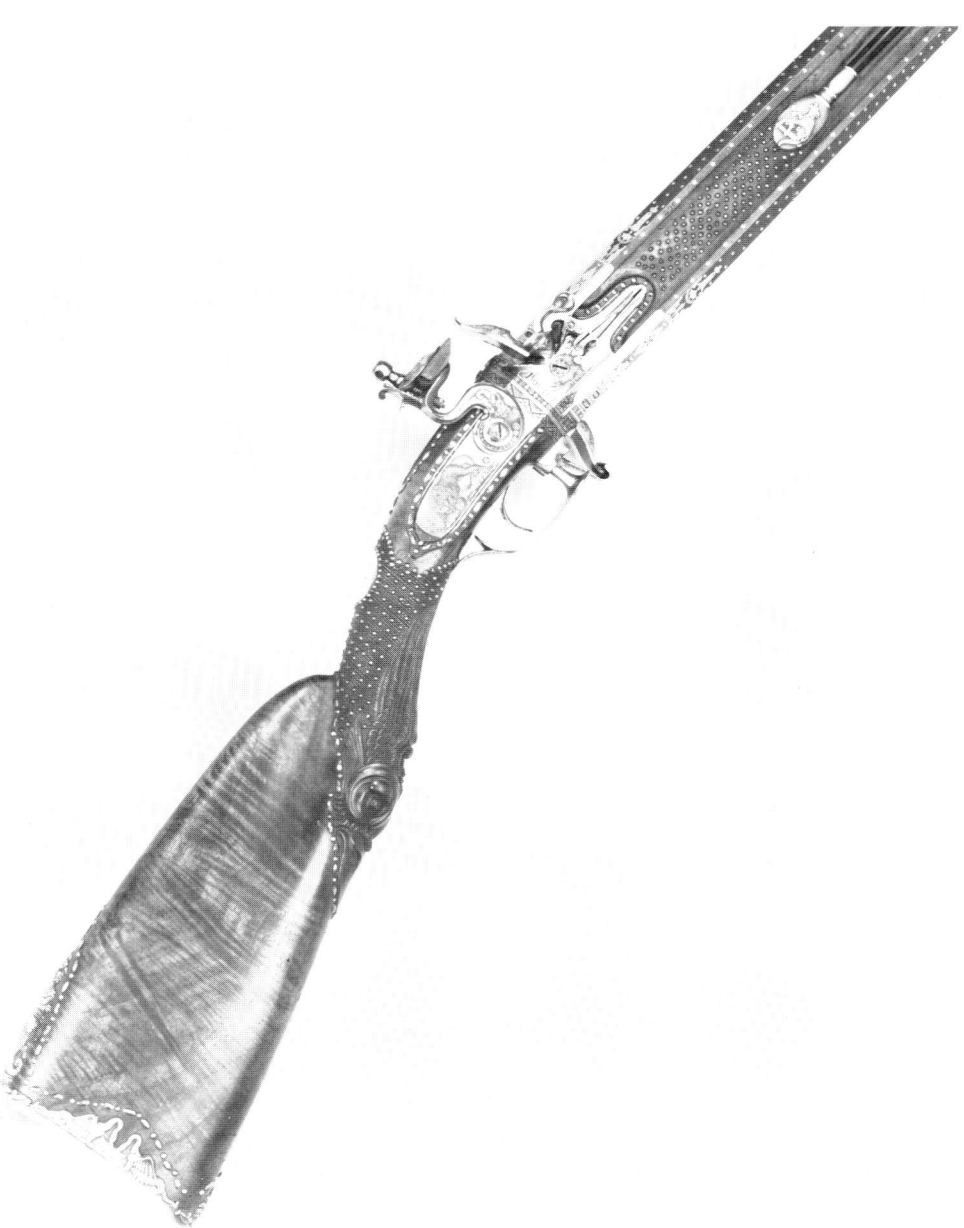

46. Doppelläufiges Steinschloßgewehr von Nicholas Boutet aus Ve-sailles. Kaliber .50in, Lauflänge 60 cm. Um 1805. Eine Waffe mit übereinanderliegenden Läufen, ein sogenannter Steinschloßwender, hergestellt für Zar Nikolaus I. von Rußland. Boutet war der technische Leiter der Manufacture d'Armes de Versailles.

47. Stehende Kampfposition aus dem frühen 19. Jahrhundert. Der Schütze benutzt ein Baker-Gewehr.

48. Stehende Position zum Scheibenschießen, vorgeführt von Oberst Beaufoy von den Duke of Cumberland Sharpshooters. Ca. 1805.

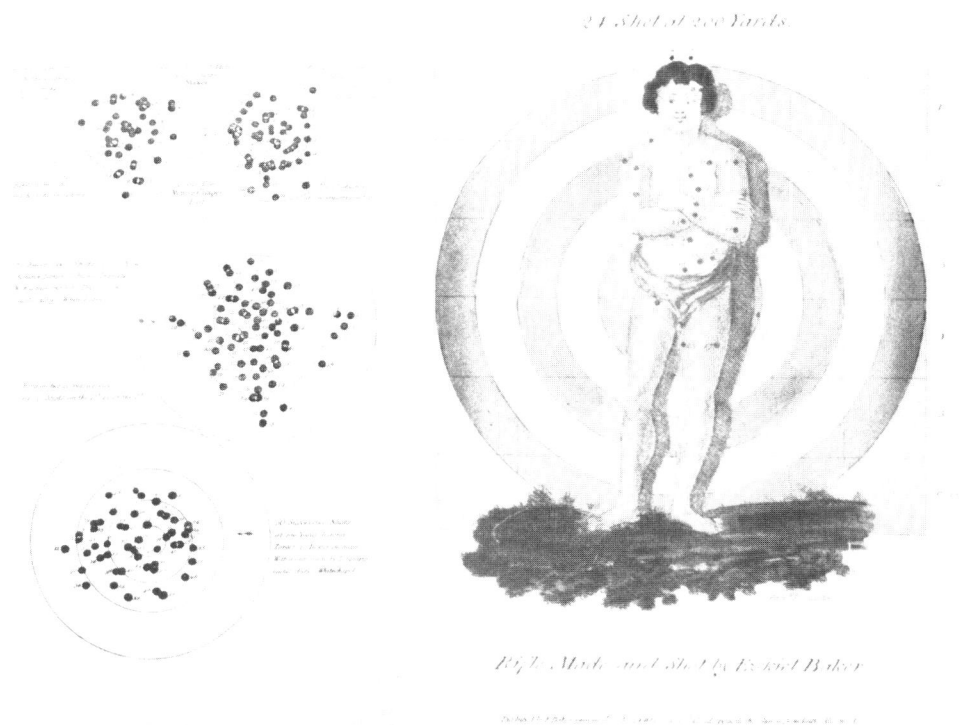

49. Trefferbilder, die von Oberst Beaufoy mit Gewehren von T. Squires gemacht wurden. Ca. 1805.

50. Gute Schüsse aus dem Baker-Gewehr aus etwa 200 yards Entfernung. Ca. 1810.

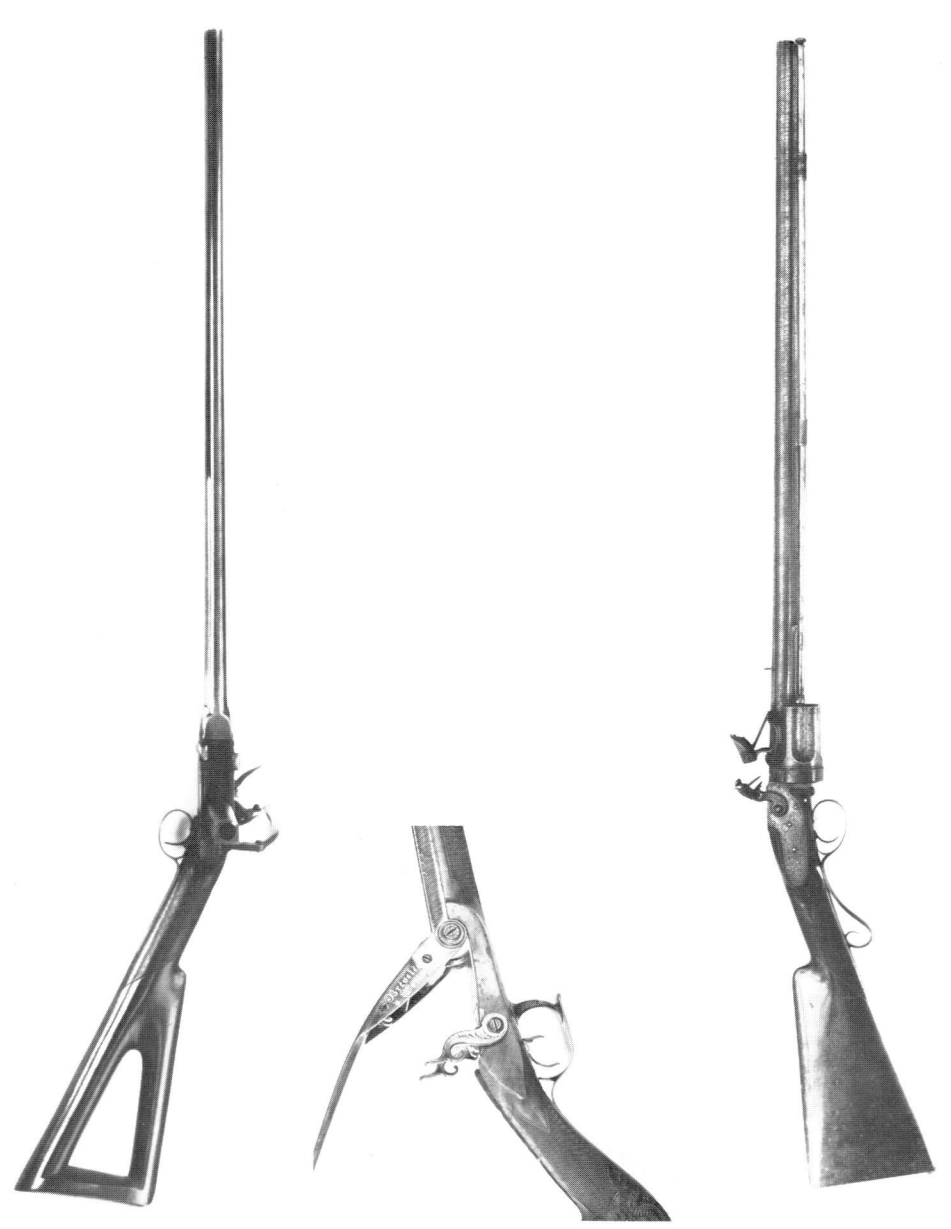

51. Kammer-Hinterlader von Tatham. 24er Bohrung, Lauflänge 74 cm. Ca. 1810. Die Kammer ist um die senkrechte Achse ausschwenkbar.

52. Ein mit „Invention Pauly Brevetee a Paris" bezeichneter Hinterlader. Kaliber .59in, Lauflänge 75 cm. Ca. 1814. Dies ist der erste bekannte Hinterlader, der eine Art Patronen verschoß.

53. Fünfschüssiges Steinschloß-Revolver-Gewehr von E. H. Collier, London. Die Trommel mußte von Hand gedreht werden, das Zündpulver wurde automatisch zugemessen.

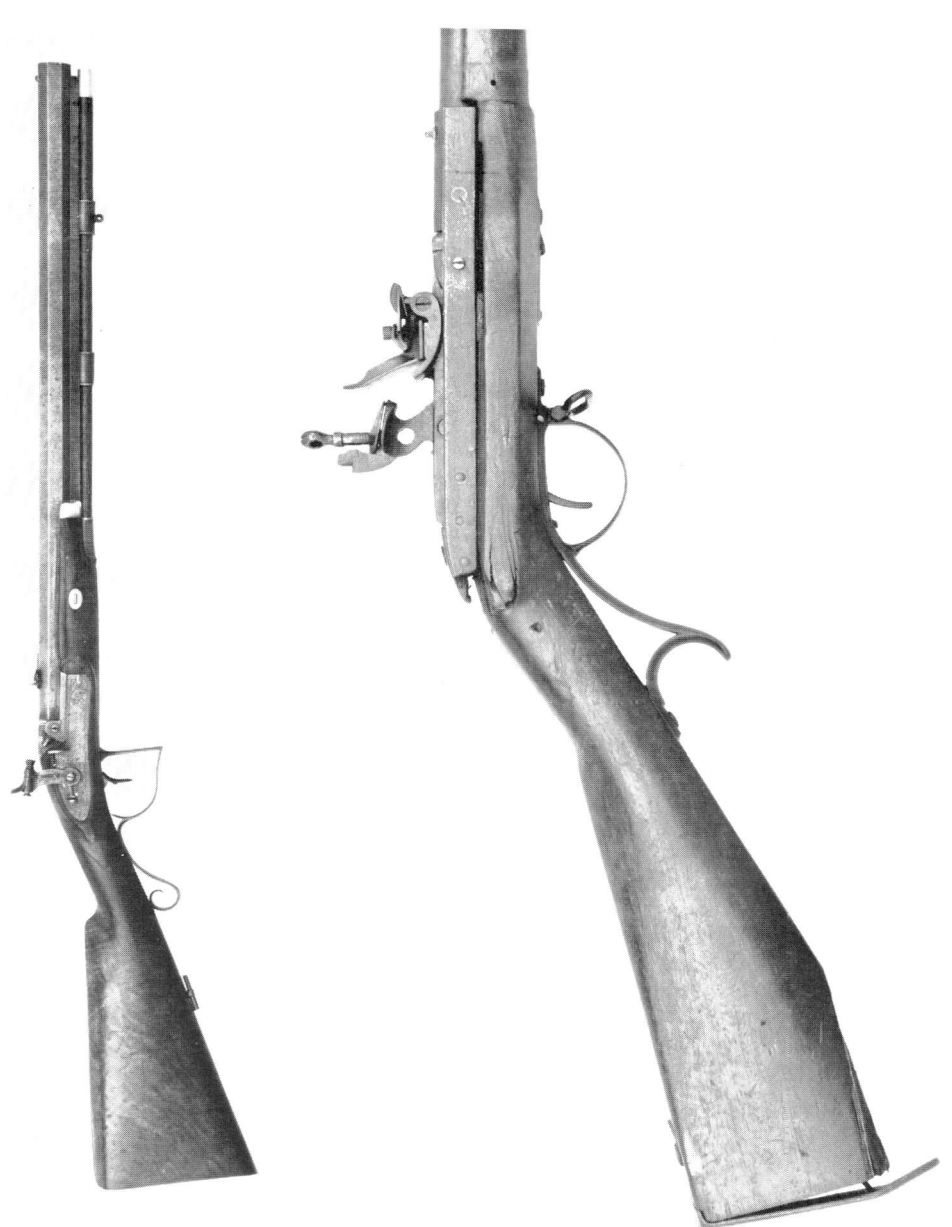

54. Englische Scheibenbüchse von S. Smith aus London. Kaliber .68in, Lauflänge 61 cm. Etwa 1820. Die Waffen von Smith waren mehr wegen Schußgenauigkeit als wegen äußerer Schönheit bekannt.

55. Amerikanisches Hinterlader-Steinschloß-Gewehr. Kaliber .52in, Lauflänge 89 cm. Modell 1826. Das Hall-Gewehr war der erste Hinterlader mit austauschbaren Teilen. Man beachte die Ähnlichkeit mit der Crespi-Waffe.

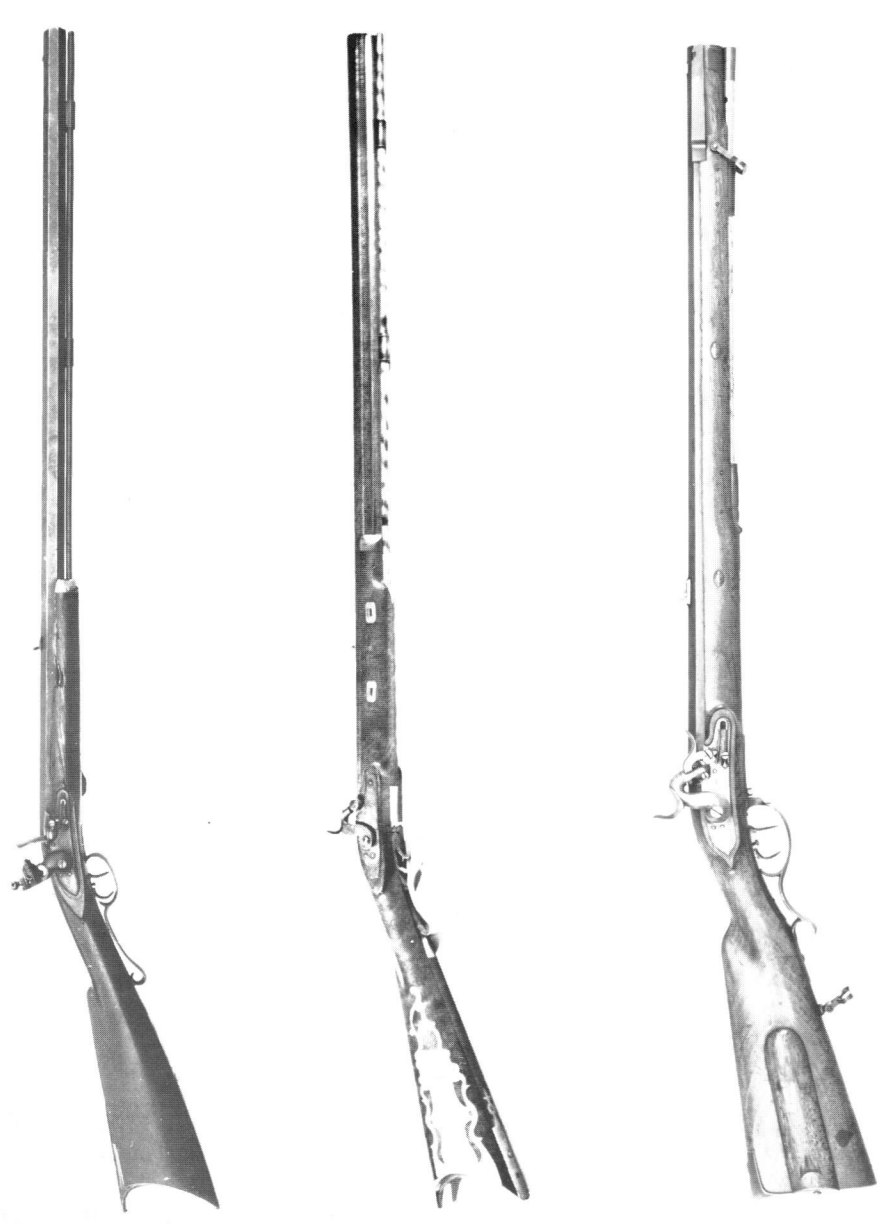

56. Adirondack-Gewehr von
E. Remington. Kaliber .54in,
Lauflänge 91¹/₂ cm. Ca.
1824. Dieses Gewehr wurde
zum Gebrauch in der Wild-
nis von Adirondack im Staa-
te New York gebaut, dem
Schauplatz von „Der letzte
Mohikaner".

57. Adirondack-Gewehr von
J. Habestro aus Buffalo,
New York. Kaliber .40in,
Lauflänge 91¹/₂ cm, datiert
1834. Ein frühes Perkusions-
gewehr mit einem Lauf aus
einem von Remington ge-
lieferten Rohling.

58. Preußisches Jäger-Gewehr aus der Potsdamer
Manufaktur. Kaliber .577in,
Lauflänge 70 cm. Modell
1839. Man beachte den Stecherabzug und die Sicher-
heitskappe für das Zünd-
hütchen. Die Waffe wurde
aus einem Steinschloßge-
wehr umgebaut.

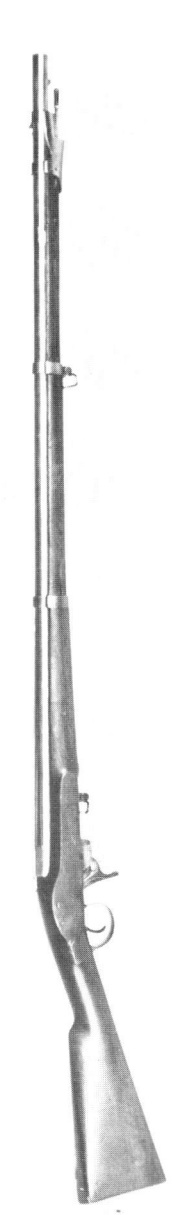

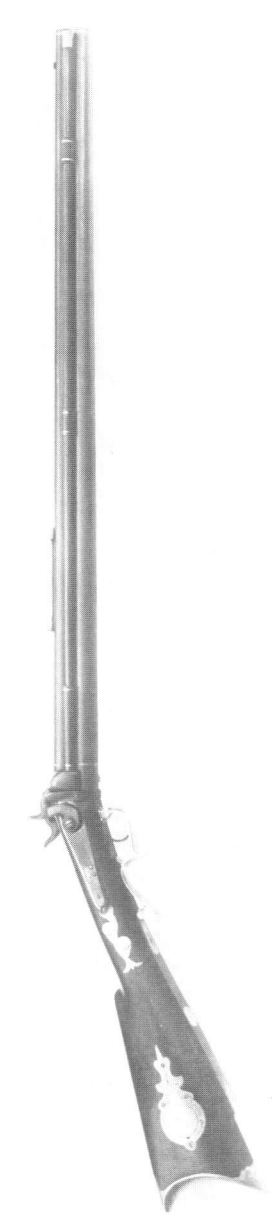

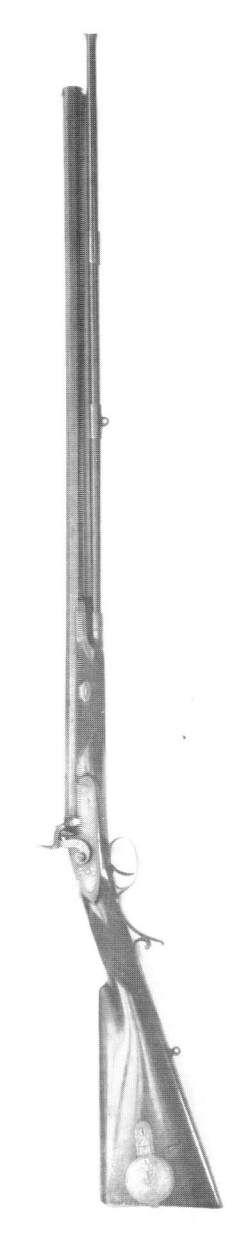

59. Heurtelop-Gewehr. Kaliber .702in, Lauflänge 99 cm. 1838. Schloß mit untenliegendem Hahn, welches zur Zündung ein Kupferband benutzte, das die Zündladungen enthielt und nach jedem Schuß vom Hahn abgeschnitten wurde.

60. Gewehr mit übereinanderliegenden Läufen von J. Buswell, Glen Falls, N. Y. Oberer Lauf .38er Büchsenlauf, unterer Lauf Schrotlauf. Lauflänge 76 cm.

61. Perkussionsgewehr von Gasguoine & Dyson, Manchester. .30in Bohrung. Lauflänge 81 cm. Stecherabzug.

137

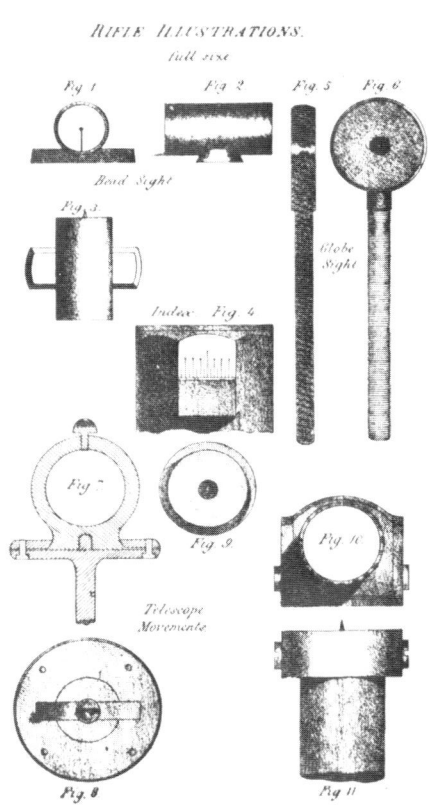

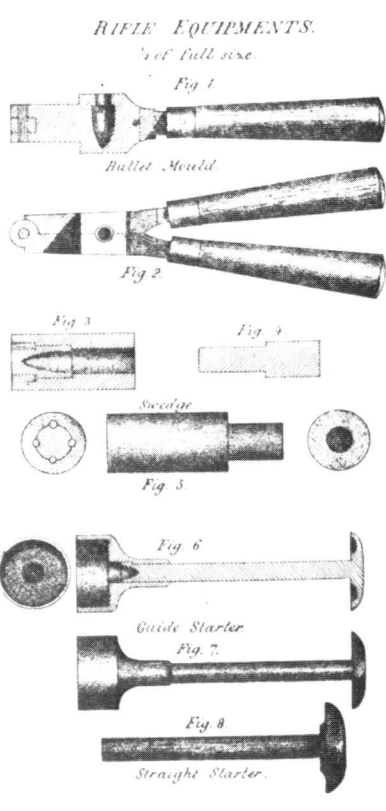

62. Visiere von 1840. Trotz ihres rohen Äußeren wurde eine beachtliche Genauigkeit erreicht.

63. Kugelzangen und Pressen wie man sie 1840 für amerikanische Scheibenbüchsen verwendete.

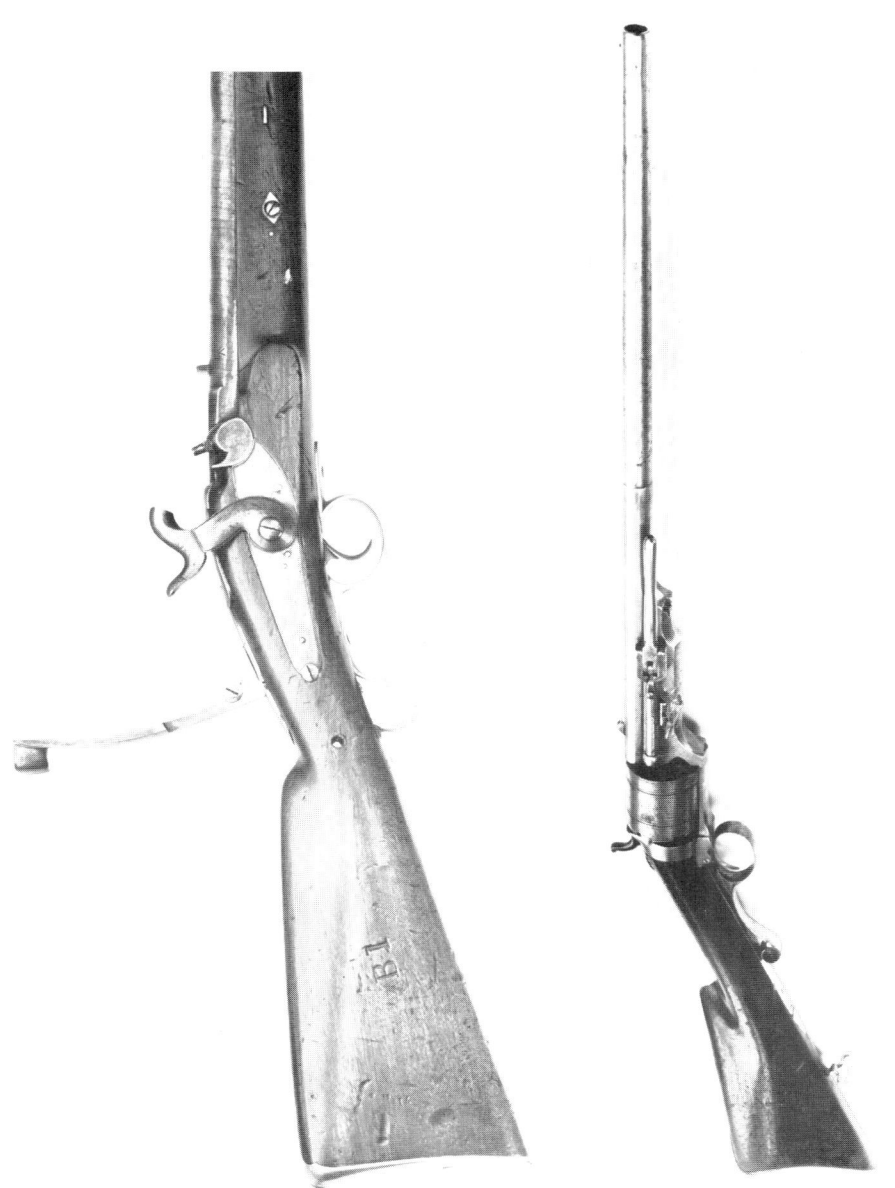

64. Nachgemachtes Jenks-Gewehr. Hergestellt in Belgien. 13er Bohrung. Ca. 1840.
Die Waffe wurde englischen Sachverständi-
gen zum Test übergeben.

65. Colt-Revolver-Gewehr. Lauflänge 61 cm.
Ca. 1840. Diese Art Gewehre wurde im Se-
minolen-Krieg verwendet.

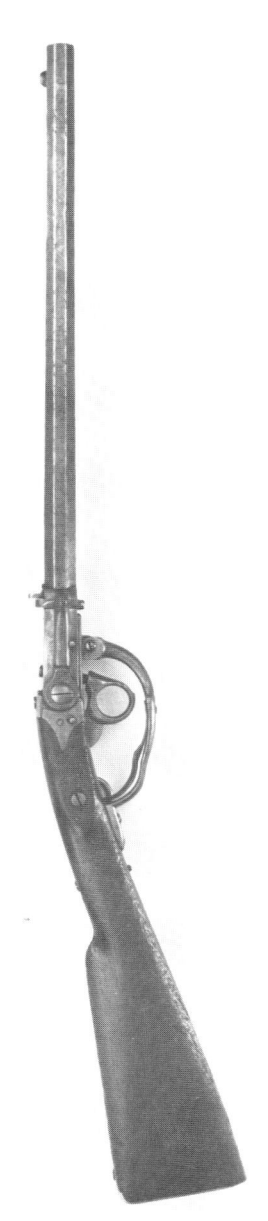

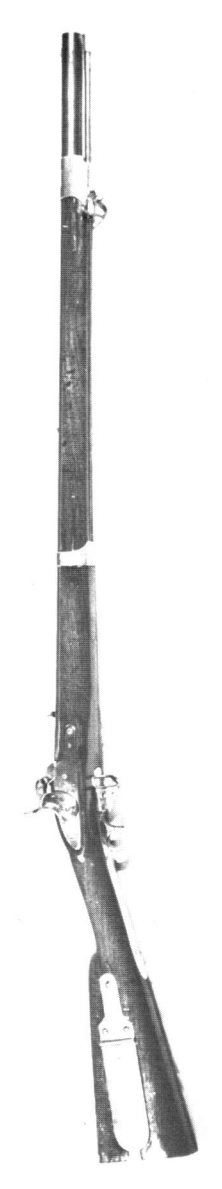

66. Dänischer Militär-Hinterlader. 20er Bohrung, Lauflänge 47 cm. Mit Kipplauf, Modell 1841.

67. US-Militärgewehr. Kaliber .54in, Lauflänge 84 cm. Modell 1841. Das Mississippi-Gewehr war für seine hohe Genauigkeit und seine geringe Labilität bekannt.

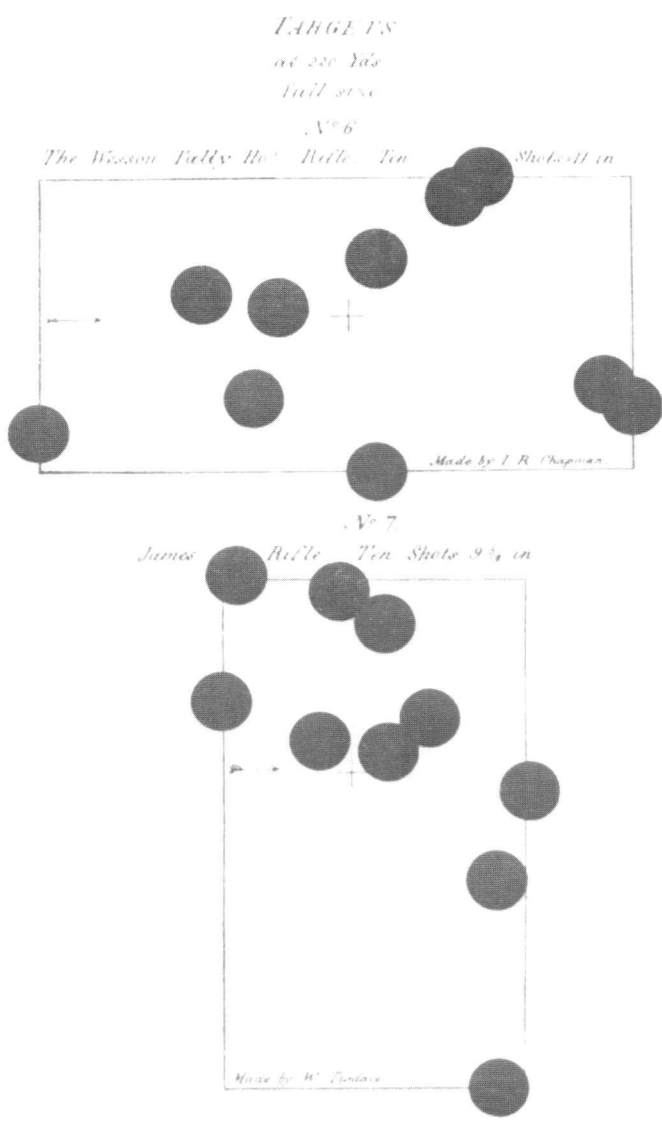

68. Außergewöhnliche Schußbilder, etwa um 1844. Das obere Bild stammt von einem Wesson-Gewehr, das untere von einem James-Gewehr. Bildwiedergabe 1:1.

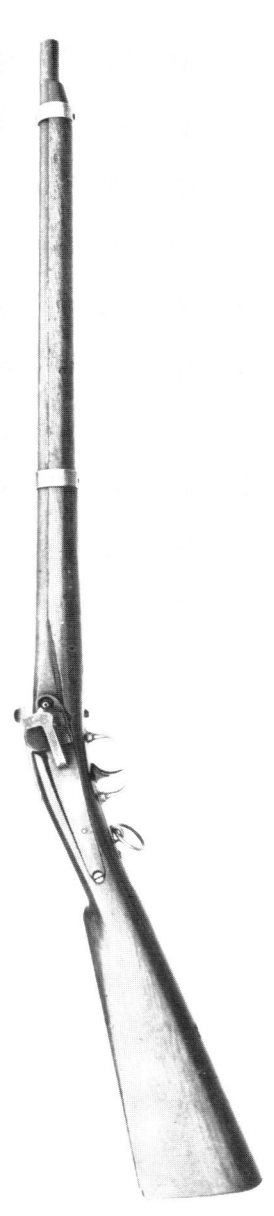

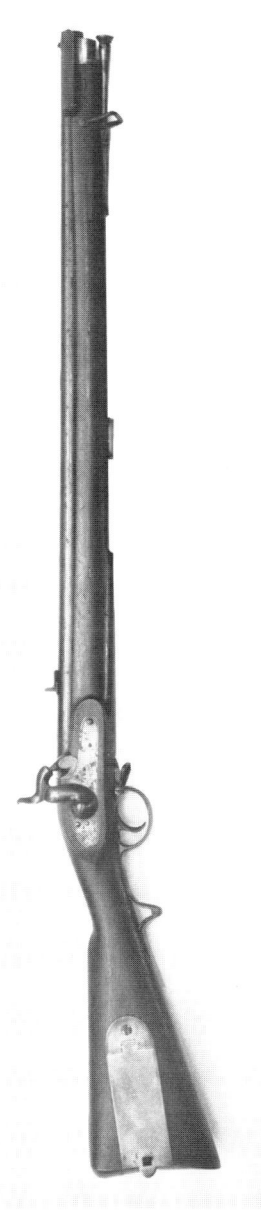

69. Jenks-Karabiner. Kaliber .52in, Lauflänge
61 cm. Modell 1844. Hergestellt von Remington, das erste Gewehr mit Stahllauf.

70. Brunswick-Gewehr. Kaliber .704in, Lauflänge 76 cm. Ca. 1845. Bekannt wegen seines starken Rückstoßes und Schwierigkeiten
beim Laden.

142

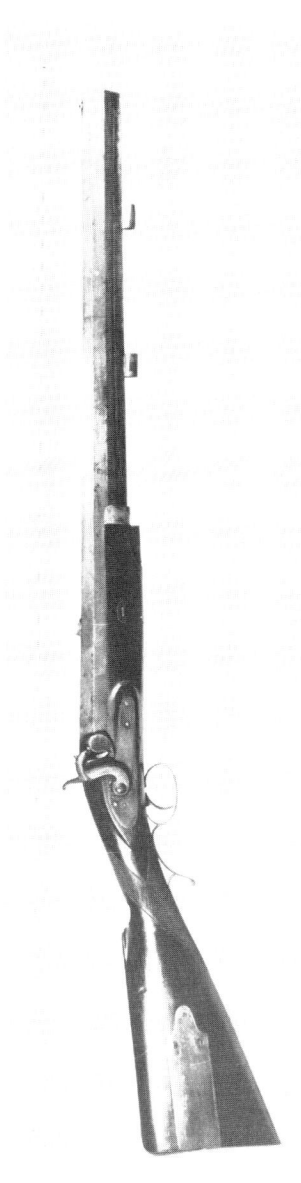

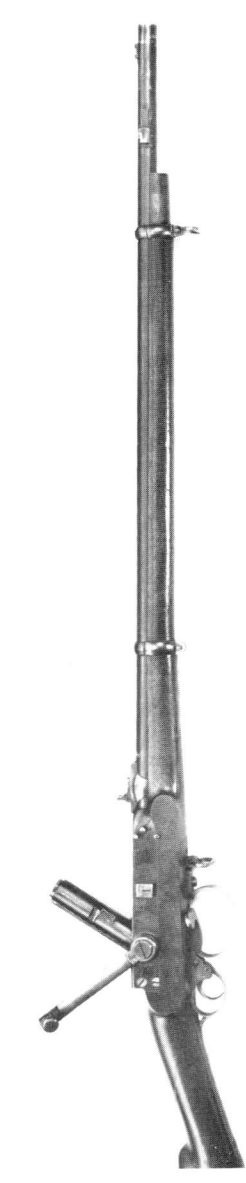

71. Vorderlader-Elefantengewehr. Von Hollis, London. 4er Bohrung, Lauflänge 76 cm. Ca. 1845. Ein typisches schweres Gewehr für die Verwendung in Afrika.

72. Larsen-Gewehr. 20er Eohrung, Lauflänge 84 cm. Ca. 1845. Ein weiterer Kammer-Hinterlader aus norwegischen Fabriken.

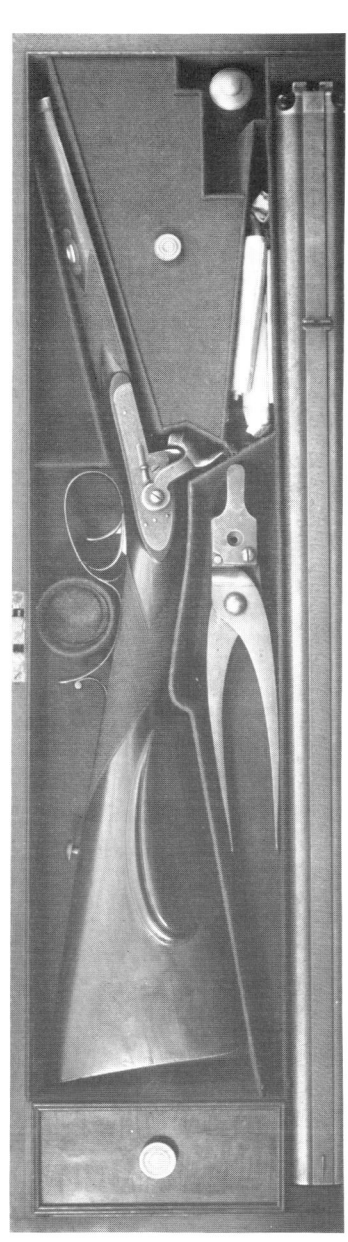
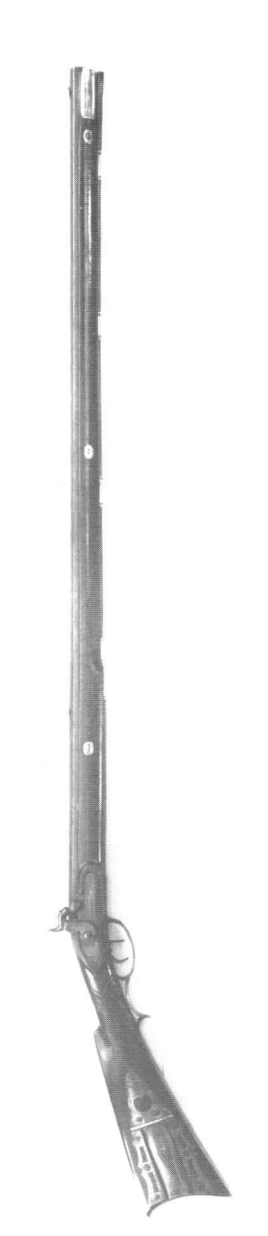
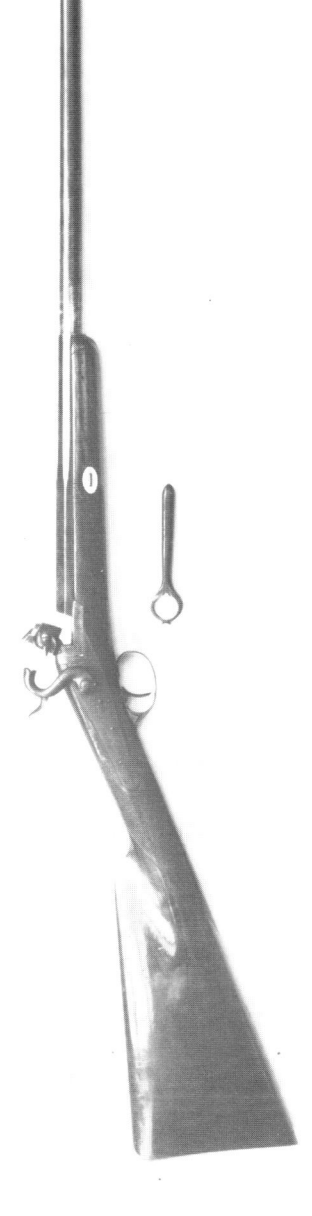

73. Doppelbüchse von James Purdy, London. Kaliber 16, Lauflänge 73$^1/_2$ cm. Ca. 1845. Komplett mit Kasten.

74. Kentucky-Gewehr von H. Gibbs, Lancester, Pennsylvania. Kaliber .45in, Lauflänge 109 cm, sieben Züge. Ca. 1845. Stecherabzug.

75. Williams & Powell Zündhütchen-Hinterlader. Kaliber .5in, Lauflänge 84 cm. Ca. 1845. Norwegischer Typ.

144

76. Zündnadel-Gewehr bezeichnet mit J. C. Stark, Torquay. Kaliber .4in, Lauflänge 71 cm. Ca. 1850. Ein leichtes Gewehr zum Schießen von Hasen und Krähen (oben).

77. Schweizer Bundesgewehr. Kaliber .40in, Lauflänge 84 cm. Ca. 1850. Man beachte das Diopter-Visier.

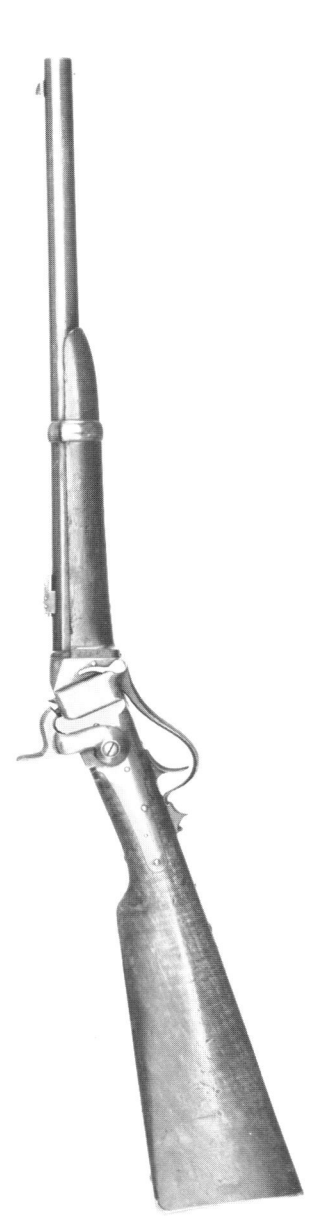

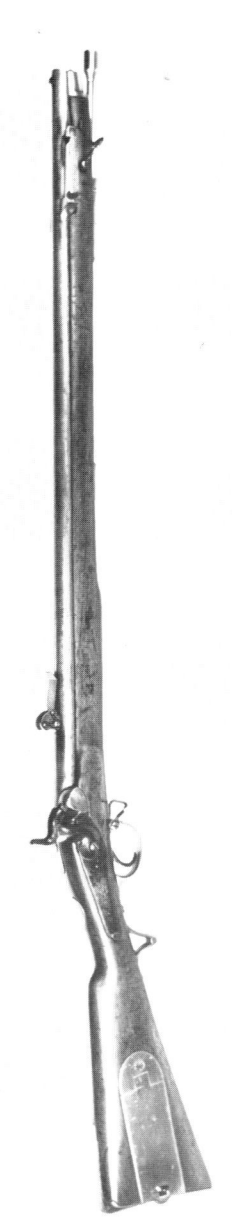

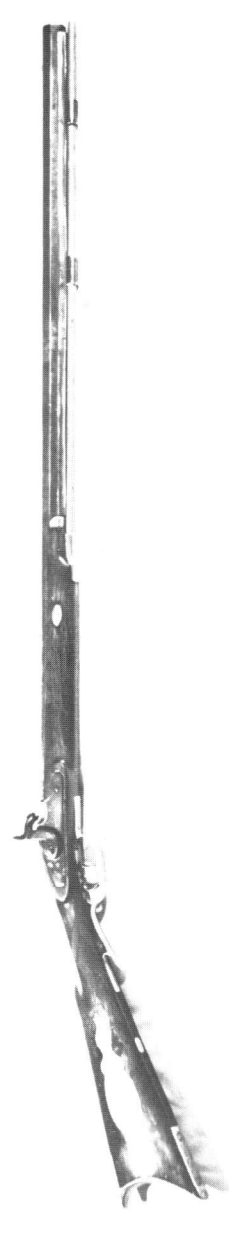

78. Sharps-Karabiner. Kaliber .54in, Lauflänge 56 cm. Ca. 1855.

79. Russisches Gewehr (M 51). Kaliber .702in, Lauflänge 76 cm. Ca. 1850. Brunswick-Gewehr, welches mit verlängertem Geschoß benutzt wurde. Im Krimkrieg verwendet.

80. Prärie-Gewehr von H. E. Leman von Lancester, Pa. Kaliber .54in, Lauflänge 91¹/₂ cm. Ca. 1850. Wahrscheinlich als Geschenk an Indianer-Häuptlinge gedacht

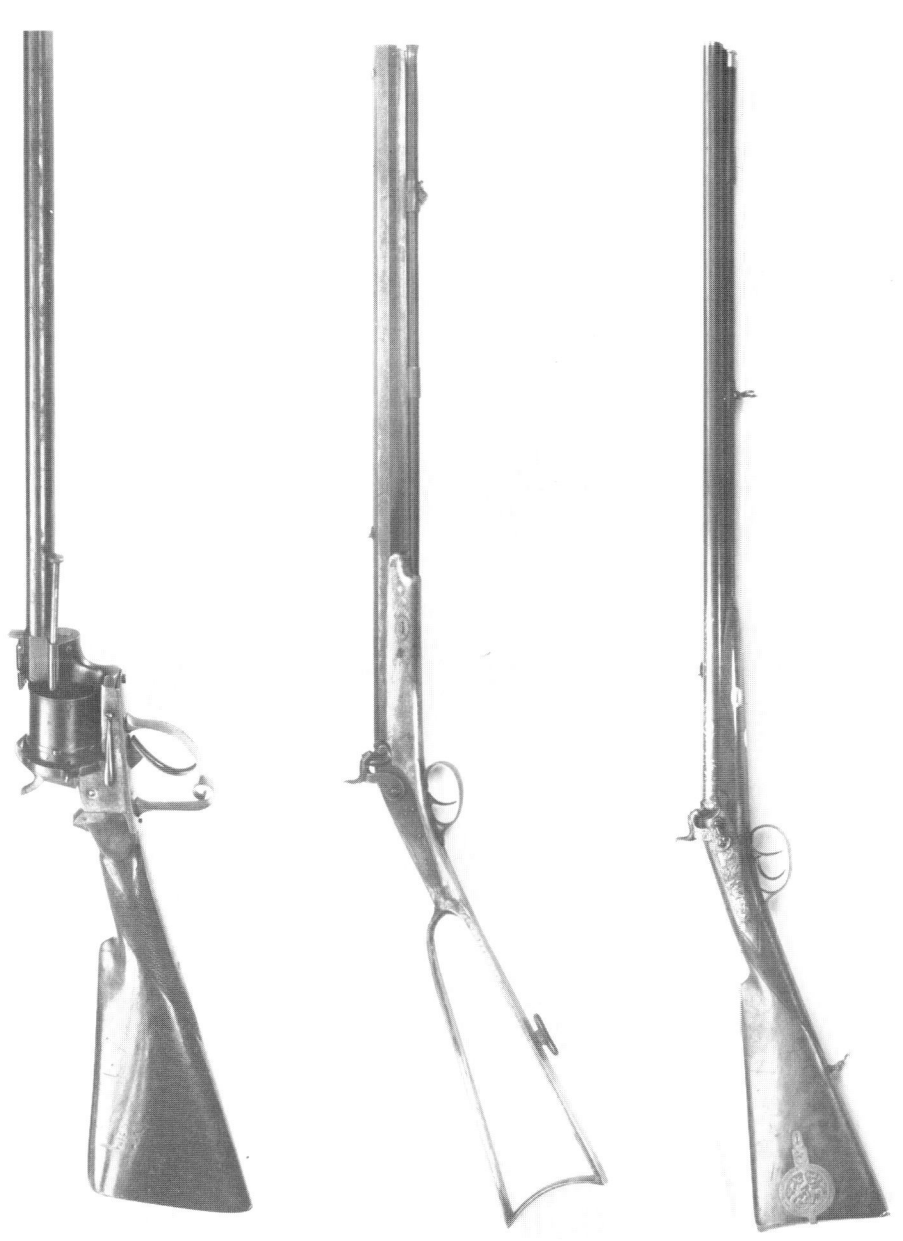

81. Revolver-Gewehr von Lefauxcheux, Paris. Kaliber 11 mm, Lauflänge 61 cm. Ca. 1850. Die schwache Konstruktion war für die geringe Verbreitung dieser Waffe verantwortlich.

82. Perkussions-Gewehr von J. Mullin, New York. Kaliber .55in, Lauflänge 61 cm. Ca. 1850. Schloßplatten graviert.

83. Doppelbüchse von C. Crause, Herzburg. Kaliber 16, Lauflänge 79 cm. Ca. 1850. Typisches Jagdgewehr aus der Mitte des 19. Jahrhunderts.

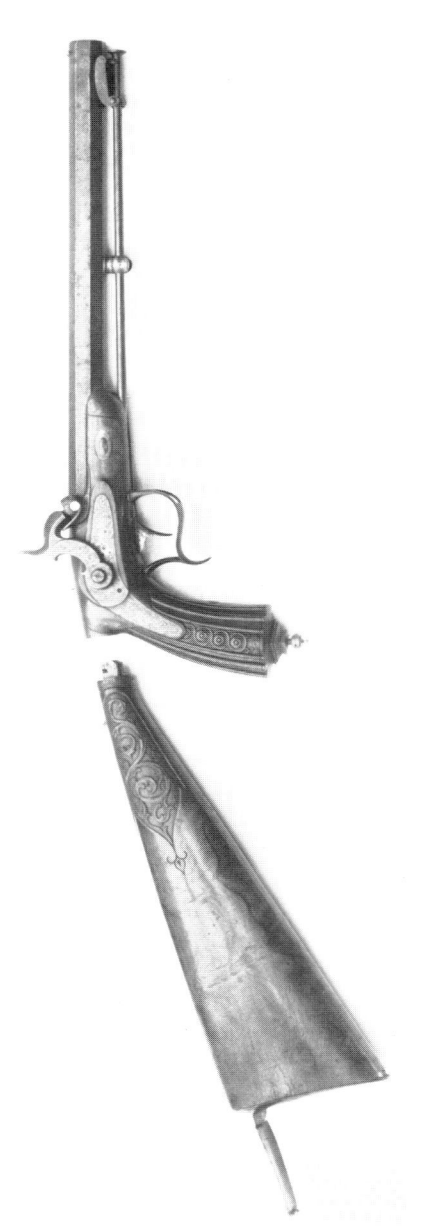

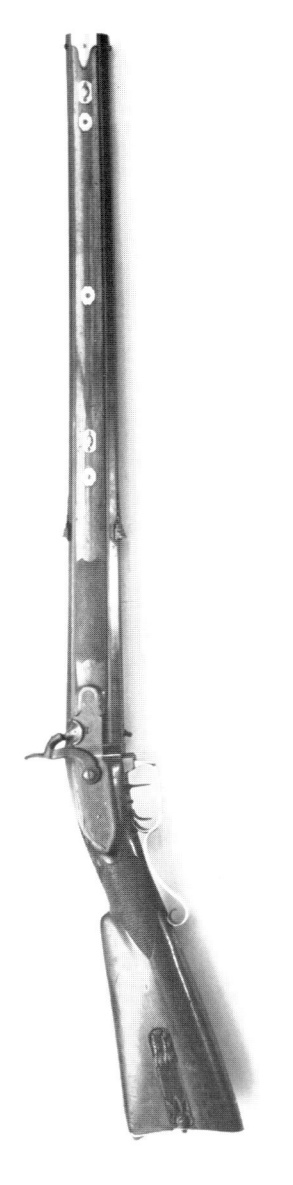

84. Pistolen-Karabiner von Delvigne, Paris.
Kaliber .54in, Lauflänge 33 cm, neun Züge.
Ca. 1850. Eine Verteidigungswaffe für Rei-
sende.

85. Gewehr mit übereinanderliegenden Läu-
fen von M. Brummer, München. Kaliber 30,
Lauflänge $73^1/_2$ cm. Ca. 1850. Wurde zum
Übungsschießen verwendet.

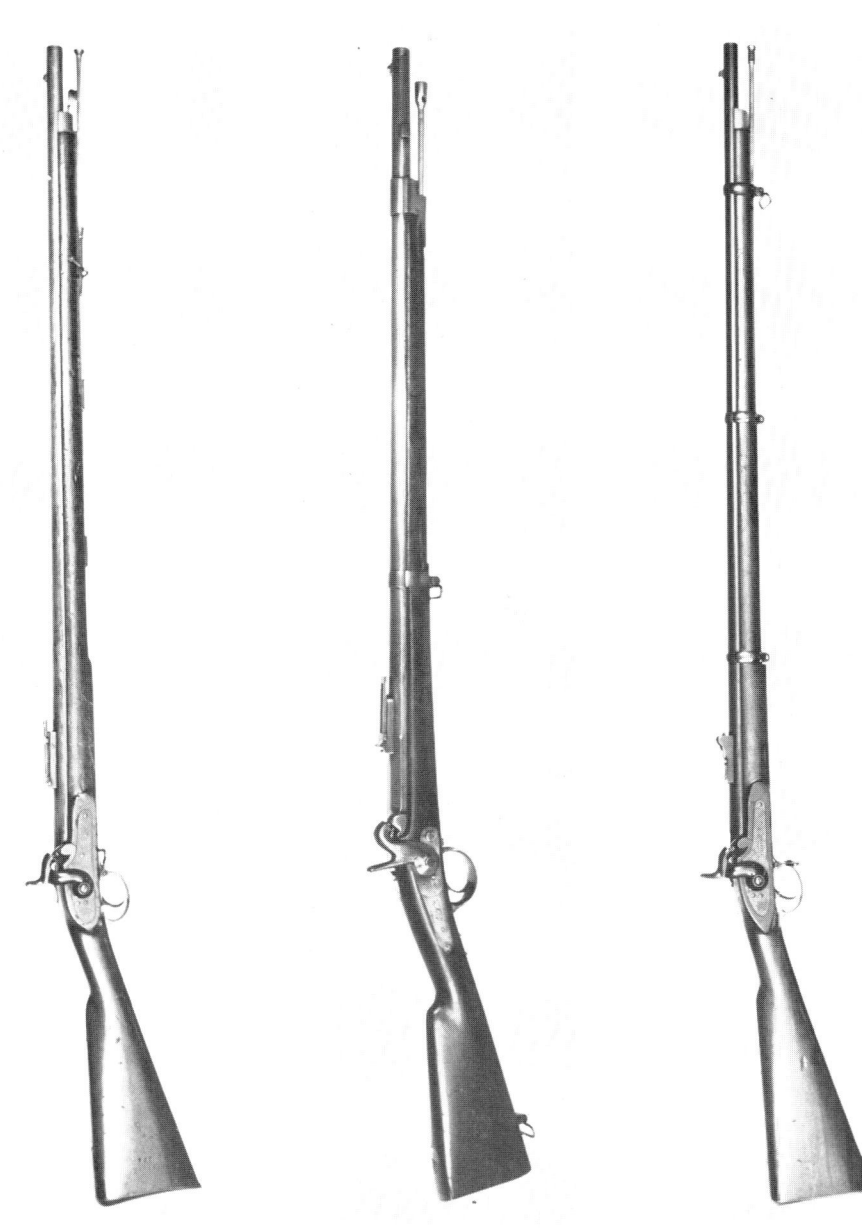

86. Das Minié-Gewehr, Modell 1851. Kaliber .702in, Lauflänge 99 cm. Das erste englische Militärgewehr, welches konische Geschosse verwendete.

87. Karabiner a Tige, Modell 1853. Kaliber .69in, Lauflänge 99 cm. Bekannt für starken Rückstoß.

88. Enfield-Gewehr, Modell 1853. Kaliber .577in, Lauflänge 99 cm. Die beste unter den gezogenen Musketen.

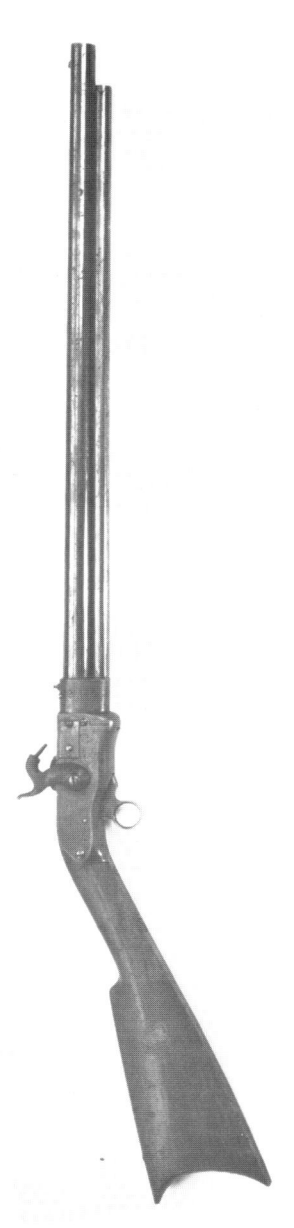

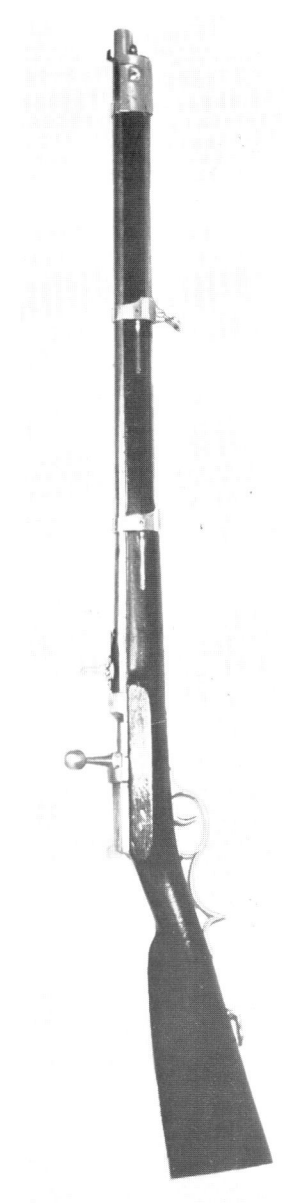

89. Jennings-Zündpillen-Repetiergewehr von Robbins und Lawrence, Windsor, Vermont. Lauflänge 62 cm. Ca. 1853. Vorgänger des Winchester-Gewehrs.

90. Dreyse-Zündnadelgewehr. Modell 1854. Lauflänge 81 cm. Das erste Militärgewehr mit Zylinderverschluß.

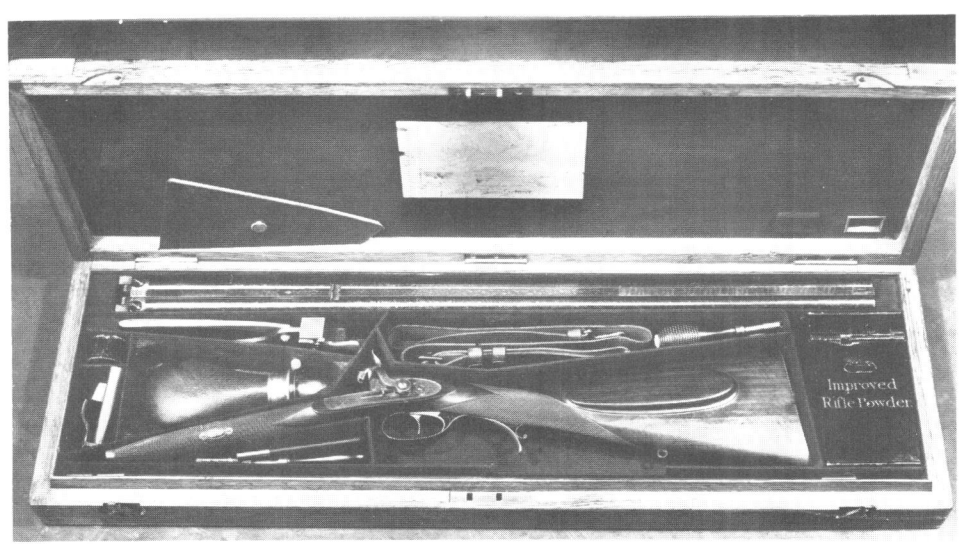

91. Einzelheiten des Zündnadelgewehrs. (oben).

92. Perkussions-Sportgewehr von James Purdy, London. Kaliber .4C0in, zwei Züge. Ca. 1845. Komplett mit Kugelzange und Zubehör.

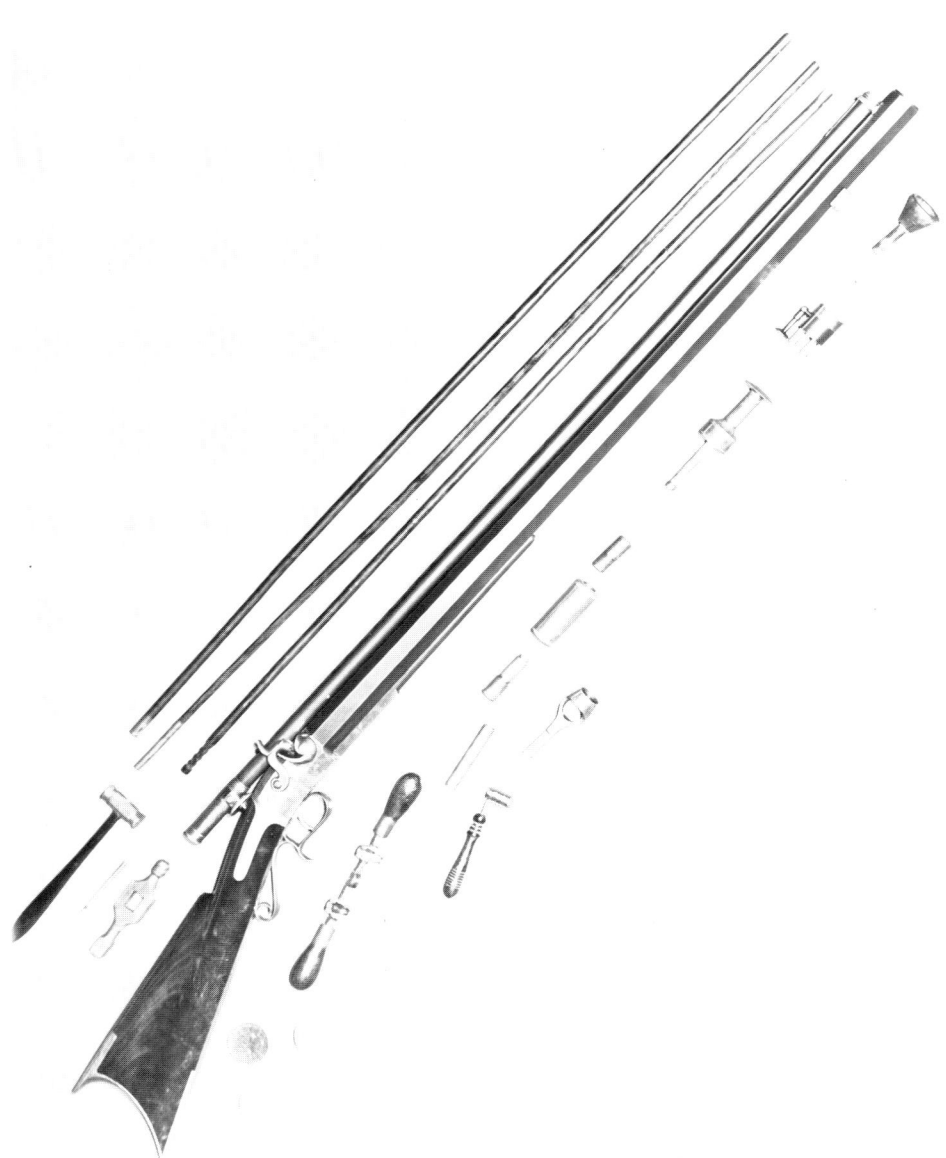

93. Vorderlader-Scheibenbüchse von Morgan James aus Utica. Kaliber .45in, Lauflänge 84 cm. Ca. 1855. Dieses Gewehr steht in dem Ruf, das im Text beschriebene Trefferbild erzielt zu haben. Man beachte das Zubehör.

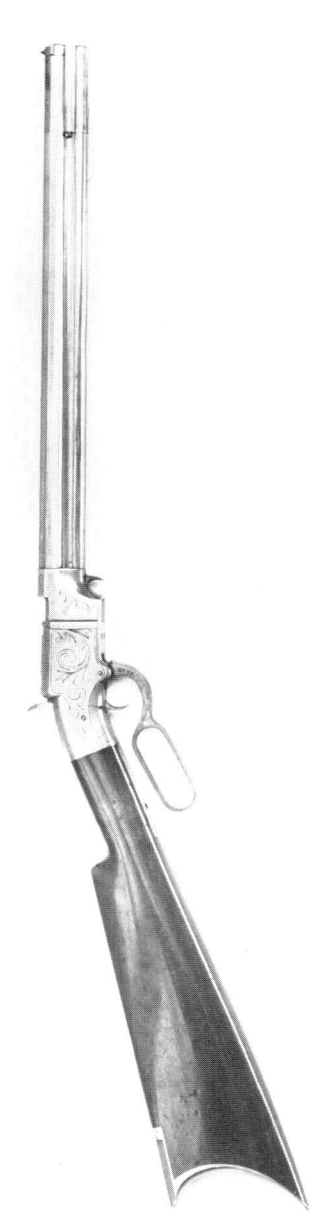

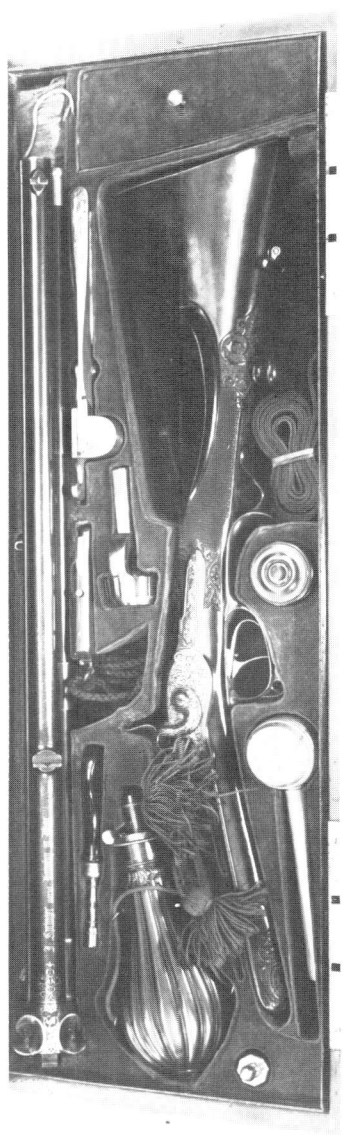

94. Volcanic-Karabiner, bezeichnet mit „Volcanic Repeating Arms Co." Kaliber .38in, Lauflänge 42 cm. Ca. 1855. Man beachte die Ähnlichkeit mit dem Henry-Gewehr.

95. Bockbüchse von J. Sprinçer, Wien. Oberer Lauf 25er Kaliber Kugel, unterer Lauf 21er Schrotlauf. Lauflänge 60 cm. Ca. 1855. Komplett im Kasten.

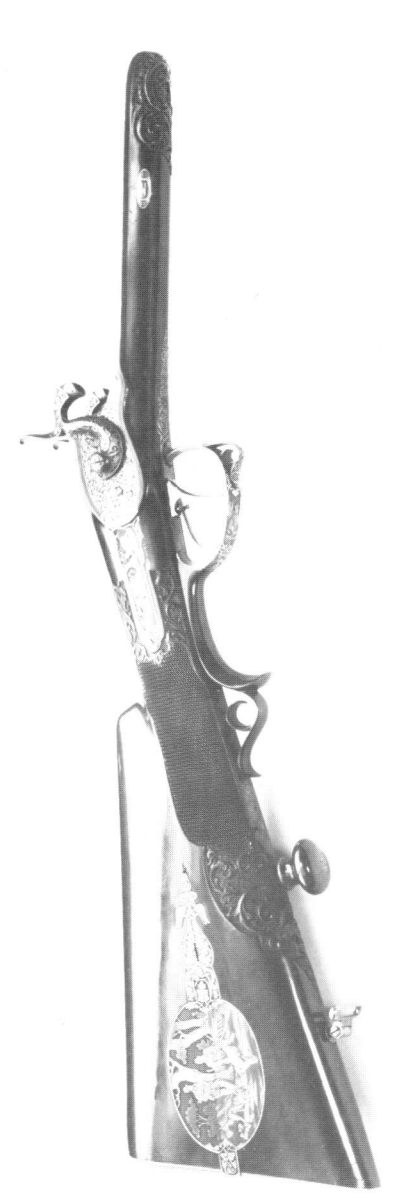

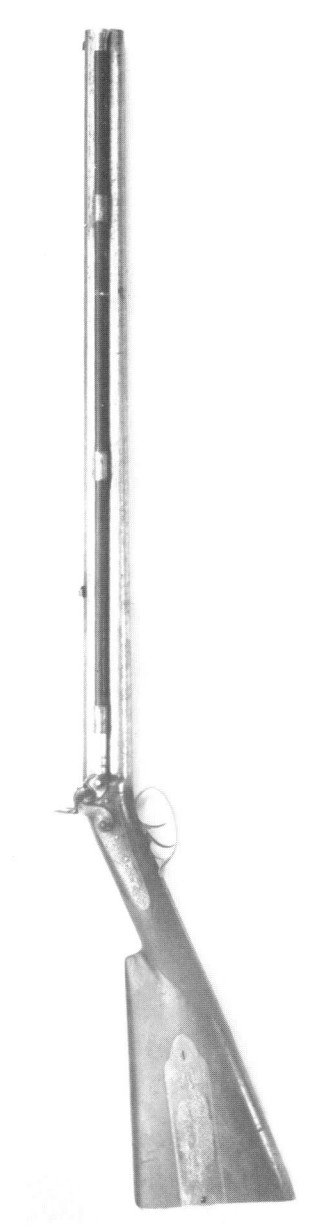

96. Einzelheiten des Springer-Gewehrs. Man beachte die Verzierungen im mitteleuropäischen Stil.

97. Bockdoppelbüchse von Rigby, Dublin. Oberer Lauf 38er Kaliber, gezogen, unterer Lauf 14er Kaliber glatt. Lauflänge 76 cm. Ca. 1855. Eine ungewöhnliche englische Sportwaffe.

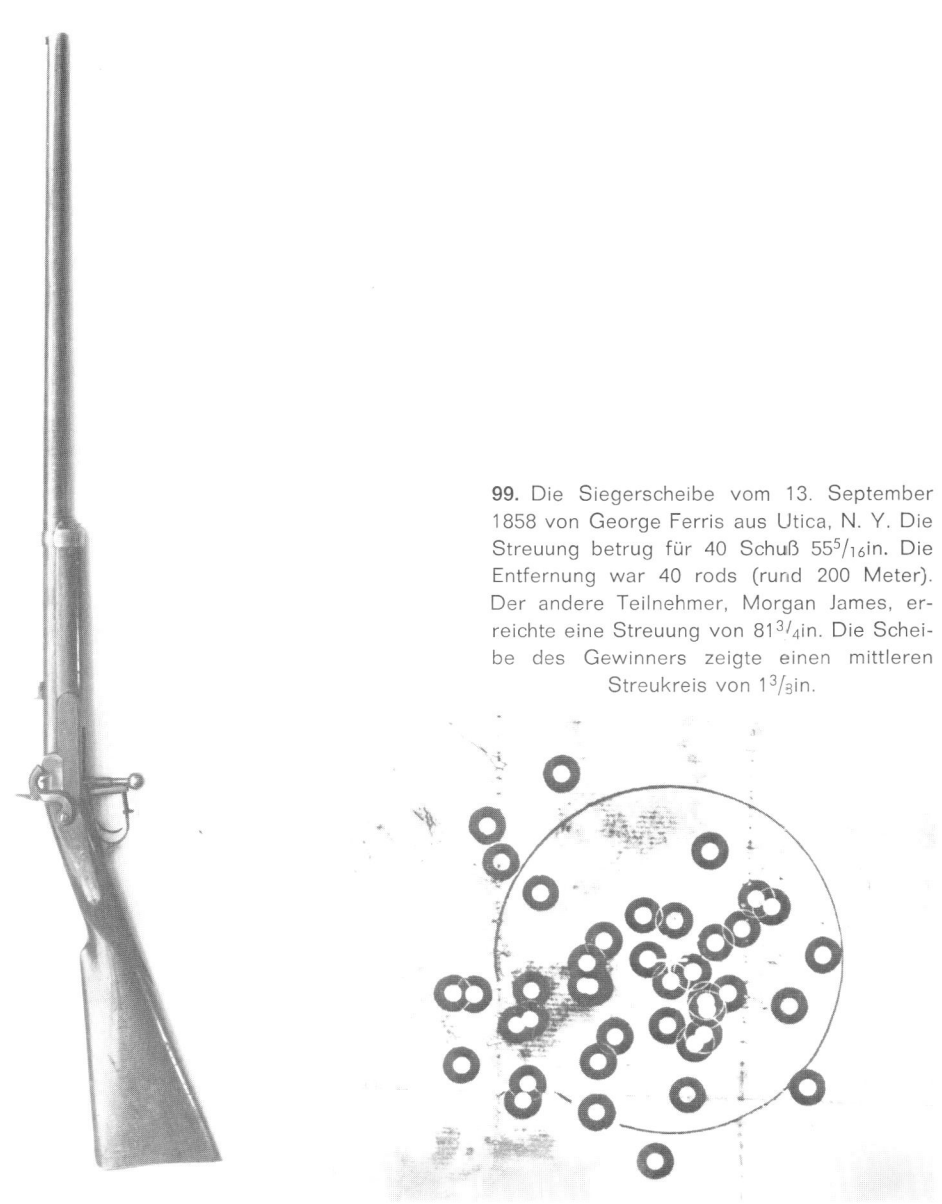

99. Die Siegerscheibe vom 13. September 1858 von George Ferris aus Utica, N. Y. Die Streuung betrug für 40 Schuß 55⁵/₁₆in. Die Entfernung war 40 rods (rund 200 Meter). Der andere Teilnehmer, Morgan James, erreichte eine Streuung von 81³/₄in. Die Scheibe des Gewinners zeigte einen mittleren Streukreis von 1³/₈in.

98. Zündhütchen-Hinterlader. Kaliber .577in, Lauflänge 79 cm. Ca. 1858. Patent „Prince". Obwohl bei Versuchen erfolgreich, wurde es bei der Armee nie eingeführt.

100. Green-Karabiner. Kaliber .55in, Lauflänge 46 cm. Ca. 1858. Bei englischen Tests der erfolgreichste amerikanische Karabiner.

101. Leech-Karabiner. Kaliber .577in, Lauflänge 46 cm. Ca. 1858. Einer der letzten Kammer-Hinterlader.

102. Terry-Karabiner. Kaliber .577in, Lauflänge 71 cm. Ca. 1858.

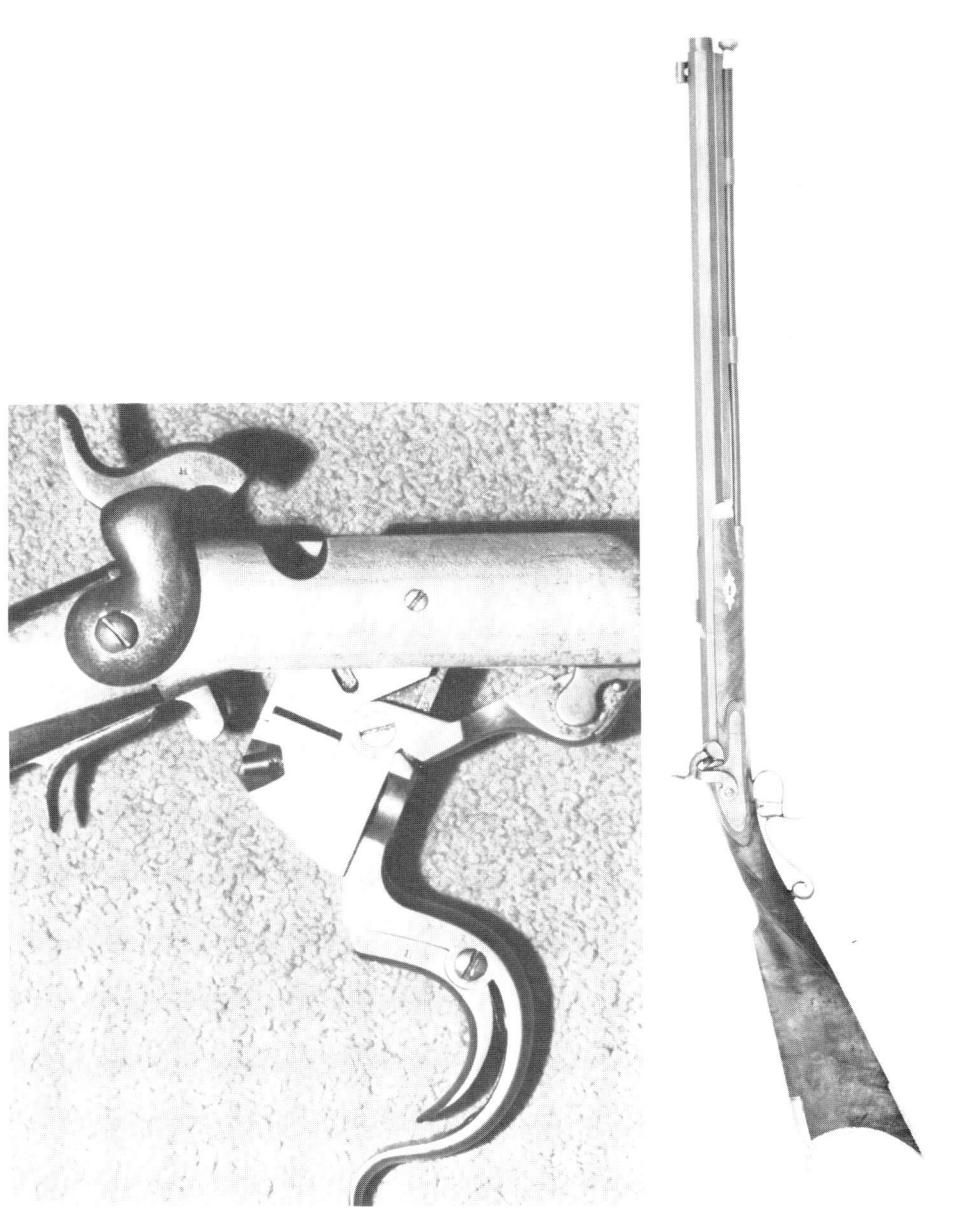

103. Burnside-Karabiner. Kaliber .54in. Ca. 1858. Über 50.000 dieser Waffen wurden im Bürgerkrieg verwendet.

104. Kanadisches Sportgewehr von P. Soper aus London. C. W. 50er Kaliber, Lauflänge 71 cm. Ca. 1860.

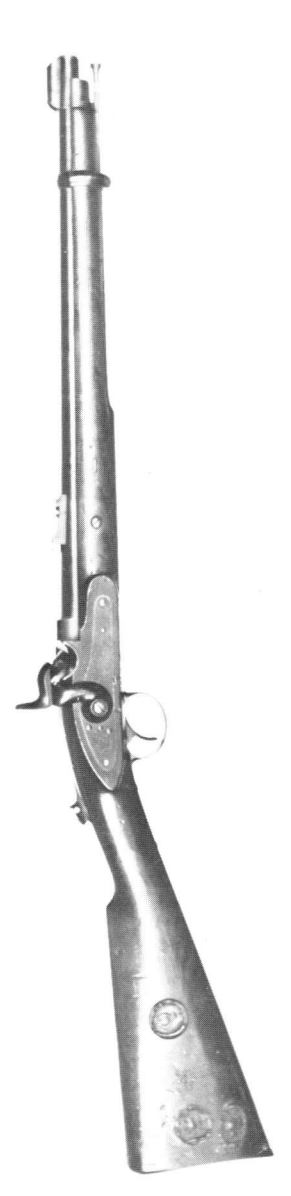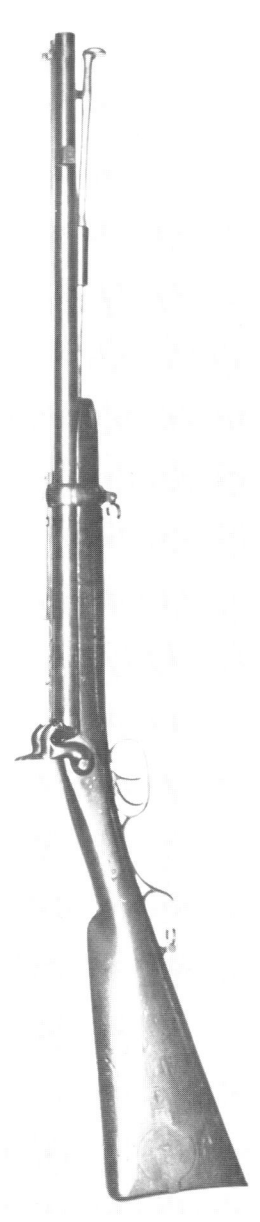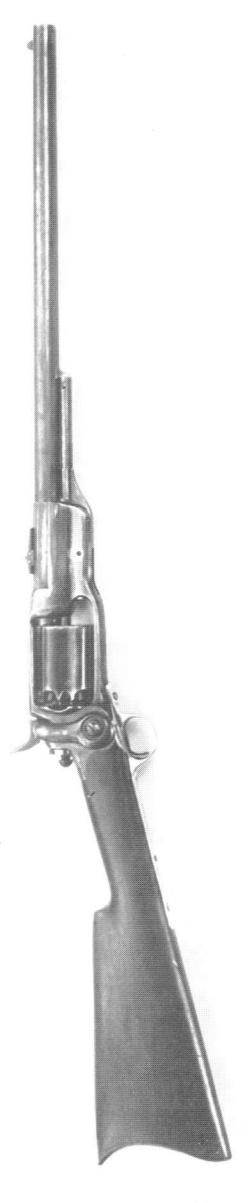

105. Westley Richards-Karabiner. Modell 1860. Der berühmte „monkey tail"-Hinterlader. (Monkey tail = Affenschwanz).

106. Jakobs-Militärgewehr. Kaliber .577in, Lauflänge 61 cm. Ca. 1860. Das letzte doppelläufige Modell der Jakobs-Gewehre.

107. 5schüssiger Colt-Revolverkarabiner. .44in Kaliber, Lauflänge 61 cm. Ca. 1860. Hergestellt in Hartford. Dieser Typ wurde im Bürgerkrieg verwendet.

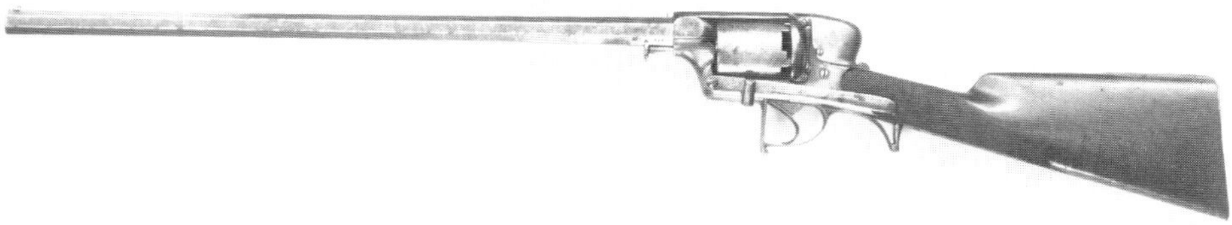

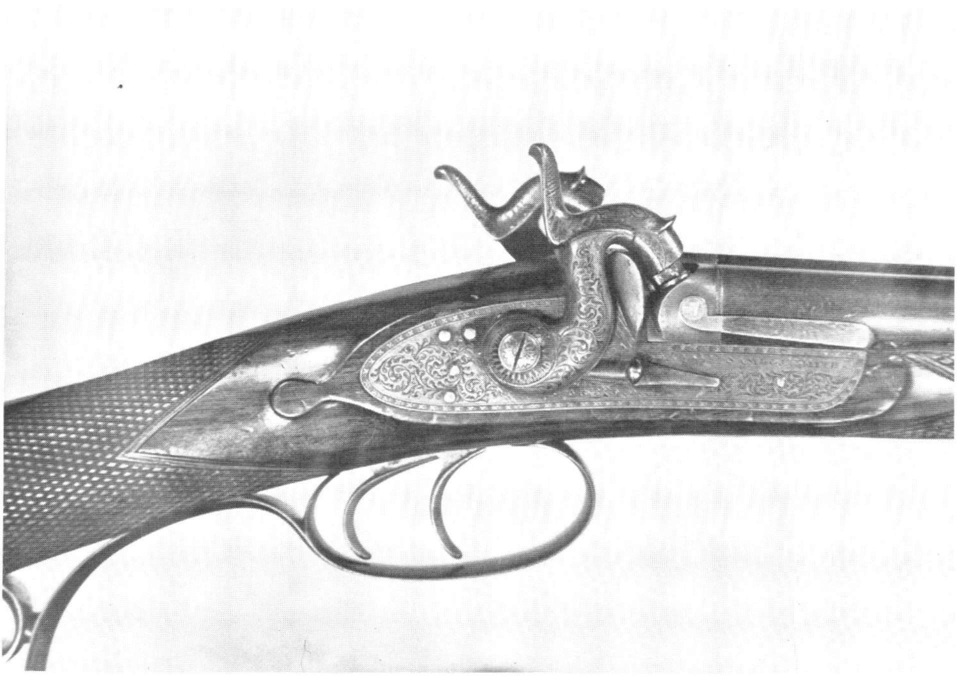

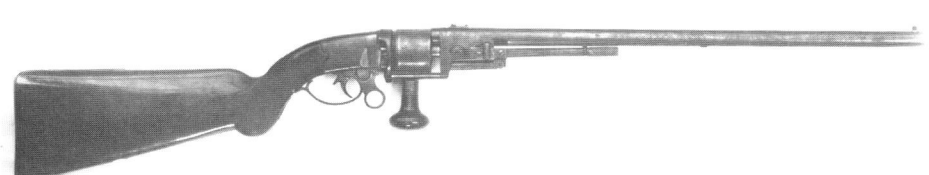

108. Revolvergewehr von Deane, Adams & Deane, London. Kaliber .44in, Lauflänge 51 cm. Ca. 1860. Über dem Hahn eine abnehmbare Hülle. Ladeöffnung rechts (oben).

109. Vorderlader von S. Smith, London. Gewehrlauf 90er Bohrung, Schrotlauf 60er Bohrung. Lauflänge 71 cm. Ca. 1860. Ein leichtes Gewehr (Mitte).

110. Harvey's-Patent-Revolvergewehr. 6-schüssig, 24 er Bohrung, Lauflänge 61 cm. Ca. 1860. Man beachte den Handgriff zum Schutz bei Mehrfach-Zündung (unten).

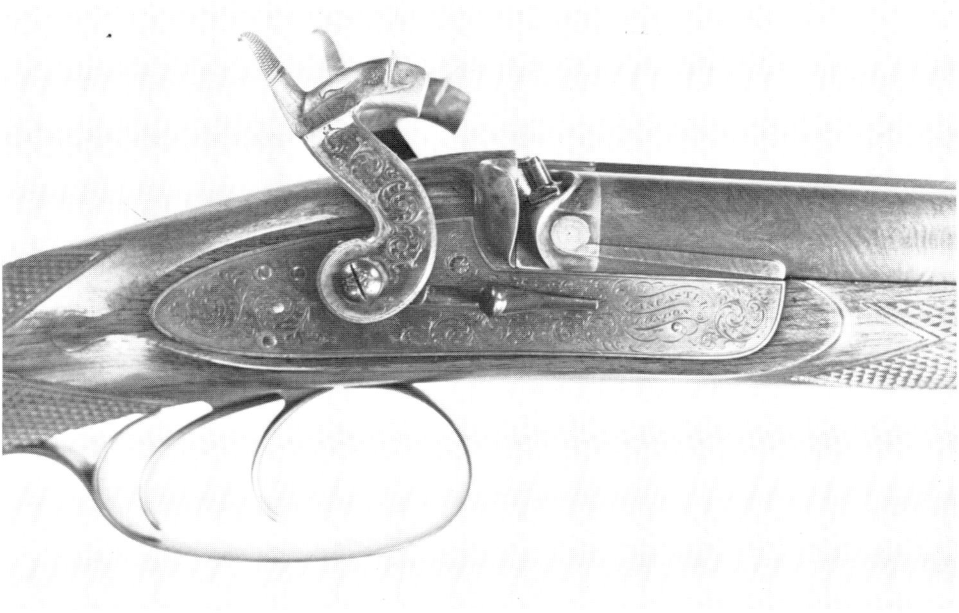

111. Englisches Sportgewehr von Charles Lancaster, London. Kaliber .54in, Lauflänge 71 cm. Ca. 1860. Eine doppelläufige Waffe mit ovaler Bohrung für die Rotwildjagd (oben).

112. Gezogener Pistolen-Karabiner, mit „Tower" bezeichnet. Kaliber .577in, Lauflänge 25,5 cm. Ca. 1860. Ein Versuch, die Vorzüge einer Pistole mit denen eines Karabiners zu vereinigen.

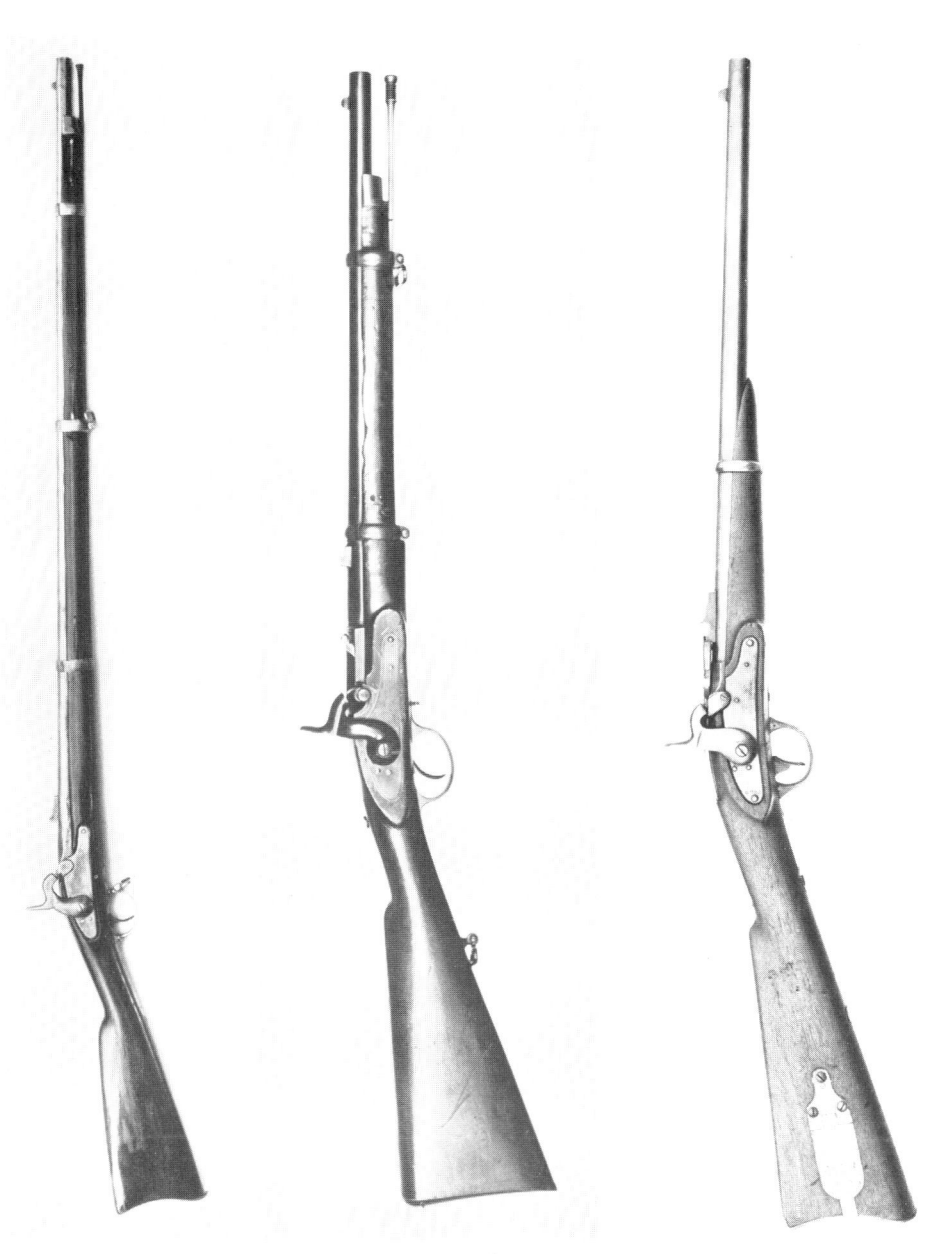

113. Amerikanisches Militärgewehr von Springfield Armoury. Kaliber .58in. Lauflänge 99 cm. Ca. 1861. Die Hauptwaffe der Unionsstreitkräfte im amerikanischen Bürgerkrieg.

114. Mont Storm-Karabiner. Kaliber .577in, Lauflänge 56 cm. Ca. 1862. Spätere Modelle verwendeten Metall-Patronen.

115. Merril-Karabiner von Merrill, Thomas & Co., Baltimore Md. Kaliber .56in, Lauflänge 53,5 cm. Ca. 1862. Eine Modifikation des Janks-Karabiners zur Verwendung von Papierpatronen.

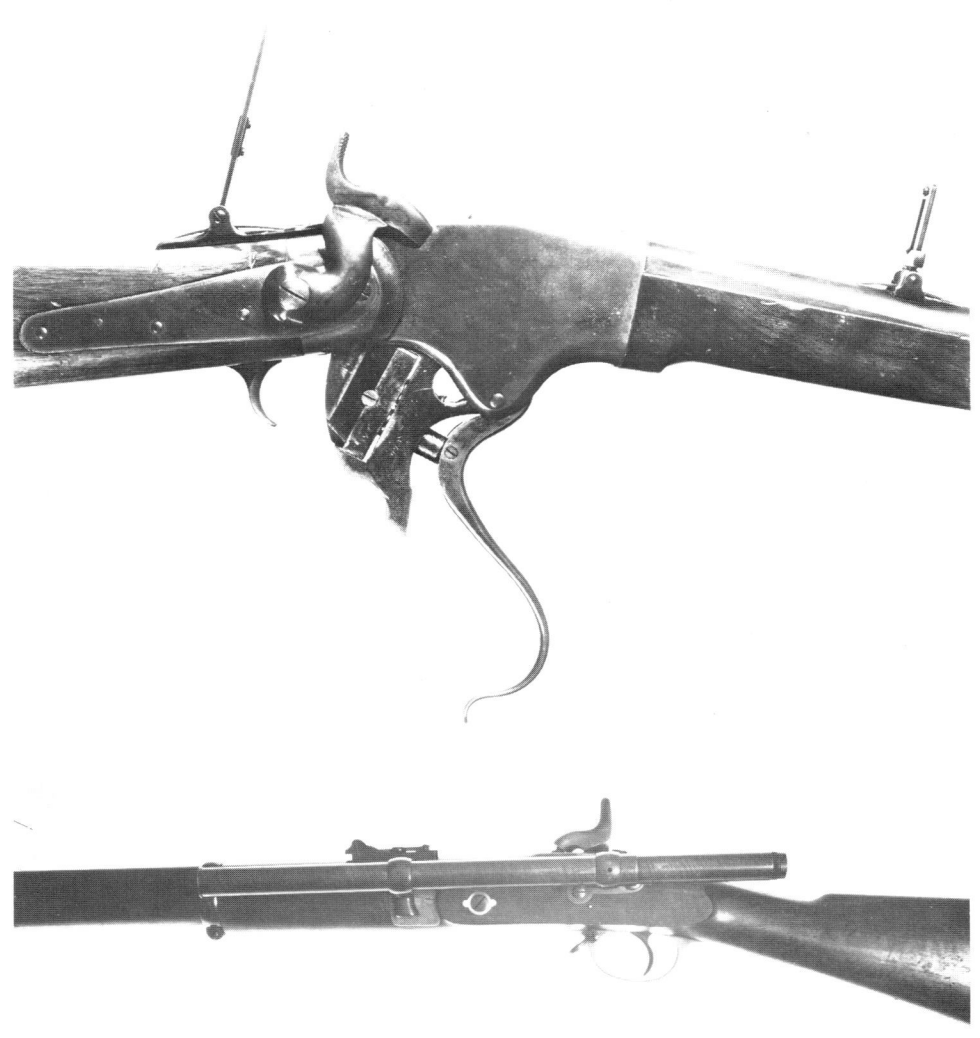

116. Einzelheit des Spencer-Repetiergewehrs. Kaliber .56in Randfeuer. Ca. 1862. Die im amerikanischen Bürgerkrieg am häufigsten verwendete Repetierwaffe. Die Waffe hat einen 76 cm langen Lauf (oben).

117. Whitworth Sniper-(Scharfschützen)-Gewehr. Kaliber .45in, Lauflänge 84 cm. Ca. 1862. Von der konföderierten Armee in Amerika mit viel Erfolg verwendet.

118. Militärisches Präsentiergewehr von Whitworth in Manchester. Kaliber .45in, Lauflänge 84 cm. Ca. 1862. Diese Waffe wurde als Preis bei Freiwilligen-Wettschießen verteilt.

119. Henry-Repetiergewehr. Kaliber .44 Randfeuer, Lauflänge 61 cm. Ca. 1863. Eine Verbesserung des Volcanic-Gewehrs. In kleinen Stückzahlen von der Unionsarmee im amerikanischen Bürgerkrieg verwendet.

120. US-Militärgewehr von Remington Arms Co. Kaliber .58in, Lauflänge 84 cm. Ca. 1863. Diese als Zuave-Gewehr bekannte Waffe war das amerikanische Gegenstück zu der kurzen Enfield.

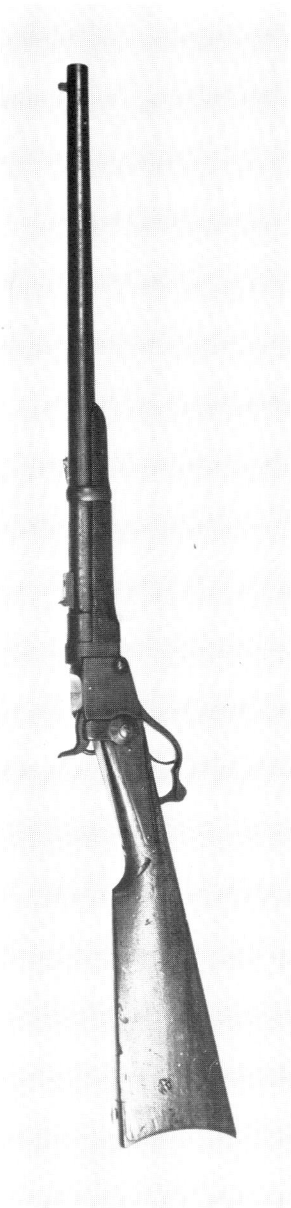

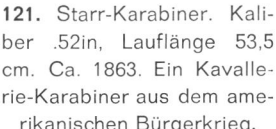
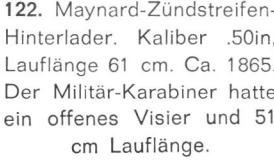
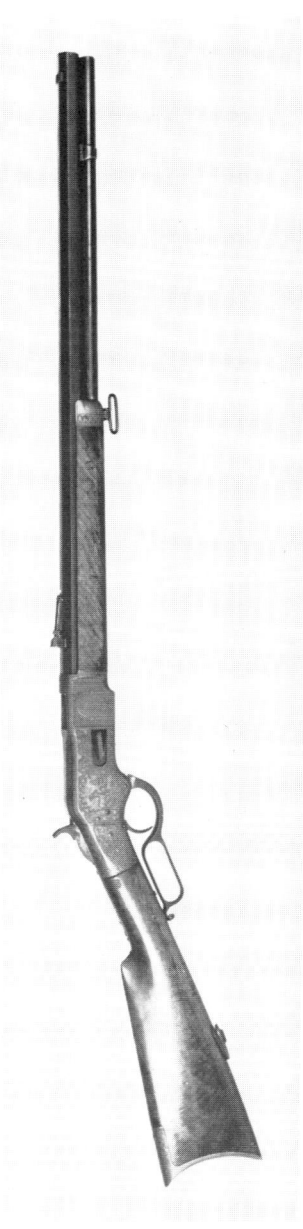

121. Starr-Karabiner. Kaliber .52in, Lauflänge 53,5 cm. Ca. 1863. Ein Kavallerie-Karabiner aus dem amerikanischen Bürgerkrieg.

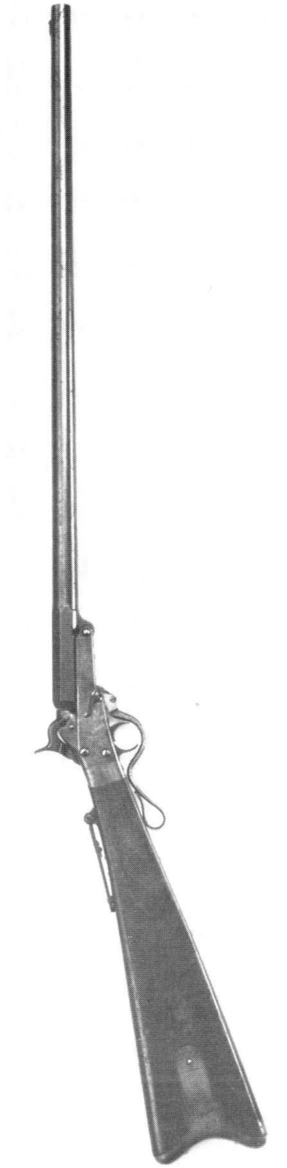

122. Maynard-Zündstreifen-Hinterlader. Kaliber .50in, Lauflänge 61 cm. Ca. 1865. Der Militär-Karabiner hatte ein offenes Visier und 51 cm Lauflänge.

123. Winchester-Gewehr, Modell 1866. Kaliber .44 Randfeuer, Lauflänge 61 cm. Das Modell mit Messingrahmen war als Yellow Boy bekannt. Man beachte die Gravierung.

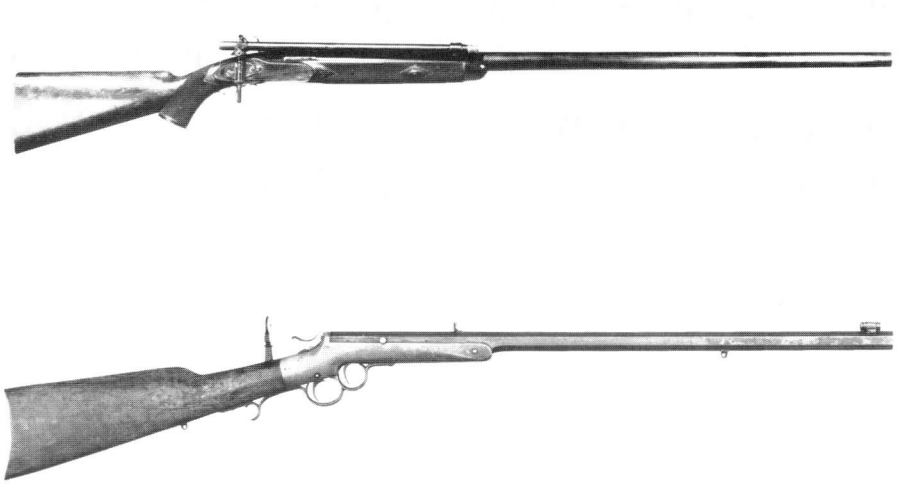

124. Metford-Vorderlader-Scheibengewehr. Von Gibbs aus Bristol. Kaliber .50in, Lauflänge 101,5 cm. Ca. 1866. Es handelt sich um Metfords eigenes Gewehr zum Scheibenschießen auf 2000 yards Entfernung mit 9-fachem Zielfernrohr.

125. Amerikanisches Sportgewehr von F. Wesson. Kaliber .44in Randfeuer, Lauflänge 61 cm. Ca. 1866. Bis auf das Visier gleicht es dem Militärmodell völlig.

126. Wänzl-Gewehr, Modell 1866. Kaiber 14,28 mm, Lauflänge 95 cm. Der Umbau des österreichischen Voderladers.

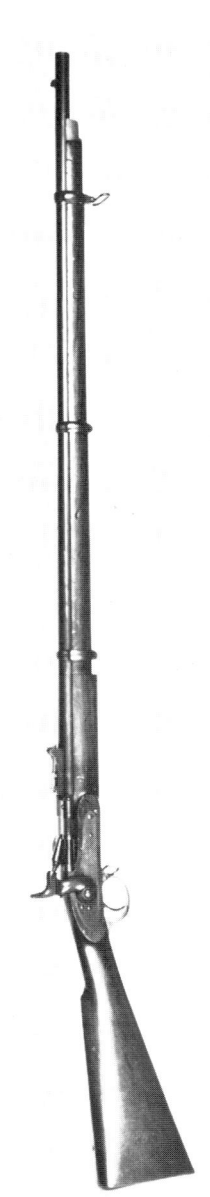

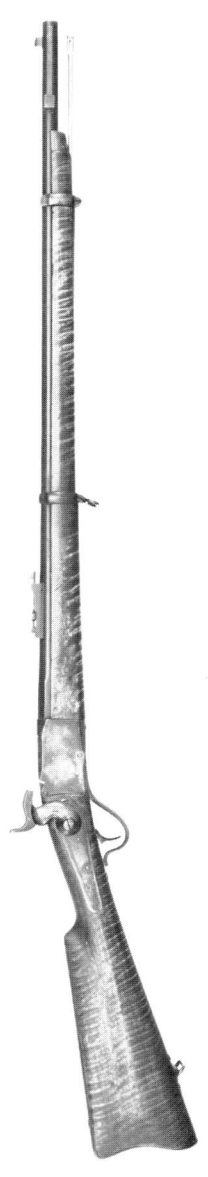

127. Snider-Gewehr, Modell 1866. Kaliber .577in, Lauflänge 99 cm. Dieses Stück hat einen Stahllauf und ist nicht der umgebaute Vorderlader.

128. Türkisches Militärgewehr. Kaliber .43in, Lauflänge 84 cm. Ca. 1868. Patent Peabody. In kleinen Stückzahlen auch in Kanada, der Schweiz und Dänemark verwendet.

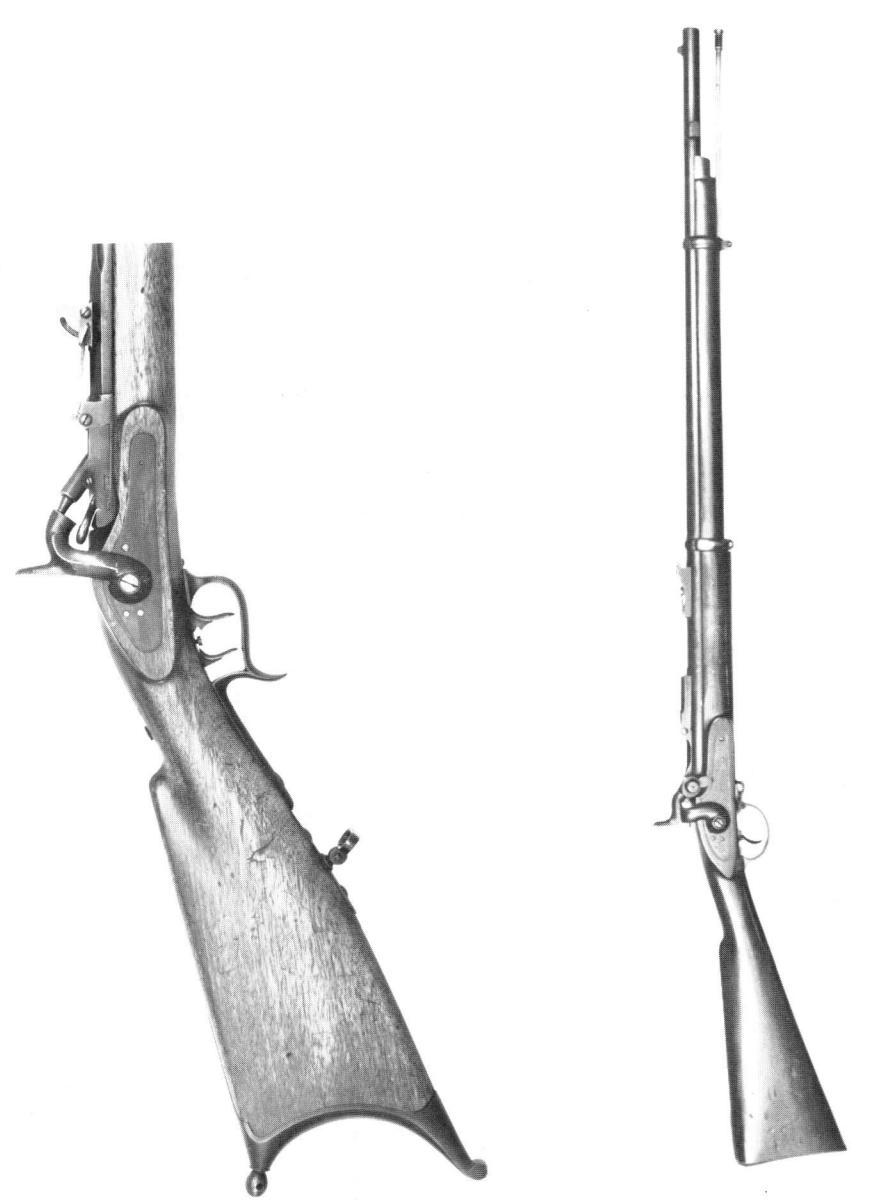

129. Schweizerisches Militärgewehr. Kaliber .41in Randfeuer, Lauflänge 84 cm. Ca. 1886. Ein Umbau des Bundesgewehres, bekannt als „Amsler Millbank".

130. Berdan-Gewehr, Modell 1868, Kaliber .45in, Lauflänge 84 cm. Englisches Versuchsmodell. Die Russen verwendeten dieses Gewehr im Kaliber .42in.

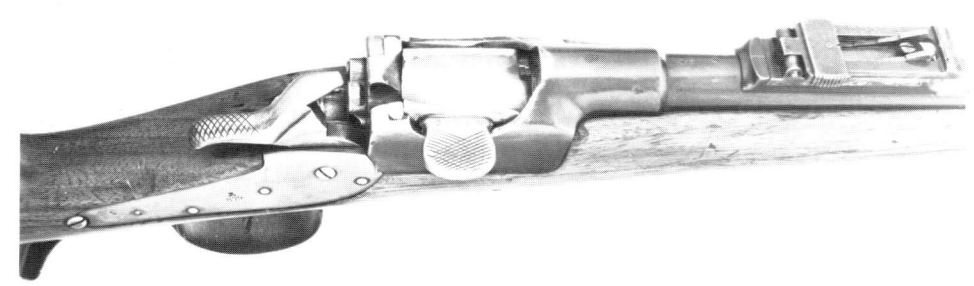

131. Werndl-Gewehr, Modell 1873. Kaliber .433in, Lauflänge 84 cm. Aus politischen Gründen gewählte, **aber erfolglose Waffe** (oben).

132. Werder-Gewehr, Modell 1869. Kaliber 11 mm, Lauflänge 89 cm. Als bayrisches Blitzgewehr bekannt. Ein Nachbau der Peabody. (Mitte).

133. Vetterli-Gewehr, Modell 1869. Kaliber .41 in Randfeuer, Lauflänge 84 cm. Von der Regierung der Schweiz angenommen, aber einige Jahre nicht in Dienst gestellt (unten).

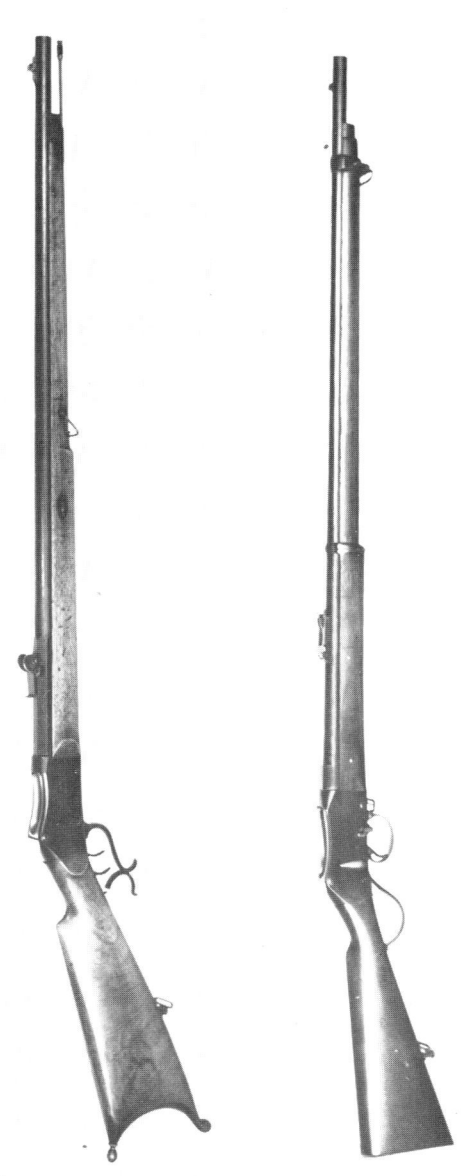

135. Englisches Militärgewehr von der Royal Ordnance Factory, Enfield. Kaliber .45in Zylinderhülse, Lauflänge 84 cm. Ca. 1870. Von diesen Martini-Henry-Gewehren wurden nur wenige Stücke gemacht und bald durch die .577in/.45in mit kurzem Systemkasten ersetzt.

134. Schweizer Martini-Gewehr. Kaliber .41in, Lauflänge 84 cm. Ca. 1870. Für militärisches Scheibenschießen verwendet.

136. Le Mat-Revolvergewehr. Kaliber 11 mm Kugellauf, Schrotlauf Kaliber 16. Der Schrotlauf diente als Drehachse für die Trommel.

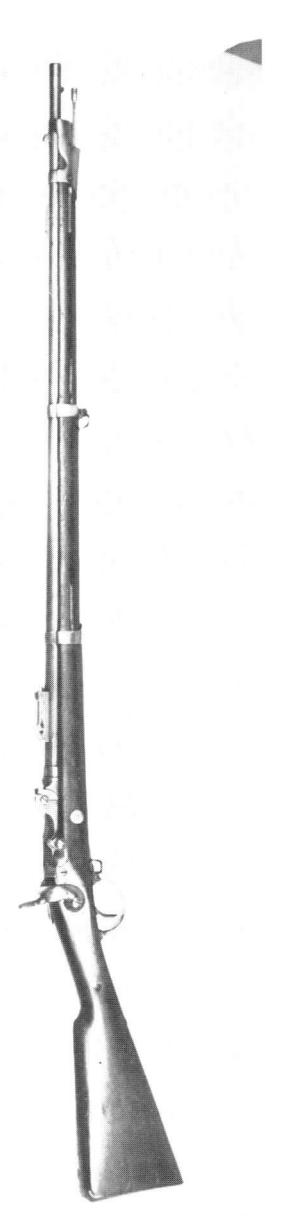

137. Albini-Brändlin-Gewehr. Kaliber 11 mm, Lauflänge 84 cm. Ca. 1870. Von Belgien eingeführt.

138. Britischer Artillerie-Karabiner von der Royal Ordnance Factory, Enfield. Kaliber .577in, Lauflänge 61 cm. Ca. 1870. Das Snider-Gewehr hatte eine Lauflänge von 99 cm.

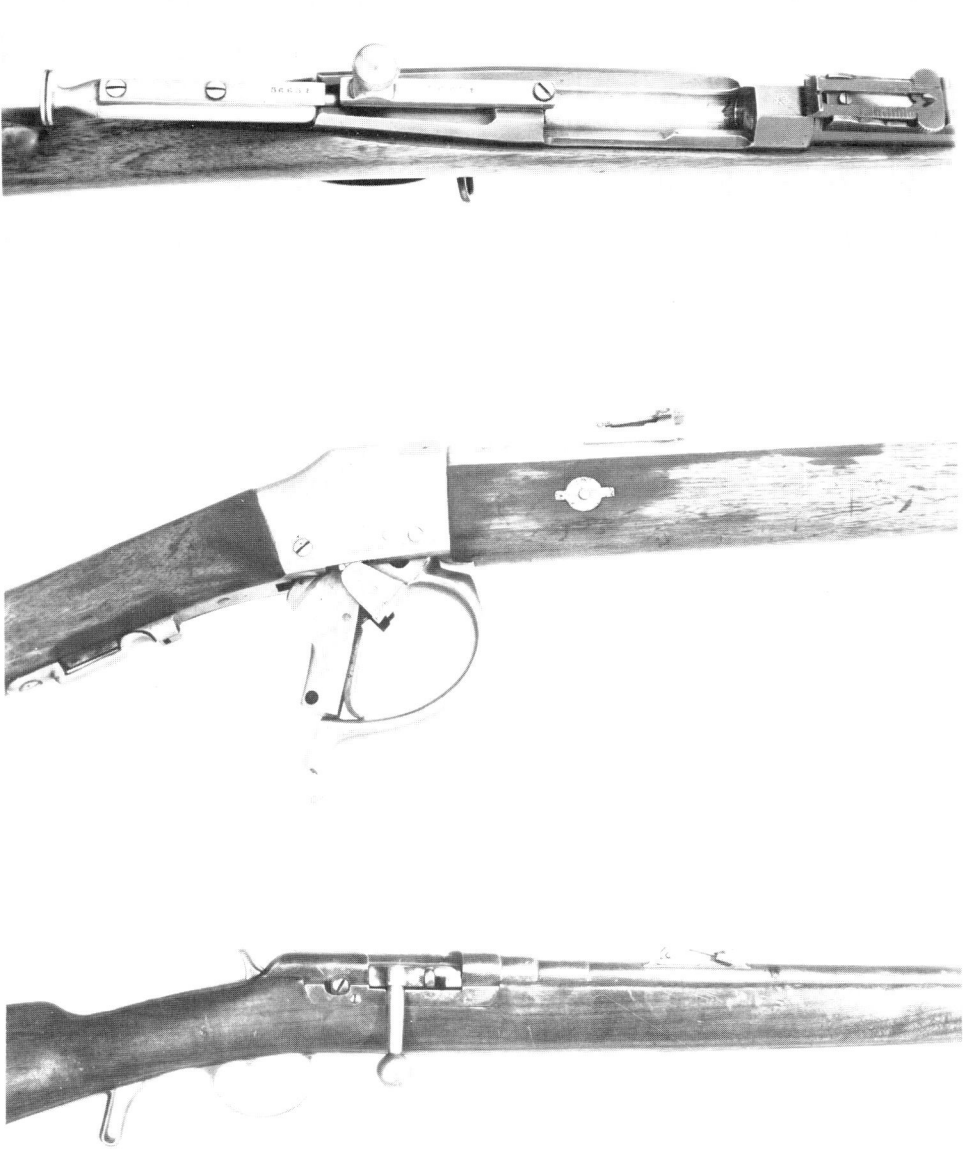

139. Berdan-Gewehr, Modell II. Kaliber .42in, Lauflänge 84 cm. Ca. 1871. In Rußland auf Maschinen von Greenwood & Batley hergestellt (oben).

140. Comblain-Gewehr, Modell 1871. Kaliber 11 mm. Bei der belgischen Nationalgarde verwendet. Mit offenem Verschluß dargestellt (Mitte).

141. Frühwirth-Karabiner. Kaliber 10.15in. Ca. 1871. Das erste Repetiergewehr mit Zylinderverschluß, das von einer Regierung angenommen wurde (unten).

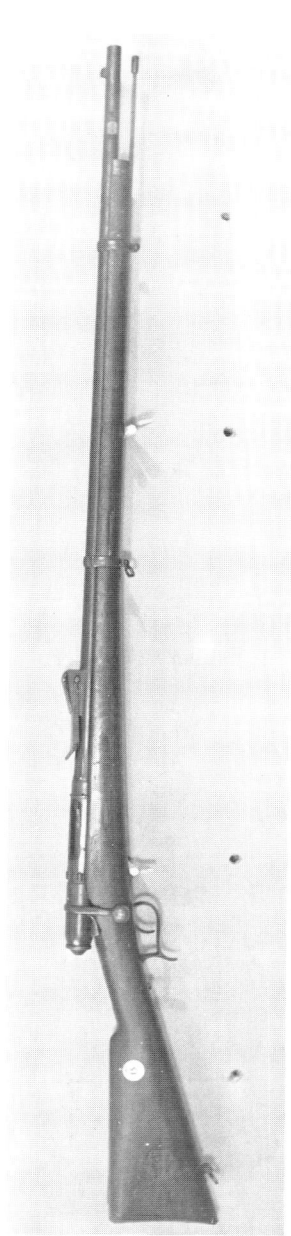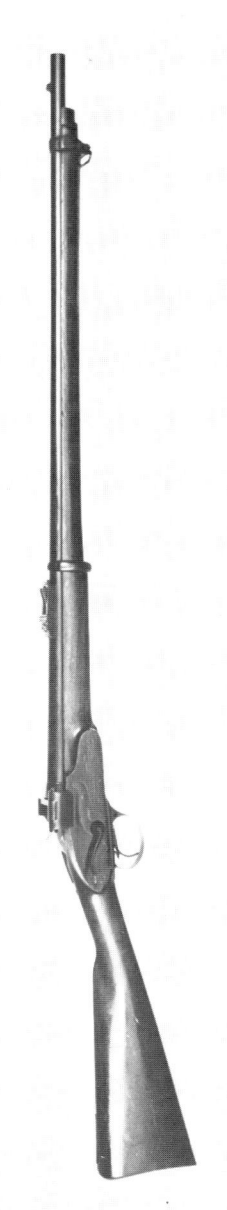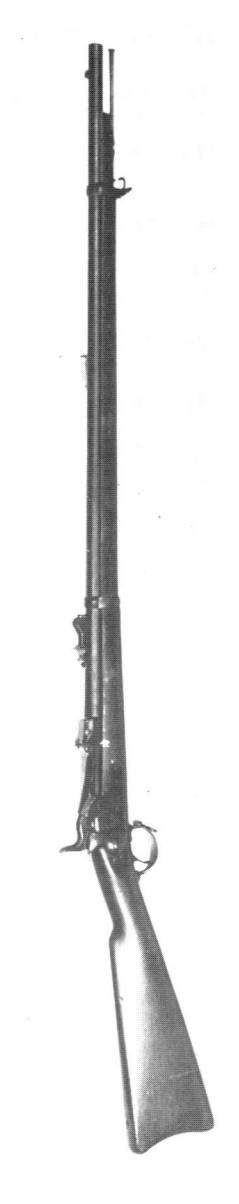

142. Italienisches Militärgewehr. Kaliber .408in, Lauflänge 86,5 cm. Modell 1871. Diese als „Vetterli-Vitali" bekannte Waffe entspricht dem Schweizer Gewehr.

143. Soper-Gewehr. Kaliber .577in/.45in. Lauflänge 84 cm. Ca. 1872. Bekannt als das Gewehr, das einen Tag zu spät zum englischen Hinterlader-Wettbewerb kam.

144. Springfield-Gewehr, Modell 1873. Kaliber .45in, Lauflänge 82,5 cm. Man beachte die Ähnlichkeit mit dem Berdan-Gewehr I.

172

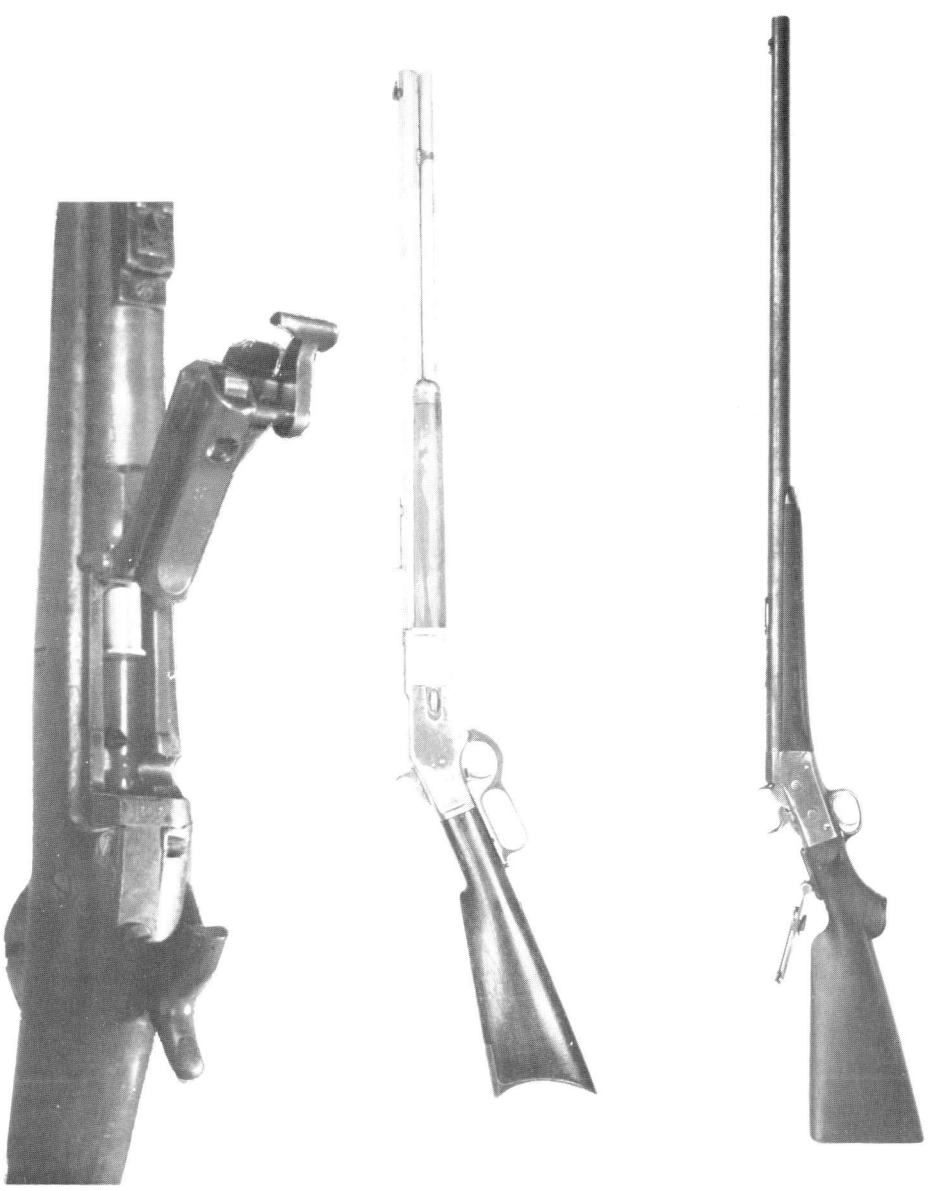

145. Springfield-Verschluß, Modell 1873. Kaliber 45 bis 70. Klappblockverschluß. Es wurden 124.000 Dollar für Patentverletzungen bezahlt.

146. Winchester-Gewehr, Modell 1873. Kaliber 38 — 40. Lauflänge 61 cm. Das Gewehr, das den Westen eroberte. Seltenes erstes Modell ohne Schachtverschluß.

147. Amerikanische Scheibenbüchse von Remington Arms Cc. Kaliber 44 — 77, Lauflänge 86,5 cm. Ca. 1874. Dieses Modell wurde von der Hälfte der siegreicher amerikanischen Mannschaft 1874 benutzt.

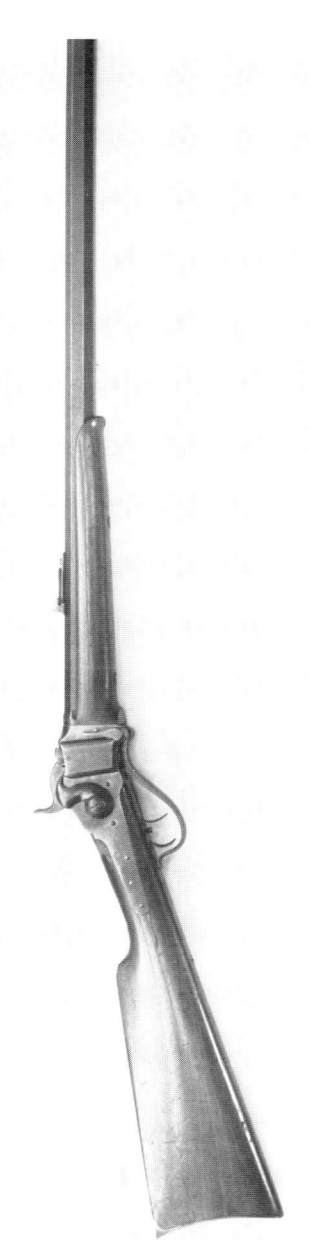

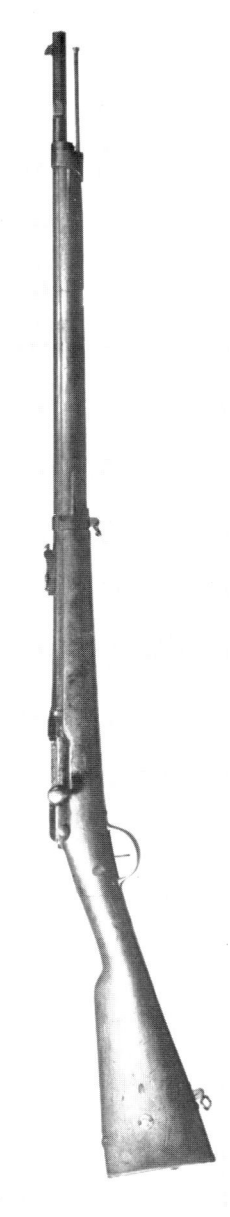

148. Sharps-Hinterlader. Kaliber 44 — 77, Lauflänge 81 cm. Ca. 1874. Doppelstecher-Abzug. Das erste Sharps-Büffelgewehr.

149. Gras-Militärgewehr, französisches Modell von 1873 von der Kynoch Gun Factory, Aston, England. Kaliber 11 mm, Lauflänge 80 cm. Ca. 1875. Auf dem Lauf bezeichnet mit: 43-77-380. Eine Version des Chassepot für Metallpatronen.

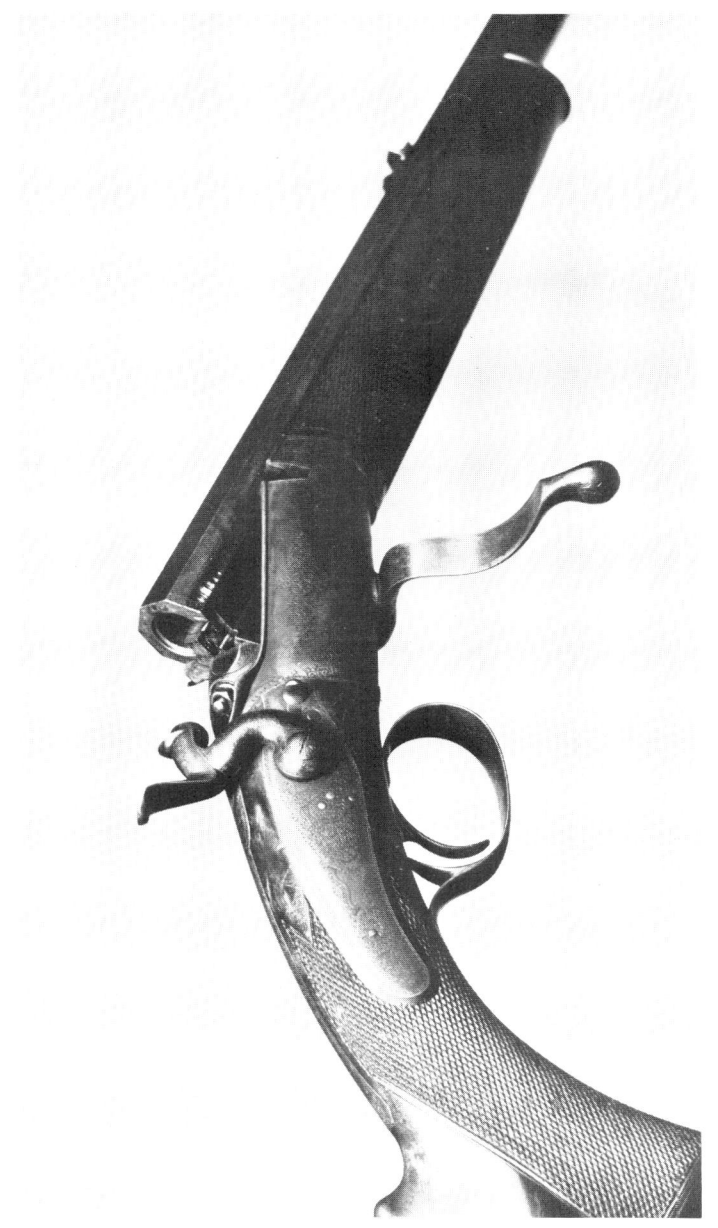

150. Kipplauf-Unterhebel-Gewehr von A. Henry aus Edinburgh. Kaliber .45in Express, Lauflänge 76 cm. Ca. 1875. Ein leichtes Gewehr für die Rotwildjagd. Es war nicht so sehr beliebt.

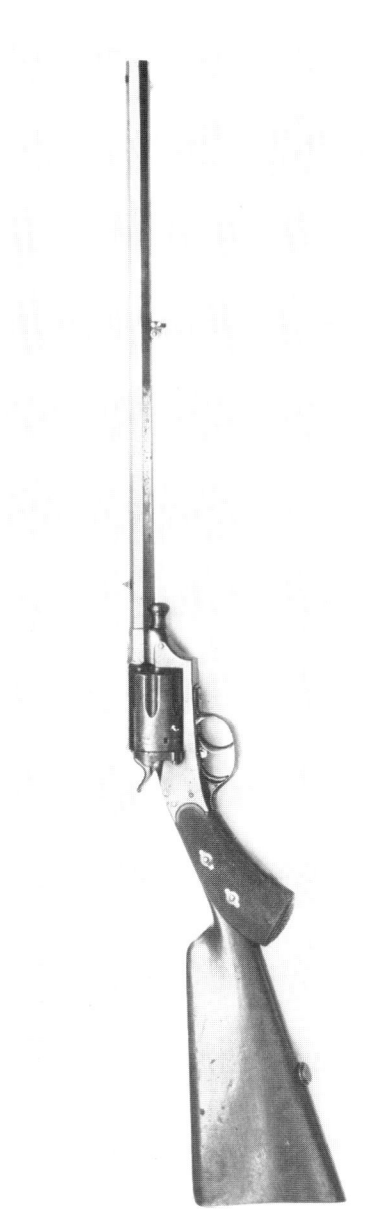

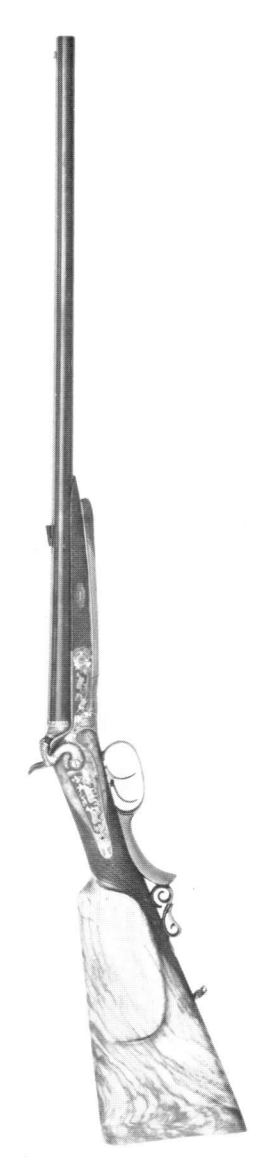

151. Revolvergewehr von Dreyse, Sommerda. Kaliber 11 mm Zentralfeuer, Lauflänge 52 cm. Ca. 1875. Getrennte Abzüge zum Spannen und Schießen.

152. Tschechisches Jagdgewehr von J. Nowotny aus Prag. Kaliber .43in, Lauflänge 71 cm. Ca. 1875. Die Waffe ist für das Lefaucheaux-System eingerichtet und für einen linksschießenden Schützen gedacht.

153. Sport- und Militärgewehr von Evans aus Maine.
Kaliber .44in Evans, Lauflänge 71 cm. Ca. 1875. Das
Magazin für 28 Schüsse arbeitete nach dem Prinzip der
archimedischen Schraube.
Von den Türken im türkisch-
russischen Krieg verwendet
und von den Russen aus-
probiert.

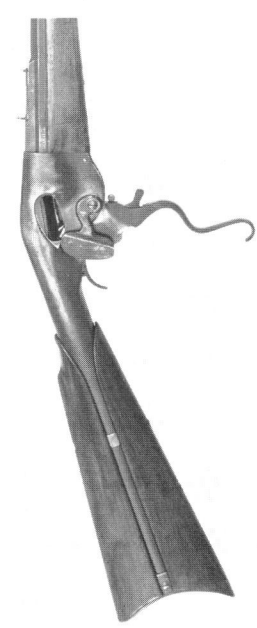

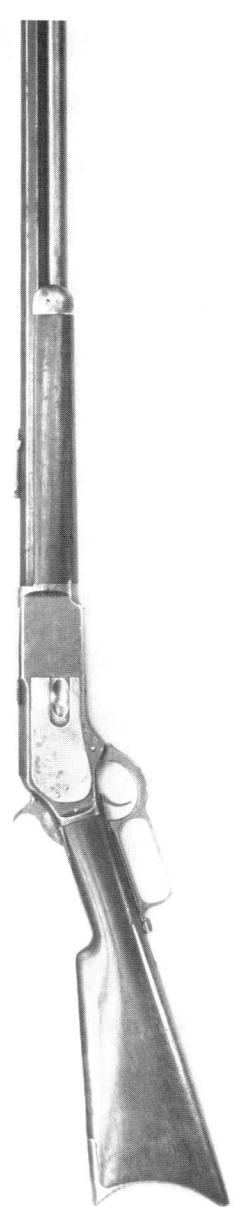

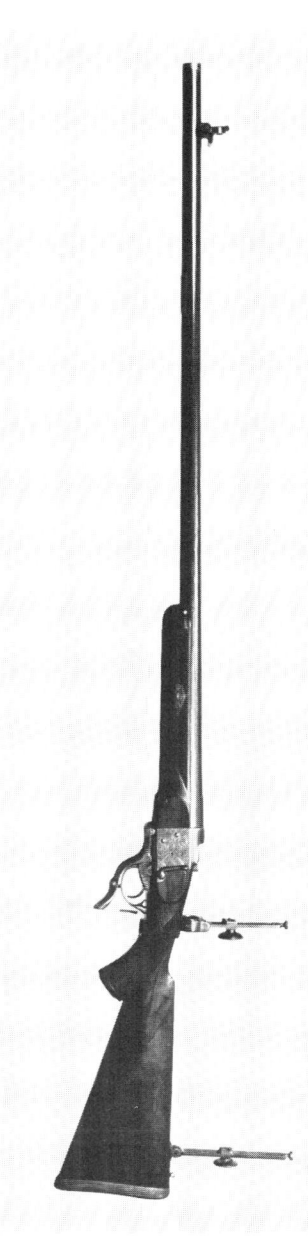

154. Winchester-Repetier-
gewehr, Modell 1876. Kaliber 45 — 75, Lauflänge
71 cm. Das Karabinermo-
dell wurde von der RNWMP
verwendet. Es war Theodo-
re Roosevelts Lieblingsge-
wehr.

155. Gibbs-Farquharson-
Wettbewerbsbüchse. Kali-
ber .461in Lauflänge 86,5
cm. Ca. 1878. Ein frühes
Modell mit original Enfield-
Zügen, bezeichnet mit W.
E. Metford.

177

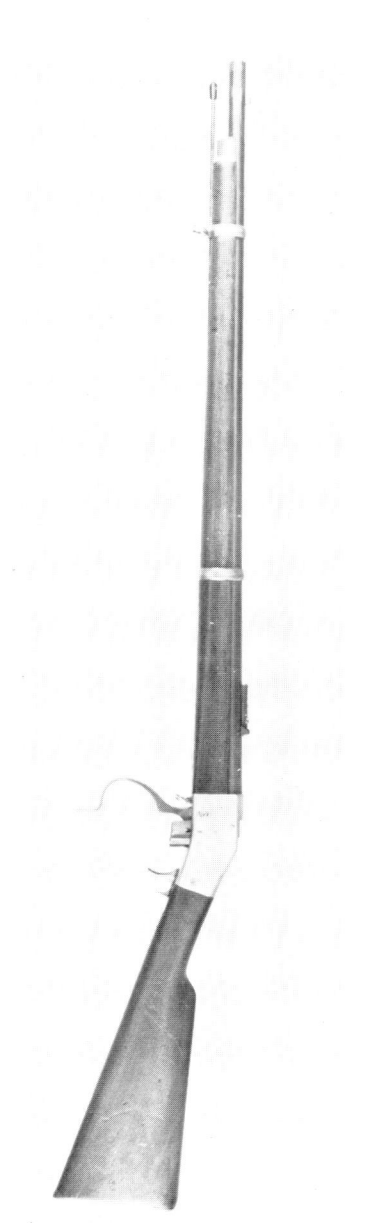

156. Sharps-Borchardt-Militärgewehr. Kaliber
.45 — $2^1/_{10}$in, Lauflänge 81 cm. Modell 1878.
Verwendet bei der Michigan National Guard
und bei Wettbewerben für Militär-Hinterlader sehr erfolgreich. Mit offenem Verschluß
gezeigt.

157. Winchester-Militärgewehr. Kaliber 45
— 70. Lauflänge 84 cm, Modell 1878. Original-
konstruktion von B. Hotchkiss für amerikanische Armee-Wettbewerbe. Man beachte den
Ausschnitt über dem Abzugsbügel.

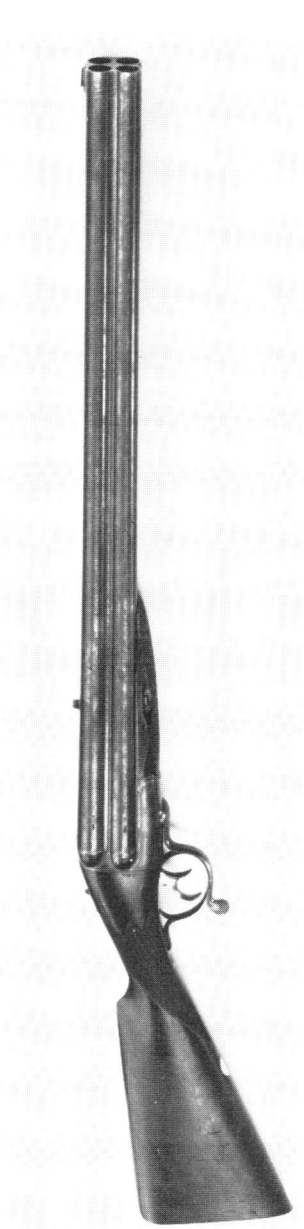

158. Hinterlader-Vierling von C. Lancaster, London. Kaliber 16, Lauflänge 76 cm. Ein Gewehr mit ovaler Bohrung für Großwild. Wegen ihres schrecklichen Gewichts und weil sie schlecht ausgewogen war, war die Waffe kein Erfolg.

159. Kaninchen-Gewehr von A. Henry aus Edinburgh. Kaliber .36in, Lauflänge 66 cm. Ca. 1880. Der Henry-Verschluß war zwischen 1870 und 1875 sehr beliebt. Dreifaches Zielfernrohr von Davidson.

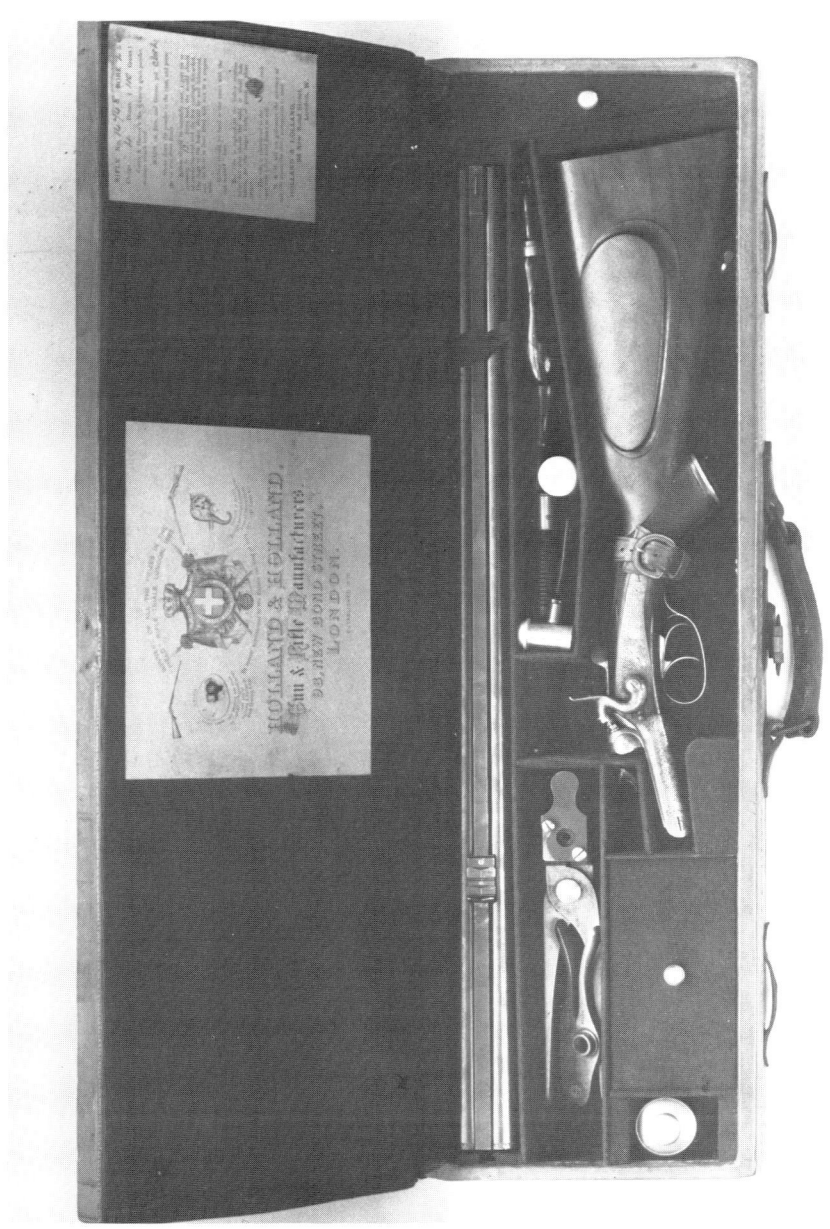

160. Oberhebel-Hinterlader von Holland & Holland, London. Kaliber .45in — $3^1/_4$in Express, Lauflänge 71 cm. Komplett mit Wiederlade-Werkzeugen. Ca. 1880.

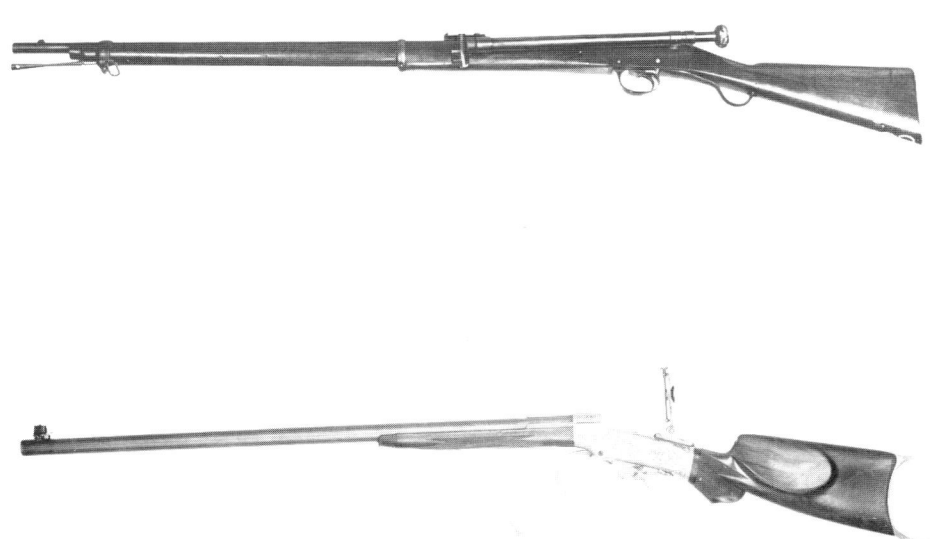

161. „Paradox"-Gewehr mit Seitenhebel von Holland & Holland. 10er Bohrung, Lauflänge 71 cm. Ca. 1880. Nur die Laufmündungen trugen Züge (oben).

162. Sniper-Versuchsgewehr. Kaliber .577/450in. Ca. 1880. Davidson-Zielfernrohr auf einem normalen Martini-Henry-Gewehr (Mitte).

163. Amerikanische Scheibenbüchse von J. M. Marlin. .38-5Cin, Lauflänge 76 cm. Modell 6^1/$_2$. Ca. 1880. Ein typisches frühes Gewehr mit Ballard-Schloß und Rigby-Lauf. Mit offenem Schloß dargestellt (unten).

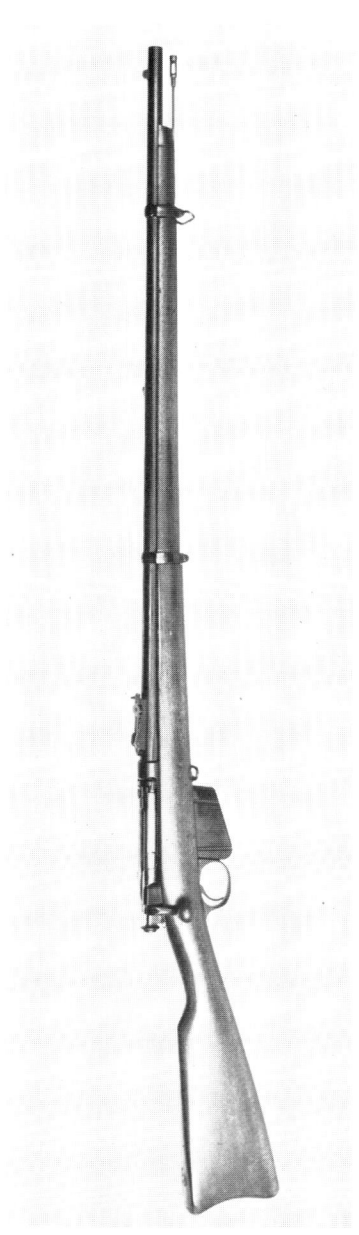 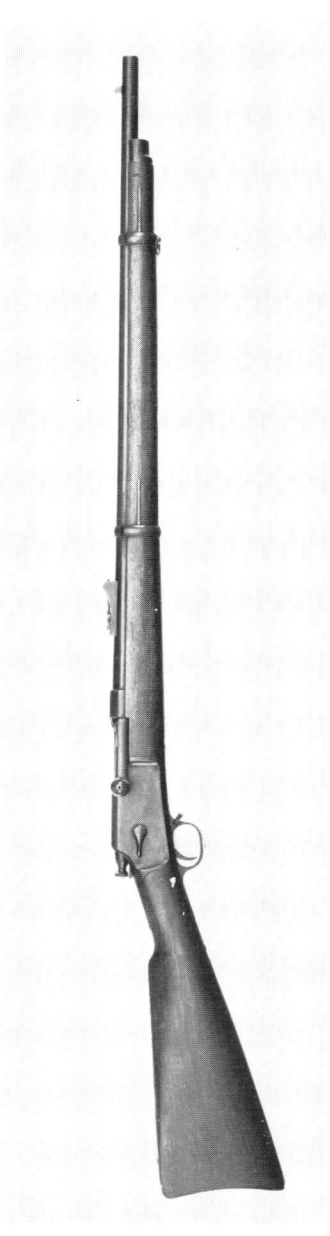

164. Remington-Lee-Gewehr von 1882. Kaliber .45-70in, Lauflänge 81 cm. Vorläufer der Lee-Enfield.

165. Militärgewehr von Winchester. Kaliber .45-70in, Lauflänge 84 cm. Modell 1882. Ein Hotchkiss-Entwurf für Armee-Wettbewerbe. Verbessertes Modell mit Schaftmagazin und zweiteiligem Schaft. Auch in Sportausführung hergestellt.

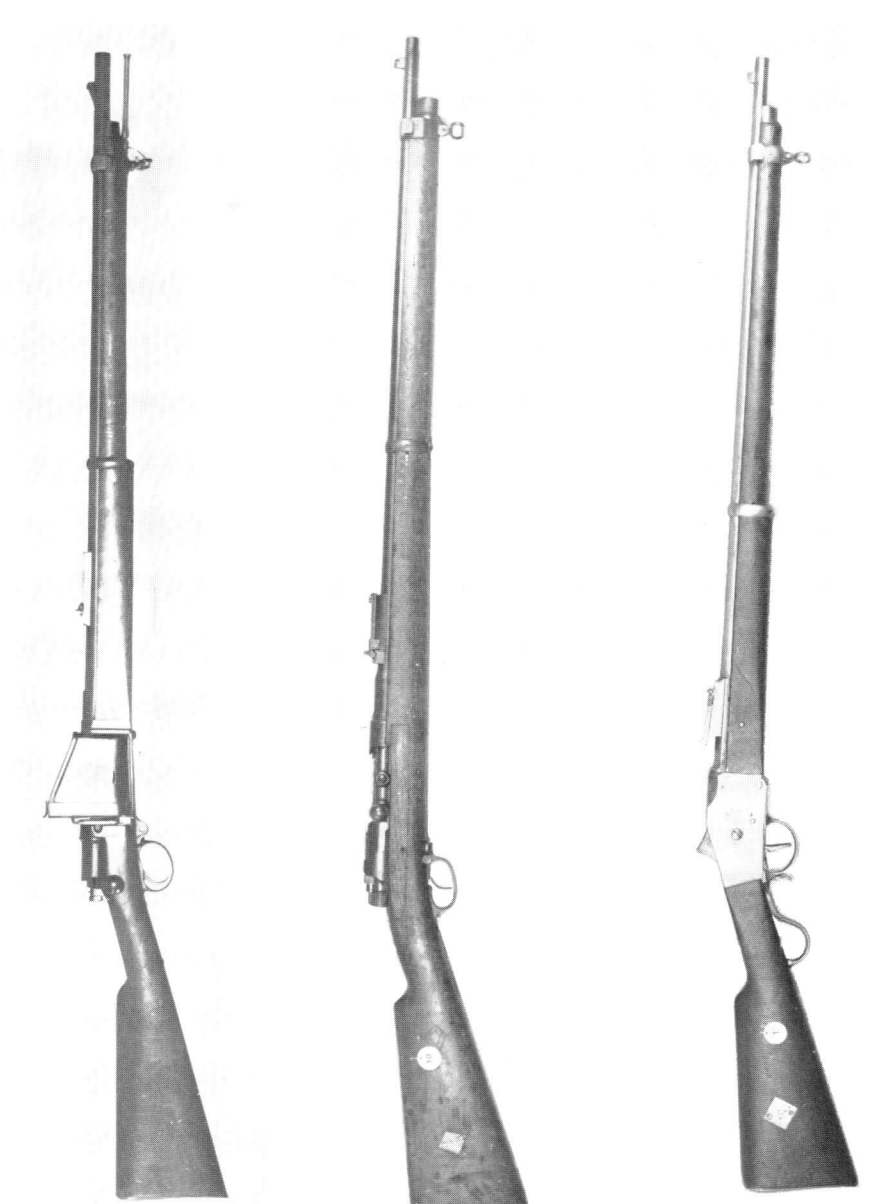

166. Lee-Burton-Gewehr 1883. Kaliber .402in, Lauflänge 84 cm. Die Patronen wurden durch Schwerkraft aus dem Magazin zugeführt.

167. Deutsches Militärgewehr von Mauser. Kaliber .43in, Lauflänge 85 cm. Modell 71/84. Das einschüssige M 71 ist mit einem Röhrenmagazin nach Art der Winchester versehen.

168. Guedes-Gewehr von Steyr, Österreich. 1885. Kaliber 8 mm, Lauflänge 81 cm. Hergestellt bei Steyr, wurde das Gewehr in Portugal und in der Südafrikanischen Republk benutzt.

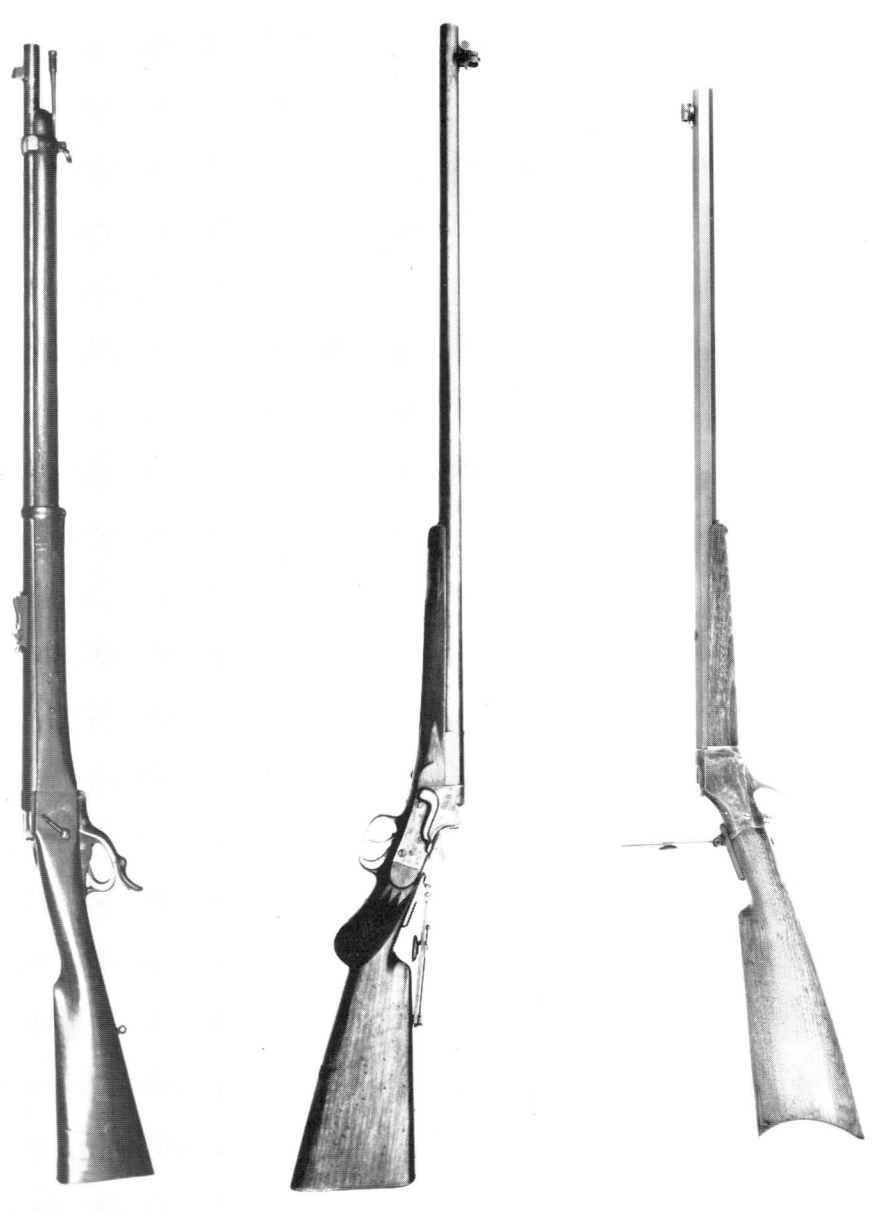

169. Scheibenbüchse für Militärzwecke von Gibbs aus Bristol. Kaliber .461 Gibbs Nr. 1, Lauflänge 84 cm. Ca. 1885. Mit Farquharson-Verschluß und Metford-Lauf war es die erfolgreichste Waffe der damaligen Zeit.

170. Scheibengewehr für große Reichweiten von Remington. Kaliber .44 — 100, Lauflänge 86,5 cm. Ca. 1885 Bekannt als das Remington-Hepburn Improved Creedmoor Modell. Feineinstellung hinten und Seitenwind abhängiges Vordervisier.

171. Scheibengewehr von Winchester. Kaliber .38—55in, Lauflänge 76 cm. Modell 1885. Es handelt sich hier um ein einfaches Modell der Winchester „High Wall" Single Shot, entworfen von J. M. Browning.

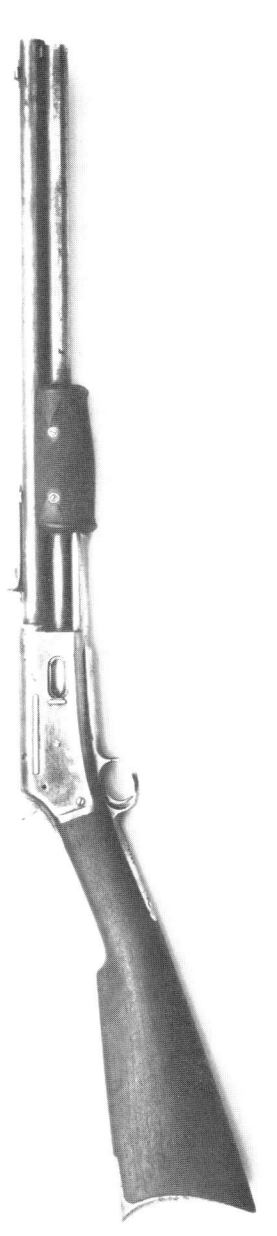

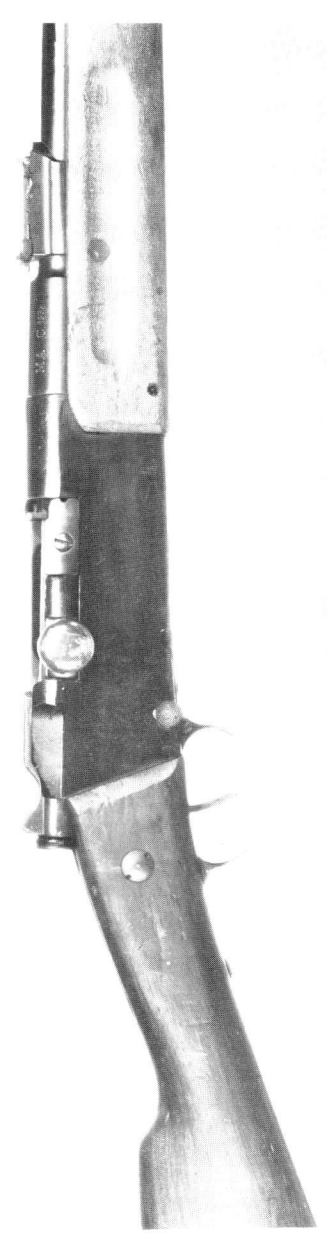

172. Sport-Karabiner von Colt. Kaliber .50—95in, Lauflänge 51 cm. Ca. 1885. Das „Lightning"-Modell war die erste erfolgreiche Waffe mit Gleitverschluß.

173. Lebel-Gewehr, Model 1886. Kaliber 8 mm, Lauflänge 80 cm. Das erste kleinkalibrige Militärgewehr für rauchlose Patronen hoher Mündungsgeschwindigkeit.

174. Versuchsmodell eines Militärgewehrs von Schulhof. Kaliber 11 mm. Ca. 1885. Das Trommelmagazin ist der Vorläufer des Savage-Magazins.

175. Versuchsmodell eines Militärgewehrs von Schulhof. Kaliber 11 mm. Ca. 1885. Das Fach im Griff enthielt Patronen, welche mittels einer Kette dem Verschluß zugeführt wurden. Man beachte die vielen Verschlußwarzen am Schloß.

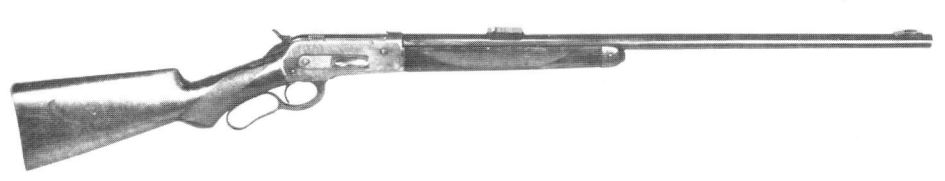

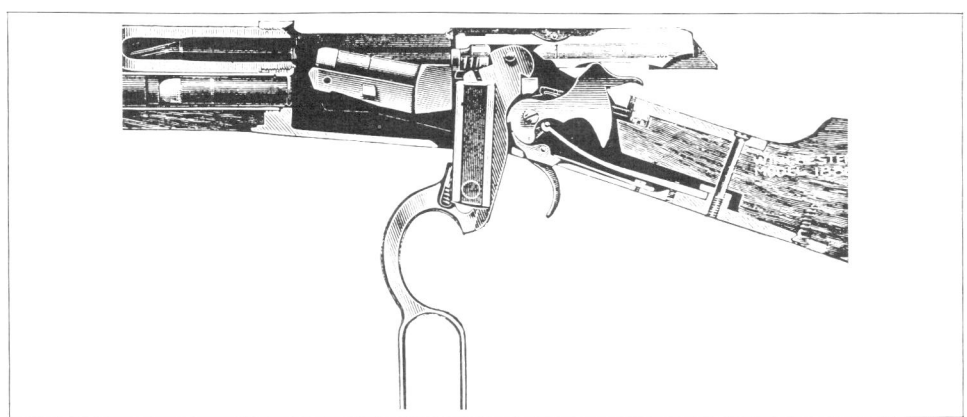

176. Winchester-Gewehr, Modell 1886. Kaliber .45—90in., Lauflänge 66 cm. Modell mit Pistolengriff und Halbmagazin (oben).

177. Einzelheiten des Schlosses der Winchester. Die Waffe wurde von vielen als das handlichste und stärkste großkalibrige Gewehr mit Unterhebelverschluß und Röhrenmagazin bezeichnet. Entworfen von J. F. Browning (Mitte).

178. Türkisches Militärgewehr von Mauser. Kaliber 9,5 mm. Modell 1887. Zugleich die höchste Entwicklungsstufe der Schwarzpulver-Militärpatrone. Der Vertrag wurde gestrichen, nachdem 10.000 Gewehre geliefert worden waren (unten).

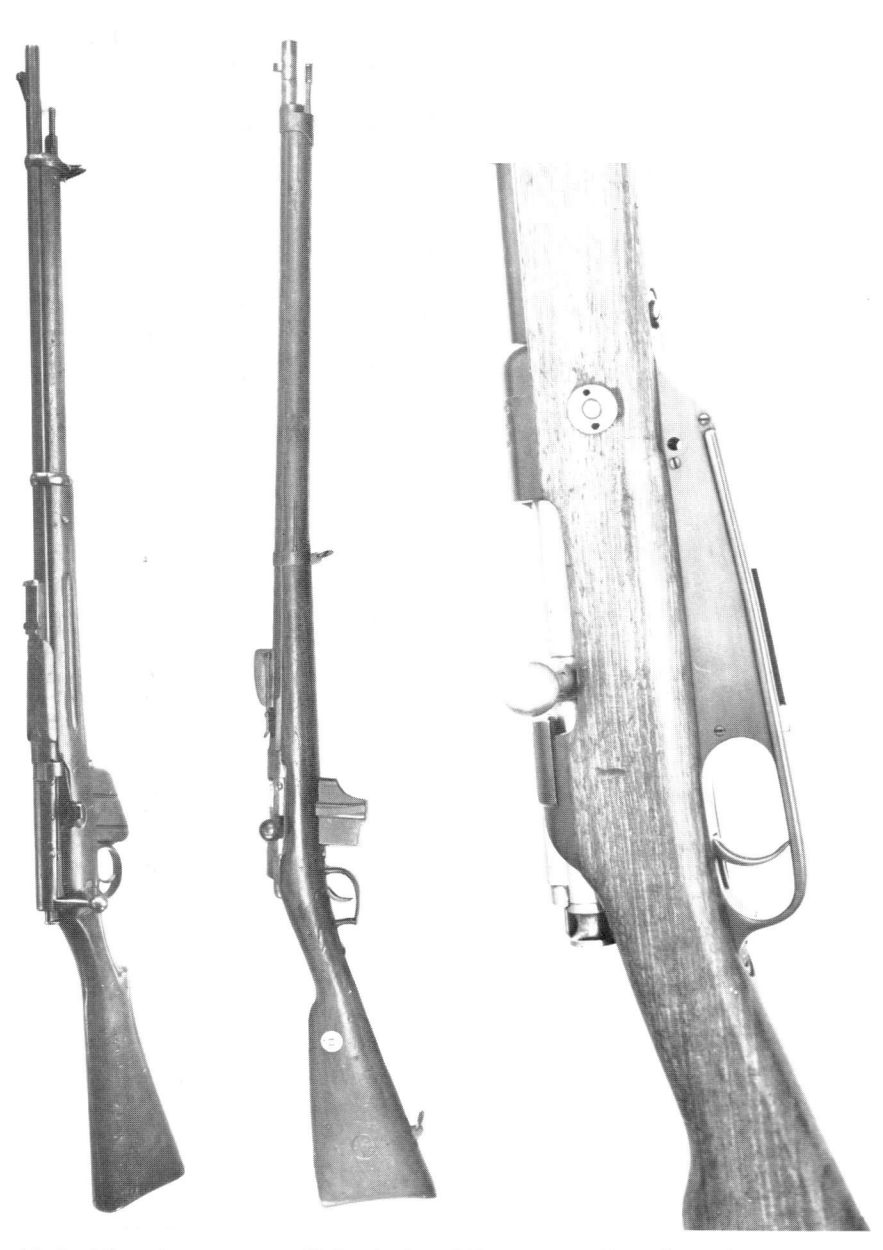

179. Lee-Metford-Gewehr.
1888. Kaliber .303in, Lauflänge 77,5 cm. Mark 1 mit
Magazin für acht Schüsse.

180. Holländisches Militärgewehr, Modell 71/88. Kaliber 11 mm, Lauflänge 84
cm. Das M 71 Beaumont-
Gewehr wurde umgebaut
für die Verwendung des Vi-
tali-Magazins und bekannt
unter dem Namen Beaumont
Vitali M 71/88.

181. Deutsches Kommis-
sionsgewehr, Modell 1888.
Kaliber 8 mm, Lauflänge 76
cm. Der Lauf war in Stahlrohr eingebettet.

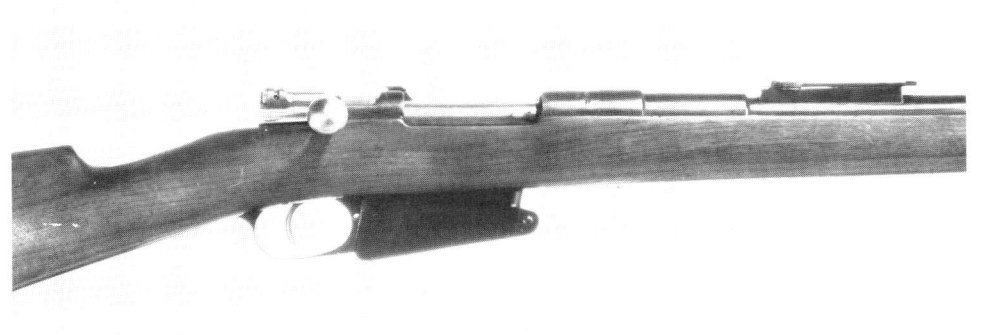

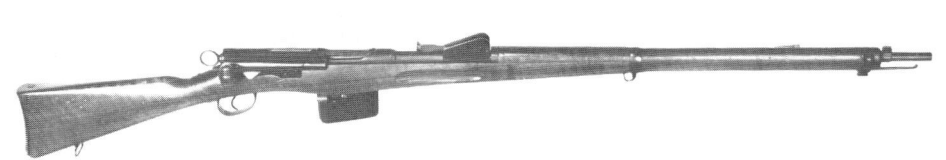

182. Mannlicher-Gewehr, Modell 1888. Kaliber 8 mm, Lauflänge 79 cm. Gradzug-Zylinder und Burgess-Ver-schlußmechanismus (oben).

183. Mauser-Gewehr der Fabrique National, Modell 1889. Kaliber 7,65 mm, Lauf-länge 77,5 cm. Das erste Mauser-Gewehr für Lade-streifen mit Lee-Magazin. Eingeführt in Belgien. Der Lauf war in Stahlrohr einge-bettet (Mitte).

184. Schmidt-Rubin-Gewehr, Modell 1839. Kaliber 7,65 mm, Lauflänge 79 cm. Ge-nau, aber sehr plump (unten).

189

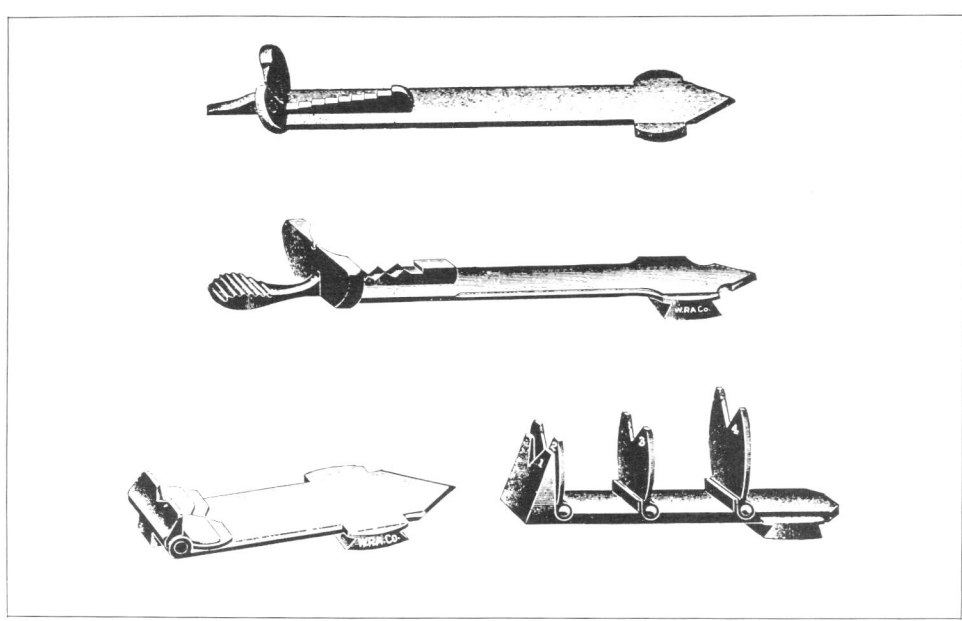

185. Doppelläufiges Sportgewehr von W. W. Greener. Kaliber .5in, Lauflänge 71 cm. Ca. 1890. Greener Kastenschloß und Seitensicherung (oben).

186. Kimmen aus einem Winchester-Katalog. Ca. 1890.

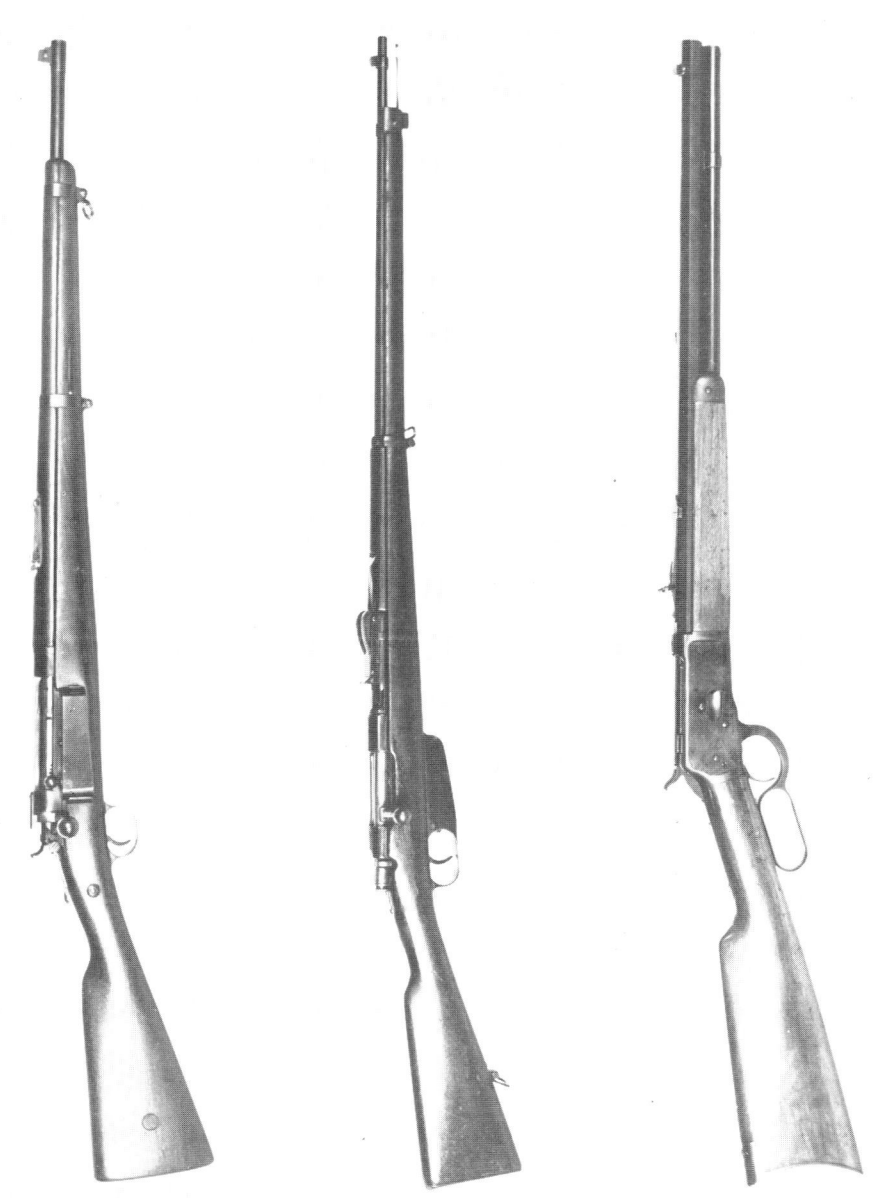

187. Krag-Jorgensen-Gewehr, Modell 1889. Kaliber 8 mm, Lauflänge 79 cm. Das erste Krag-Magazin wurde von hinten geladen.

188. Carcano-Gewehr aus italienischen Arsenalen, Modell 1891. Kaliber 6,5 mm, Lauflänge 79 cm. Das erste kleinkalibrige Militärgewehr.

189. Sportgewehr von Winchester. Kaliber .44—40in, Lauflänge 66 cm, Modell 1892. Das Winchester-Modell mit dem glattesten Verschluß.

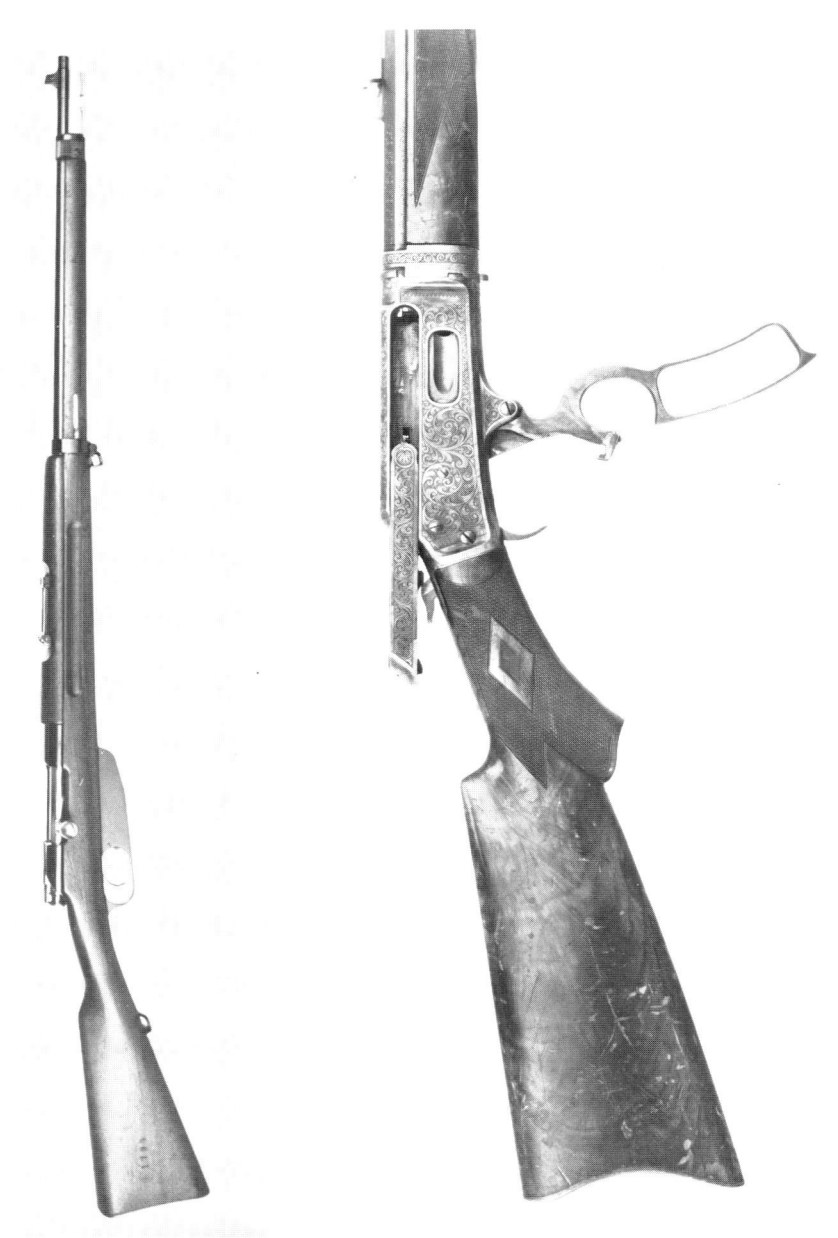

190. Mannlicher-Gewehr. Kaliber 6,5 mm, Lauflänge 79 cm. Modell 1893. Für Rumänien hergestellt. Dieses Stück ist gestempelt „Für God and Ulster".

191. Unterhebel-Sportgewehr von Marlin Firearms Company. Kaliber .25—36in, Lauflänge 66 cm. Modell 1893. Das erste Gewehr im Kaliber .25 für rauchloses Pulver. Dieses Stück ist eine Luxusausführung mit speziellem Pistolengriffschaft und Gravierung. Gezeigt mit offenem Verschluß.

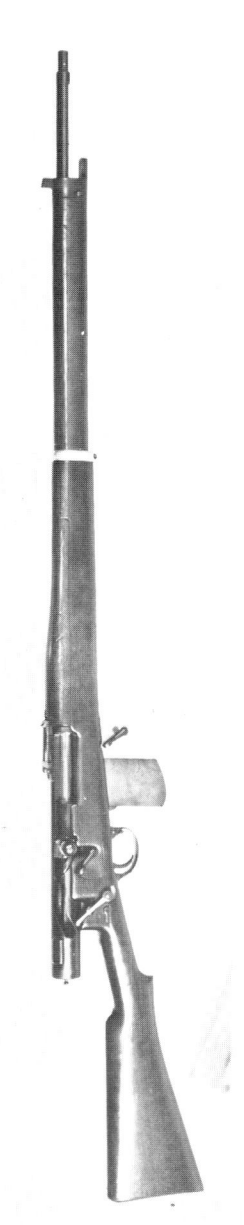

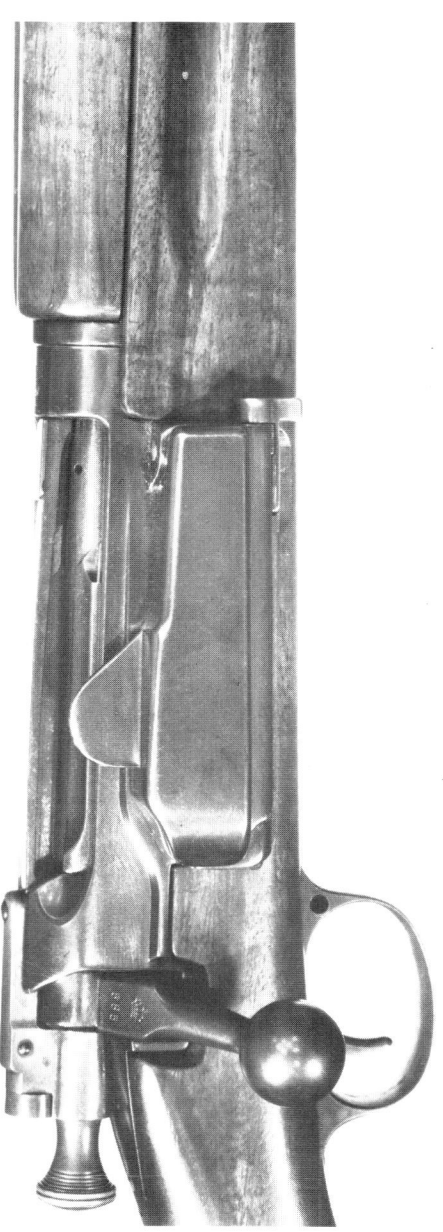

192. Griffiths und Woodgate-Gewehr, 1894. Kaliber .303in, Lauflänge 79 cm. Eines der ersten erfolgreichen automatischen Gewehre.

193. Krag-Jorgensen-Gewehr Kaliber 6,5 mm, Modell 1894. Norwegisches Modell mit abklappbarem Magazin. Entspricht dem U.S.-Modell.

194. Sportgewehr von Winchester. Kaliber .30—30in, Lauflänge 51 cm. Modell 1894. In Nordamerika wurde mit dieser Waffe mehr Wild getötet als mit irgendeiner anderen. In Mexiko als Militärgewehr verwendet (oben).

195. Verschlußmechanismus des Modells 1894 von Winchester. Über 2 Mio. dieser Gewehre wurden verkauft, die Waffe wird immer noch hergestellt.

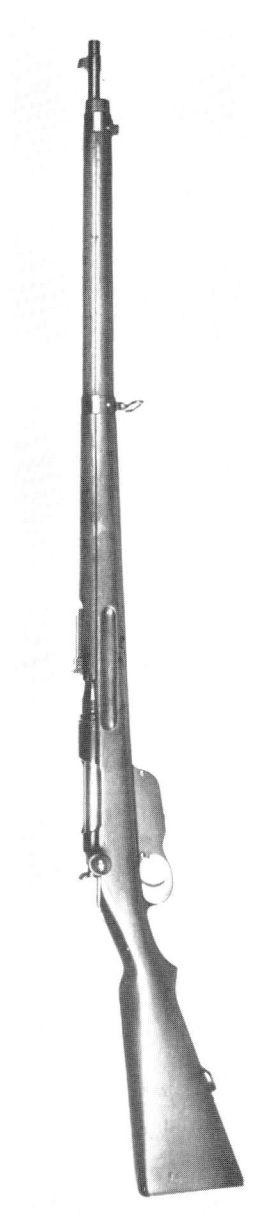

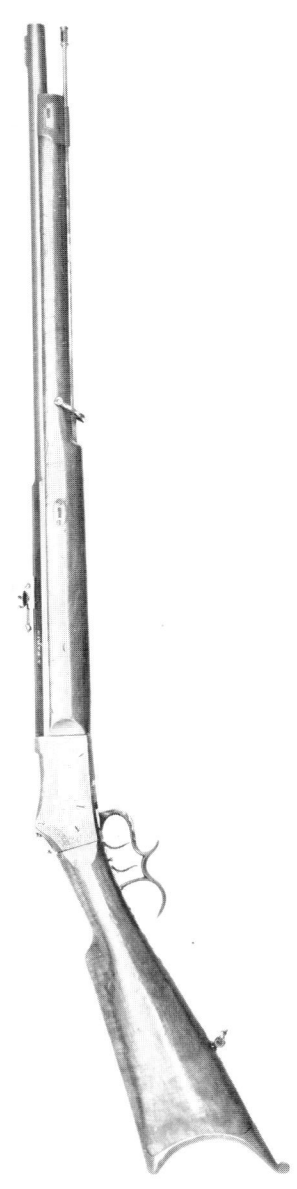

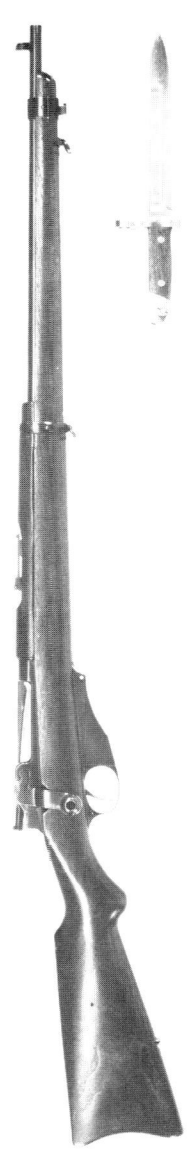

196. Mannlicher-Gewehr, Modell 1895. Kaliber 8 mm, Lauflänge 79 cm. Das erfolgreichste der Gewehre mit Gradzug-Zylinderverschluß. Verwendet von Österreich-Ungarn in Bulgarien.

197. Schützengewehr von H. Rochette, Paris. Kaliber 11 mm, Lauflänge 76 cm. Ca. 1895. Ein halbmilitärisches Modell mit offenem Spezialvisier für einstellbaren Augenabstand.

198. US-Navy-Gewehr von Winchester. Kaliber 6 mm, Lauflänge 71 cm. Modell 1895. Geradzug-Zylinderverschluß, konstruiert von J. P. Lee. Die Patrone war ein Navy-Entwurf, um die Panzerplatten auf Torpedobooten zu durchschlagen.

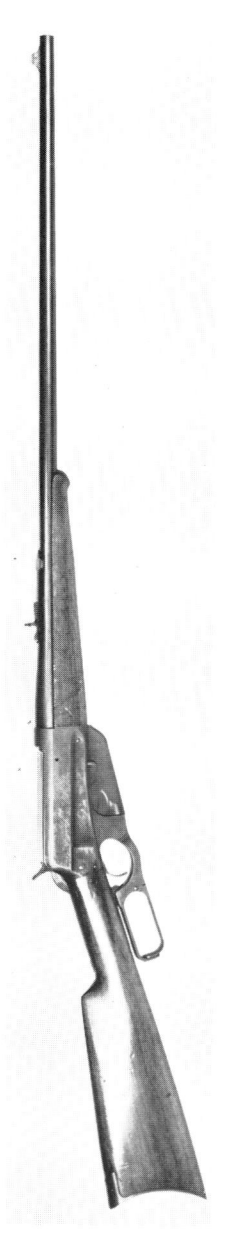

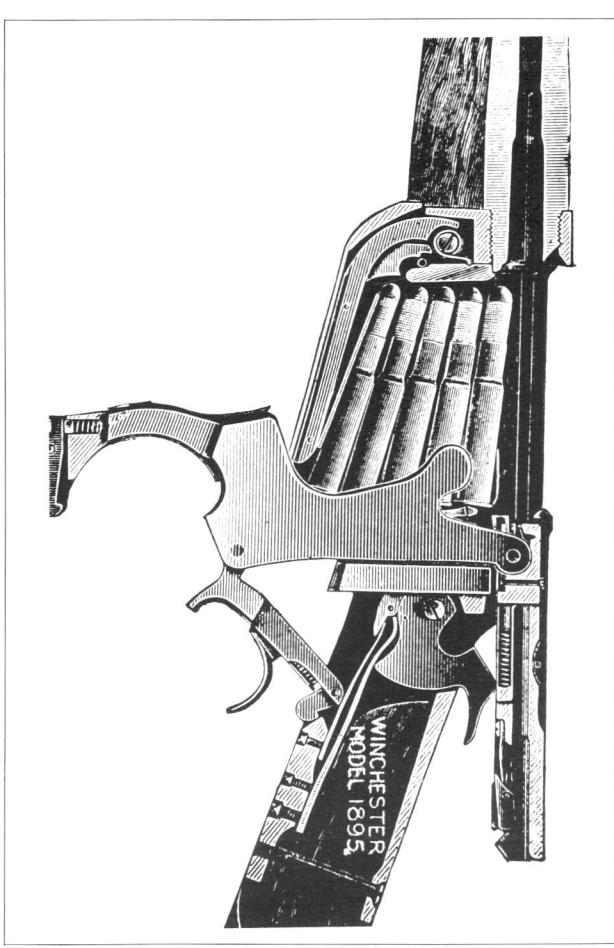

199. US-Sportgewehr von Winchester, Modell 1895. Kaliber 30—40in, Lauflänge 71 cm. Das Militärmodell wurde von den USA im spanisch/amerikanischen Krieg und von Rußland im ersten Weltkrieg verwendet.

200. Verschluß des Modells 1895 von Winchester. Man beachte die zusätzlichen Schwierigkeiten bei Verwendung von langen Patronen.

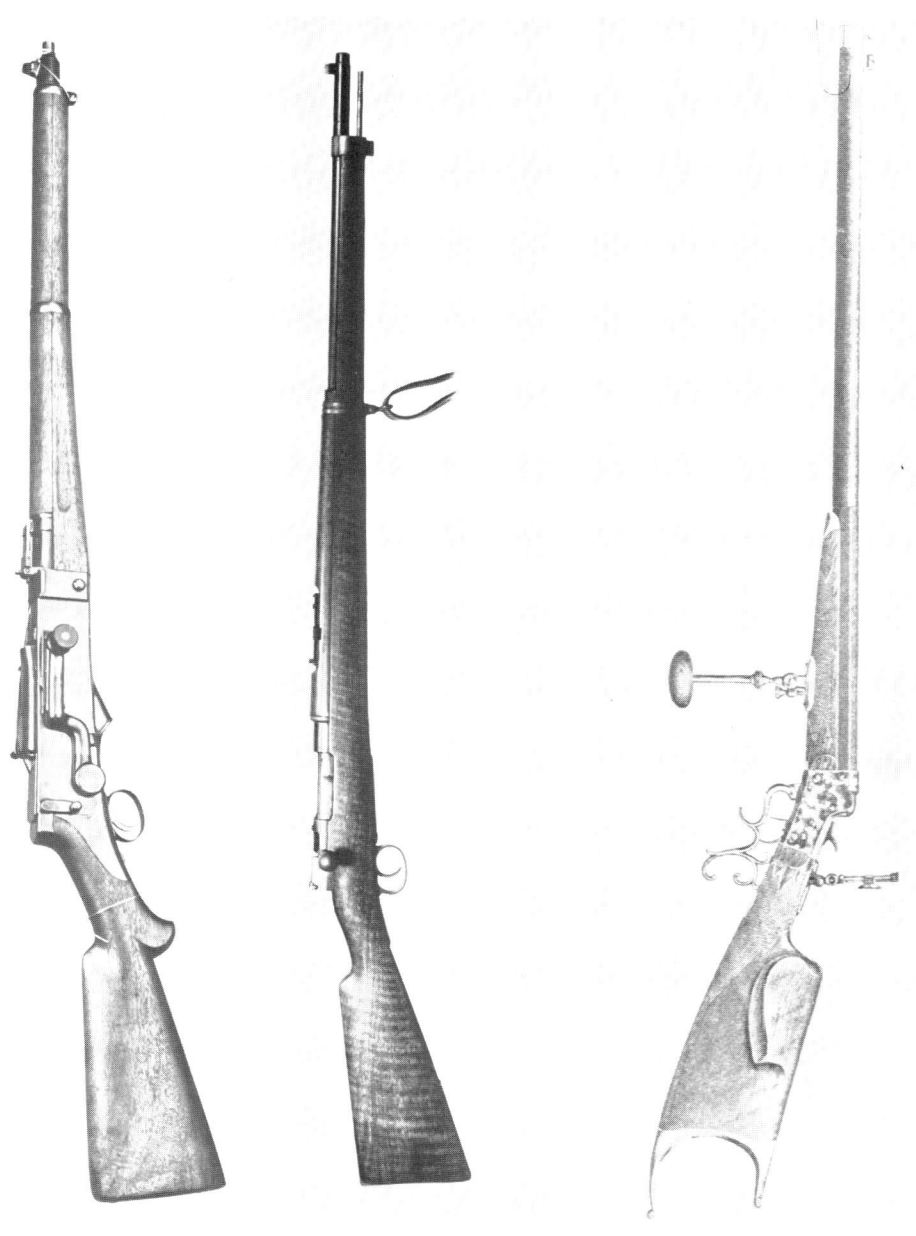

201. Madsen-Gewehr, Modell 1896. Kaliber 6,5 mm, Lauflänge 66 cm. Eine gute und erfolgreiche Waffe.

202. Mauser-Militärgewehr von D.W.M. Kaliber 7 mm, Lauflänge 73,5 cm. Modell 1897. Hergestellt für den Oranje-Freistaat.

203. Schützengewehr von Remington Arms Co. Kaliber 38—55in, Lauflänge 76 cm. Ca. 1900. Entworfen von Dr. Hudson und bekannt als „Walker"-Modell. Unterhebel-Version des Hepburn-Verschlußes.

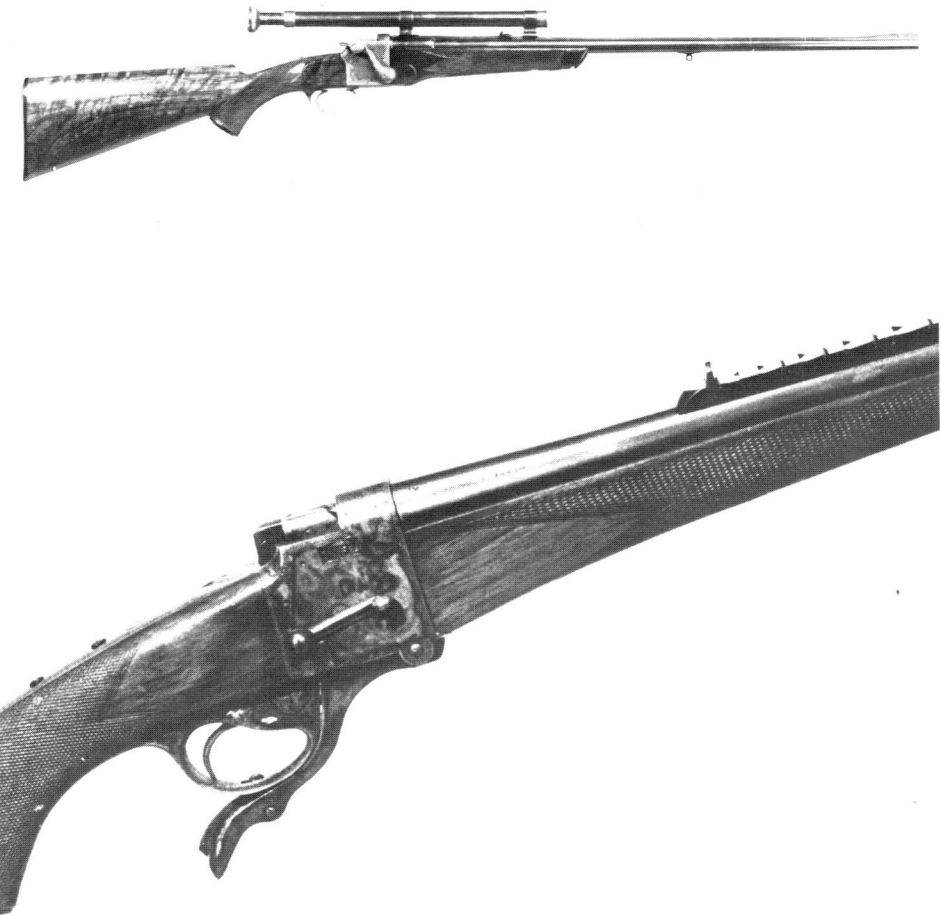

204. Einschüssige Pirschbüchse von D. Fraser aus Edinburgh. Kaliber .303in, Lauflänge 71 cm. Ca. 1900. Diese schönen Waffen waren bei den schottischen Landbesitzern wegen ihrer Handlichkeit und Genauigkeit beliebt. Trotz der späten Herstellungszeit wurde ein Davidson-Zielfernrohr montiert (oben).

205. Einschüssiges Sportgewehr von Jeffery. Kaliber 450—400 3in, Lauflänge 66 cm. Ca. 1900. Eine typische Fallblockbüchse vom Farquharson-Typ.

206. Rexer-Gewehr. Kaliber 6,5 mm, Lauflänge 66 cm. Ein weiteres Produkt des dänischen Waffen-Syndikats.

207. Zielfernrohr für Long Lee-Enfield-Gewehr, speziell für die NRA-Verwendung konstruiert von Dr. Common. Ca. 1902.

208. Springfield-Gewehr, Modell 1903. Kaliber .30, Lauflänge 61 cm. Das original Springfield mit Ladestockhalter.

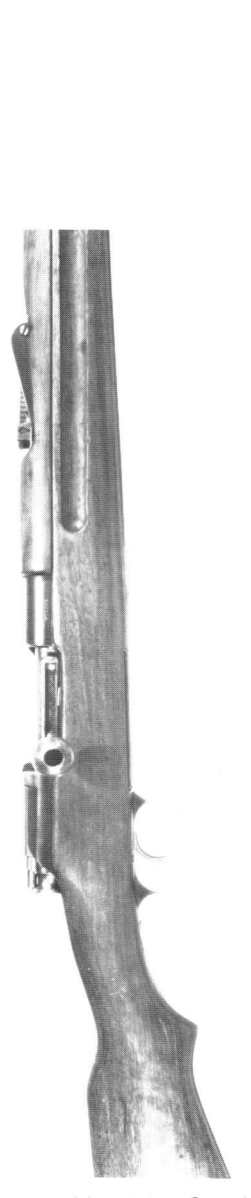

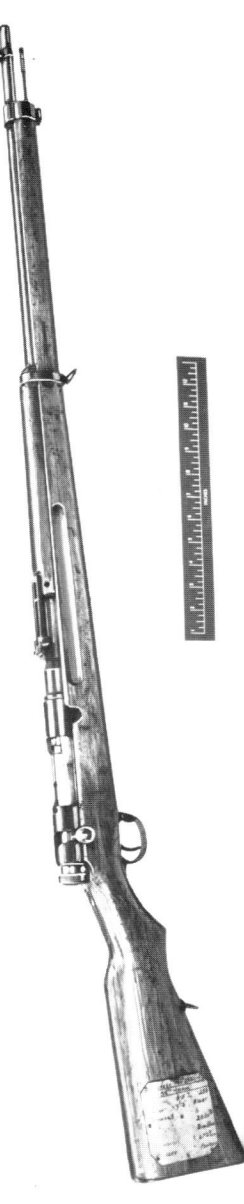

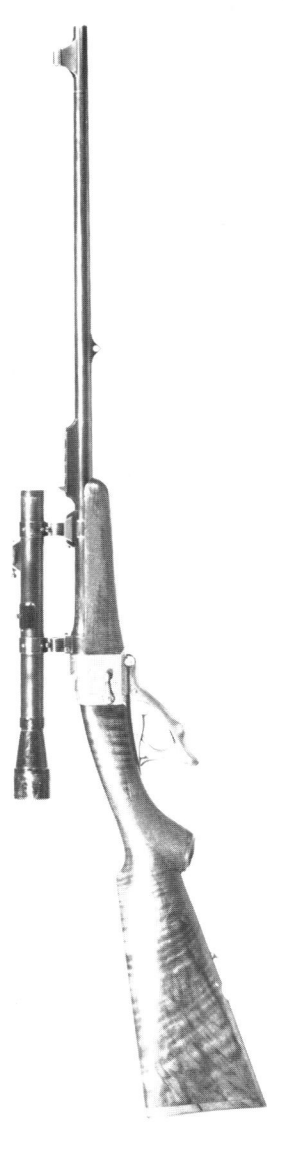

209.　Mannlicher-Gewehr, Modell 1903. Kaliber 6,5 mm. Verwendet ein Schönauer-Trommelmagazin. Eingeführt von Griechenland.

210.　Japanisches Militärgewehr. Kaliber 6,5 mm. Japanischer Lauf, Länge 79 cm. Modell 1905. Das von Japan am meisten benutzte Gewehr im 2. Weltkrieg. Genau und von guter Qualität. Ein modifiziertes Mauser.

211.　Farquharson-Sportgewehr von Gibbs aus Bristol. Kaliber 6,5 x 53R, Lauflänge 66 cm. Ca. 1905. Dieses Kaliber und Gewehr wurde von Prince of Wales, später König Eduard VII., populär gemacht. Zielfernrohr, vierfach.

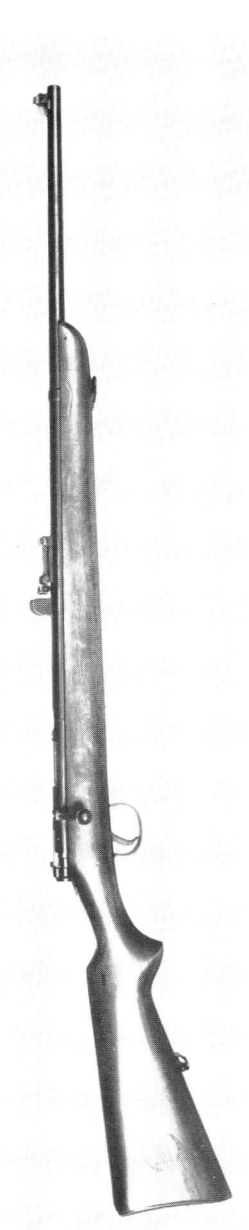
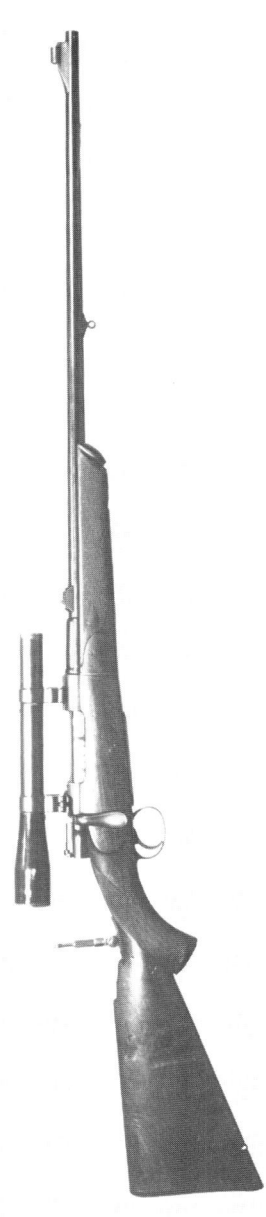
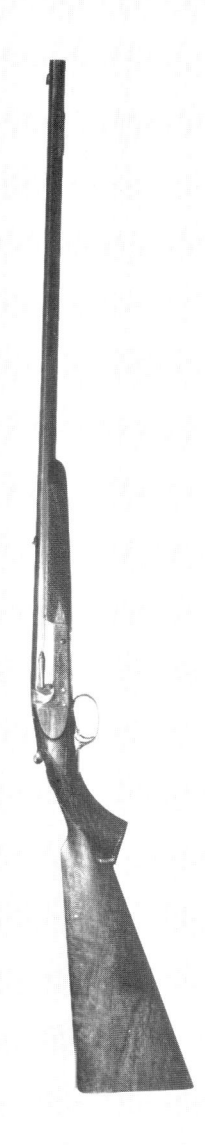

212. War Office Miniature-Gewehr. Kaliber .22 Randfeuer, Lauflänge 56 cm. Ca. 1905. Ein verunglückter Versuch, das Lee-Enfield zu verkleinern.

213. Mauser-Sportgewehr von D. Fraser aus Edinburgh. Kaliber .303 Velox, Lauflänge 71 cm. Ca. 1905. Ausgerüstet mit dreifachem Zielfernrohr und Fraser's Patentabzug. Schön graviert.

214. Einläufiges Oberhebel-Sportgewehr von William Evans. Kaliber .303in, Lauflänge 66 cm. Ca. 1905. Ein englischer Stutzen für die Rotwildjagd.

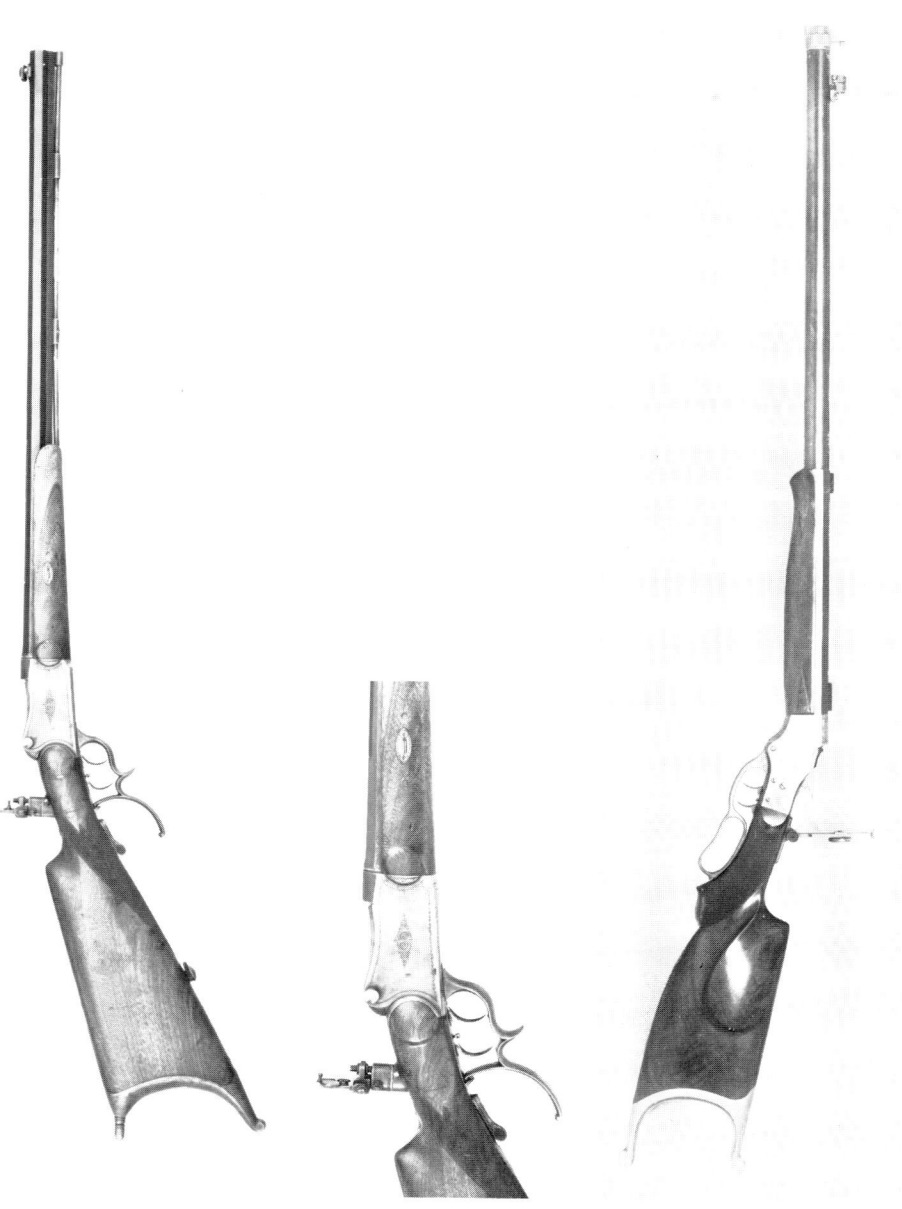

215. Schützengewehr von J. P. Sauer und Sohn. Kaliber 8 mm, Lauflänge 71 cm. Ca. 1905. Dieses Gewehr ist ein Standardmodell mit Martini-Verschluß.

216. Einzelheiten des Sauer-Gewehrs. Typischer Diopter mit Einstellmöglichkeiten für Windablage und Erhöhung. Der Martini-Verschluß konnte schnell zerlegt werden.

217. Amerikanische Scheibenbüchse von J. Stevens Arms & Tools Company Chicopee Falls Ma. Kaliber .32—40in, Lauflänge 76 cm. Modell 52. Ca. 1905. Eine der führenden Scheibenbüchsen über 200 yards.

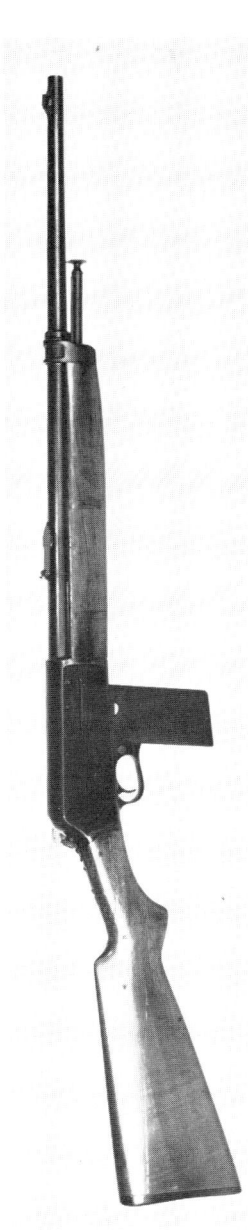  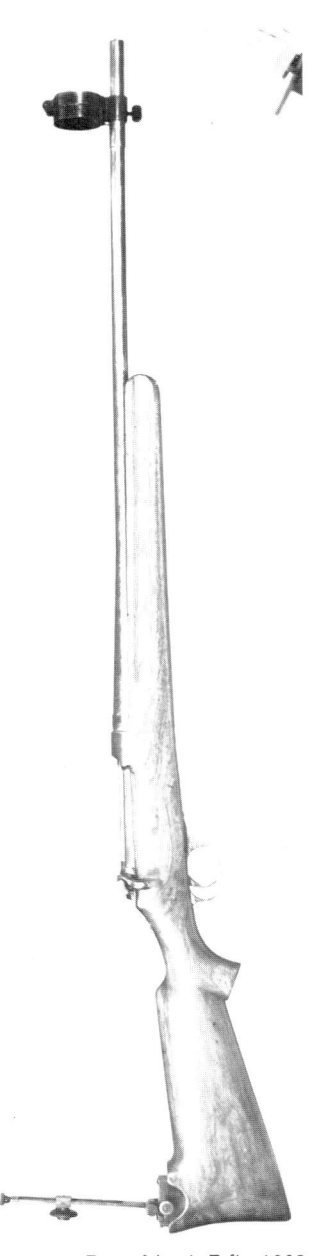

218. Winchester-Gewehr, Modell 1907. Kaliber .351 in, Lauflänge 56 cm. Von der französischen Luftwaffe zu Beginn des 1. Weltkrieges verwendet.

219. Scheibenbüchse von W. Greener. Kaliber 22 lfB., Lauflänge 71 cm. Ca. 1908. Diese Büchse und die ähnliche BSA Nr. 12 waren zu dieser Zeit am beliebtesten.

220. Ross Match Rifle 1908. Kaliber .280 in, Lauflänge 77,5 cm. Man beachte das hintere Visier.

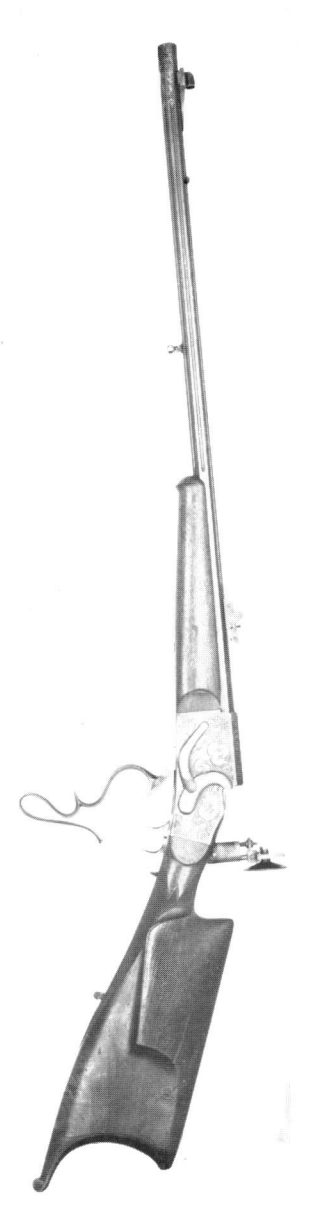
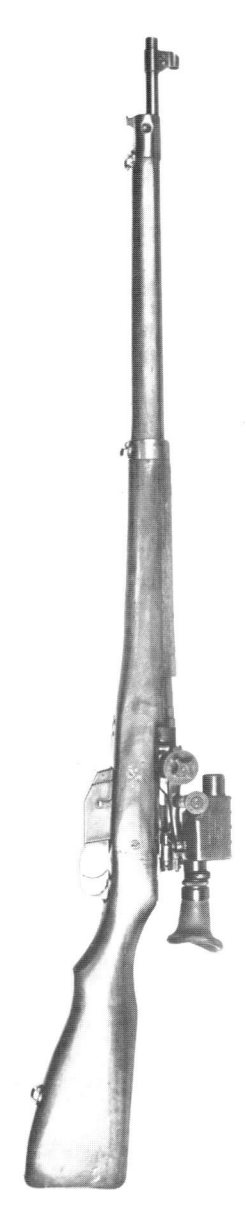
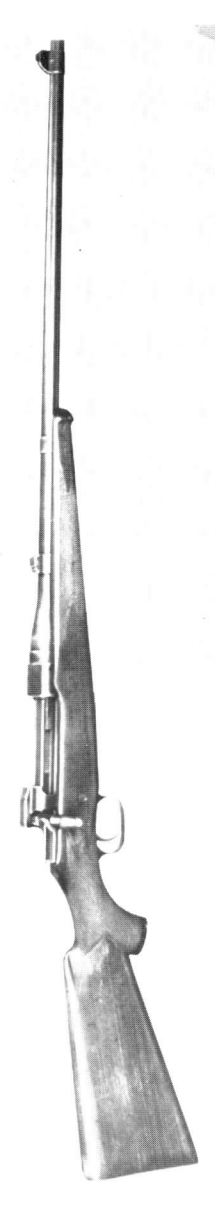

221. Deutsche Scheibenbüchse von C. G. Hähnel
aus Suhl. Kaliber 8.15 x 46
R, Lauflänge 70 cm. Ca.
1910. Diese Büchse nach
„System Aydt" war für
Scheibenschießen über 200
m sehr beliebt. Gezeigt mit
offenem Verschluß.

222. Ross-Modell 1910.
Büchse, ausgerüstet mit
Warner und Swazey 5X Sni-
per Zielfernrohr. Von den
kanadischen Streitkräften
im ersten Weltkrieg ver-
wendet, war diese Büchse
extrem wirkungsvoll.

223. Ross-Sportgewehr Modell 1910. Kaliber .280in,
Lauflänge 71 cm. Das um-
strittenste Gewehr seiner
Zeit.

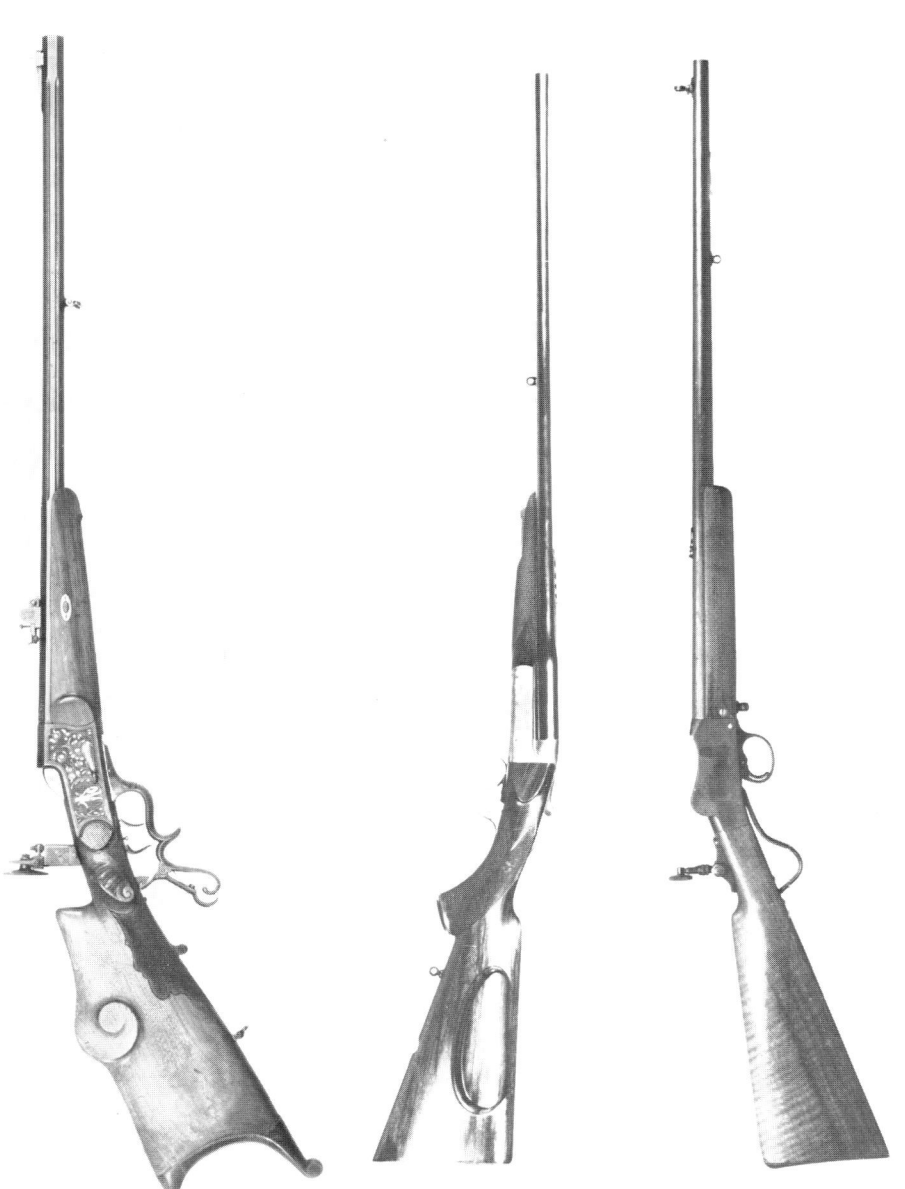

224. Schützengewehr von Tanner, Schweiz. Lauflänge 71 cm. Ca. 1910. 8 mm. Ein Luxusgewehr mit offenem Visier und Stecher und Verschlußsystem Tanner.

225. Ejektor-Doppelbüchse von Army and Navy Stores London. Kaliber .303in, Lauflänge 71 cm. Ca. 1910. Ein gutes Gewehr mit Kastenschloß, welches für die Rotwildjagd beliebt war.

226. Scheibenbüchse von W. W. Greener. Kaliber 22 lfB, Lauflänge 61 cm. Ca. 1910. Das Scharfschützenclub-Modell war preiswert, aber genau Der Hauptnachteil war das geringe Gewicht.

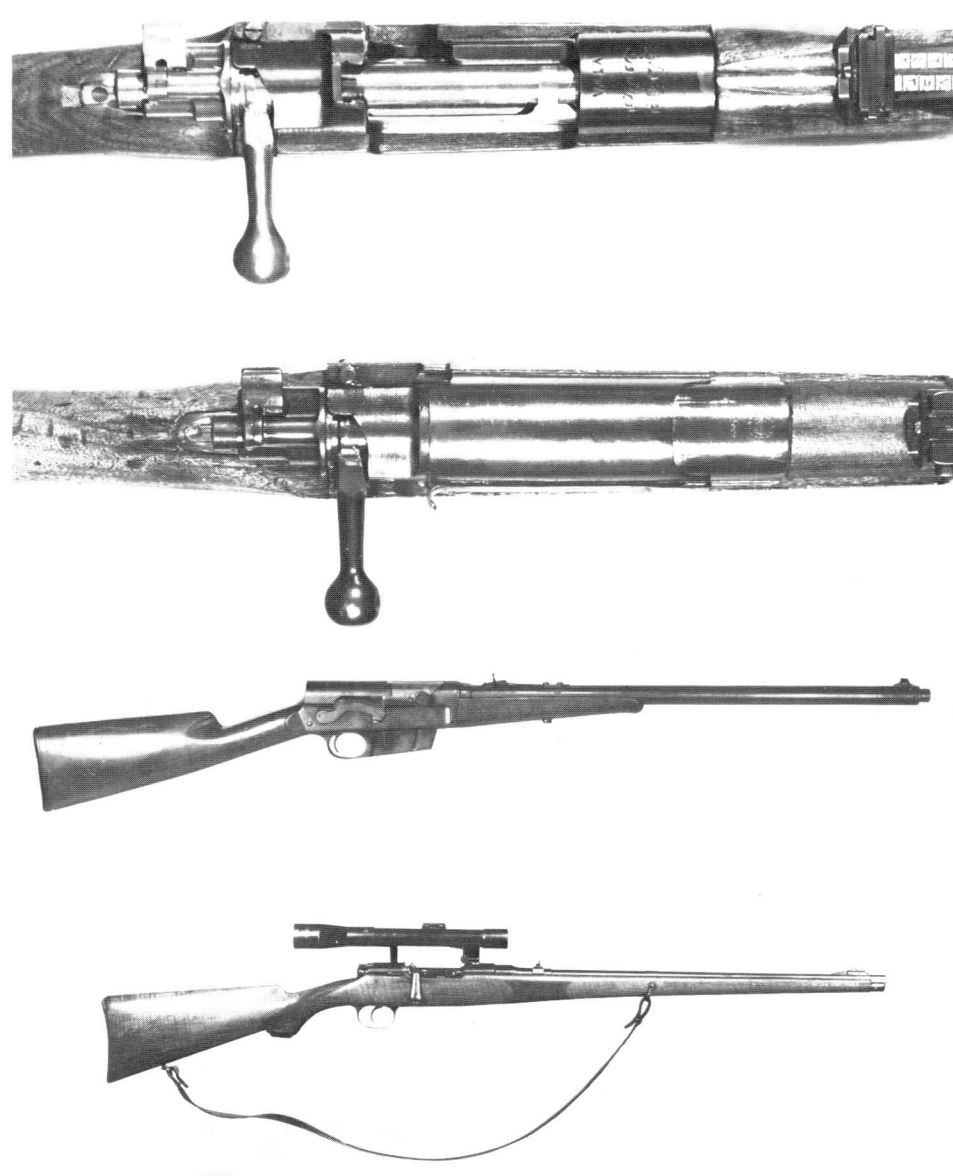

227. Zwei Variationen der Mauser 98. Ca. 1910. Oben: die türkische 7.65 mm von Mauser. Darunter: Die siamesische 8 mm, hergestellt vom Tokyo Arsenal.

228. Sportgewehr von Remington Arms Co. Modell 8, Kaliber .35in. Ca. 1912. Lauflänge 56 cm. Der erste erfolgreiche Sport-Rückstoßlader, konstruiert von J. M. Browning.

229. Mannlicher-Schönauer Sportstutzen. Kaliber 6.5 x 54 mm, Lauflänge 46 cm. Ca. 1912. Dieses Modell 1903 war als Stutzen sehr beliebt. Dreifaches Zielfernrohr (unten).

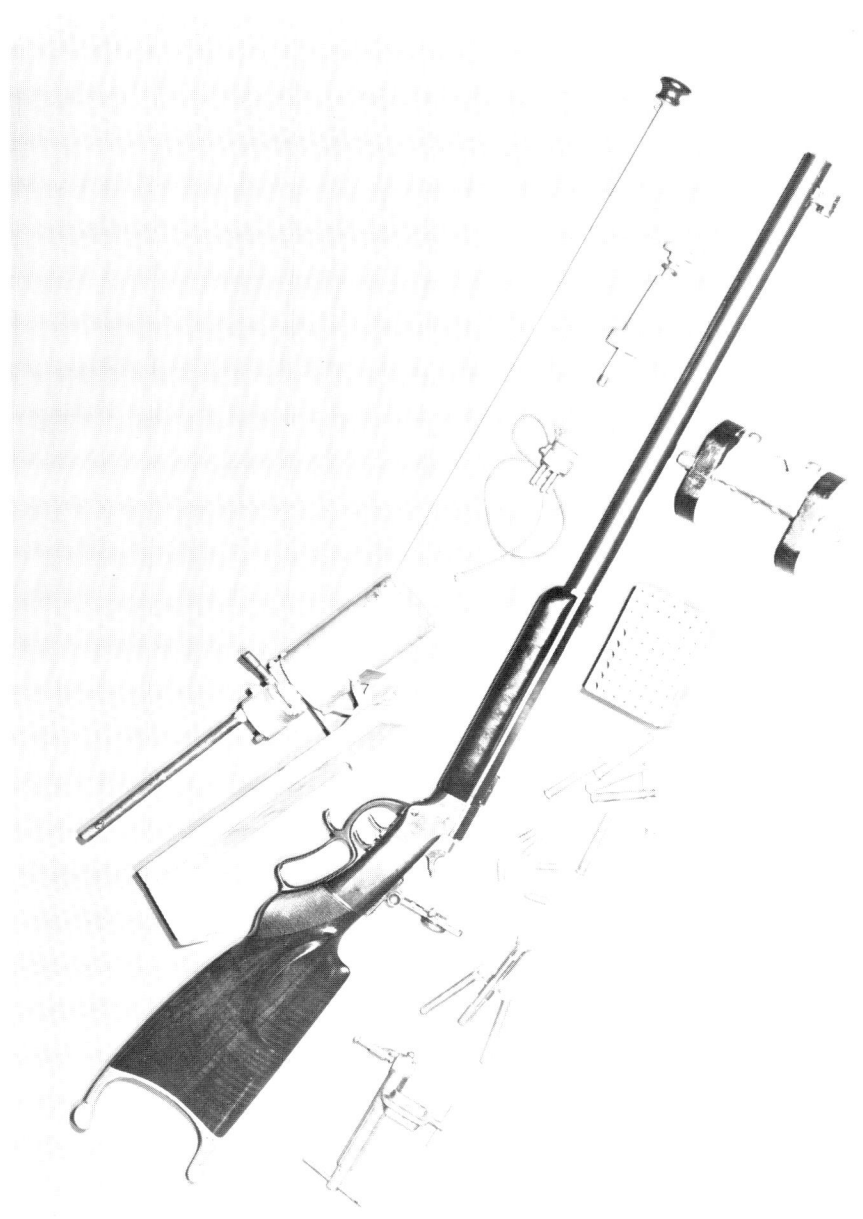

230. Schützengewehr von H. M. Pope. Kaliber .32—40in, Lauflänge 76 cm
Ca. 1912. Ballard-Verschluß, Pope-Lauf und Ladeausrüstung.

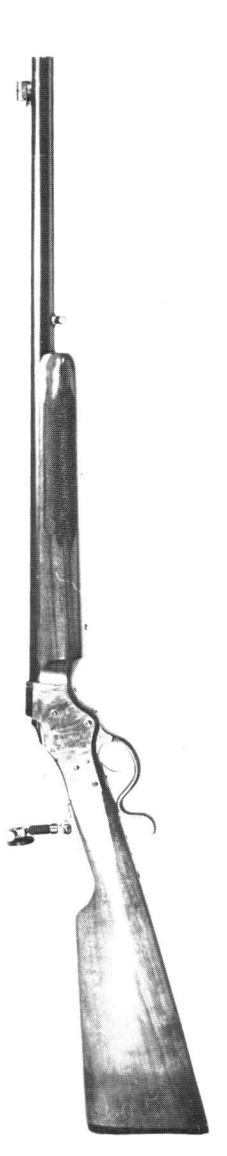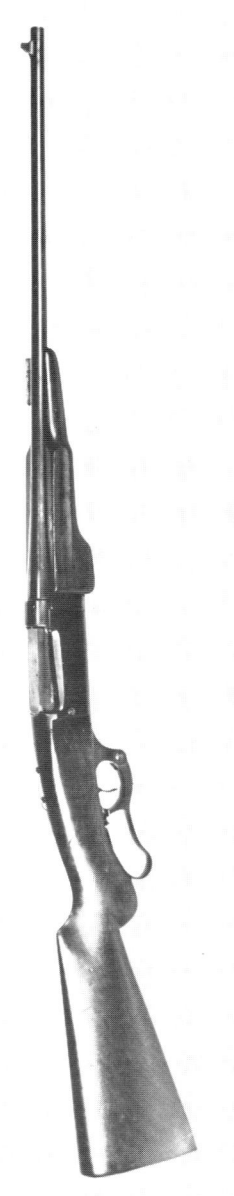

231. Scheibenbüchse von J. Stevens Arms and Tool Company. Kaliber 22 lfB., Lauflänge 66 cm. Ca. 1913.

232. Mondragon-Automatic-Gewehr von S. I. G. 7 mm, ca. 1913. In der Schweiz für die mexikanische Regierung hergestellt. Von der deutschen Luftwaffe zu Beginn des ersten Weltkriegs verwendet.

233. Savage-Gewehr, Modell 1899. Kaliber 250—3000, Lauflänge 56 cm. Ca. 1914. Das erste Gewehr mit Unterhebelverschluß für hohe Geschoßgeschwindigkeit.

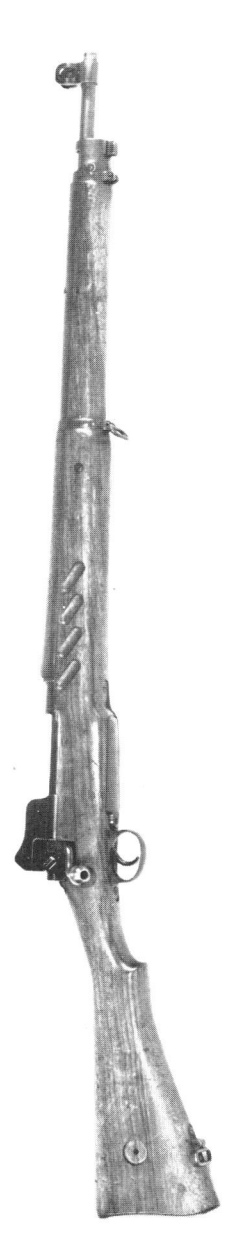

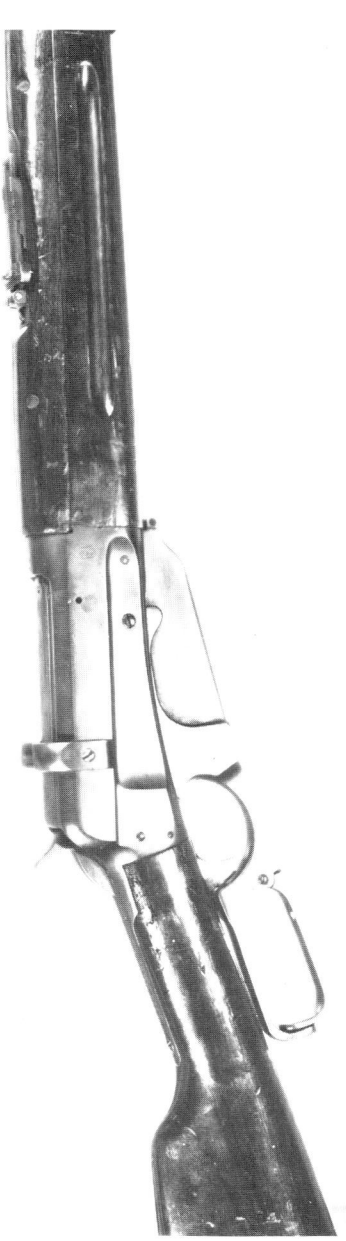

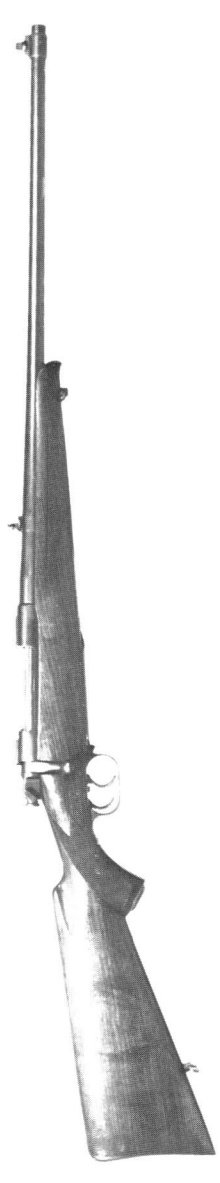

234. P-13 Gewehr. 1913. Kaliber .276in, Lauflänge 63,5 cm. P-14 und Modell 1917 sind bis auf die Griffmulden am Schaft gleich.

235. Winchester-Gewehr, Modell 1895. Kaliber 7.62 mm russisch; Lauflänge 71 cm. Man beachte die Ladestreifenführung. Ca. 500.000 wurden von der russischen Armee im ersten Weltkrieg verwendet.

236. Sportgewehr von Newton Arms Co. Kaliber .256 Newton, Lauflänge 61 cm. Ca. 1916. Das erste moderne amerikanische Gewehr mit Zylinderverschluß, seiner Zeit 20 Jahre voraus.

237. Browning Automatic Gewehr, Modell 1918. Kaliber .30—06, Lauflänge 61 cm. Trotz des Gewichtes von 15$^1/_2$ Pfund konnte es von der Schulter aus abgefeuert werden.

238. Farquhar-Hill Automatic-Gewehr. Kaliber .303; Lauflänge 63,5 cm. Ca. 1917. Durch den ersten Weltkrieg wurde die Entwicklung gestoppt.

239. St. Etienne Automatic-Gewehr. Modell 1918. Kaliber 8 mm. Von der französischen Armee im Weltkrieg verwendet.

240. Eine deutsche Scheibenbüchse von Halverschmied aus Hagen. Kaliber 8.15 x 46 R, Lauflänge 71 cm. Ca. 1925. Zum Schießen auf Tierscheiben hergestellt. $2^1/_4$faches Zielfernrohr.

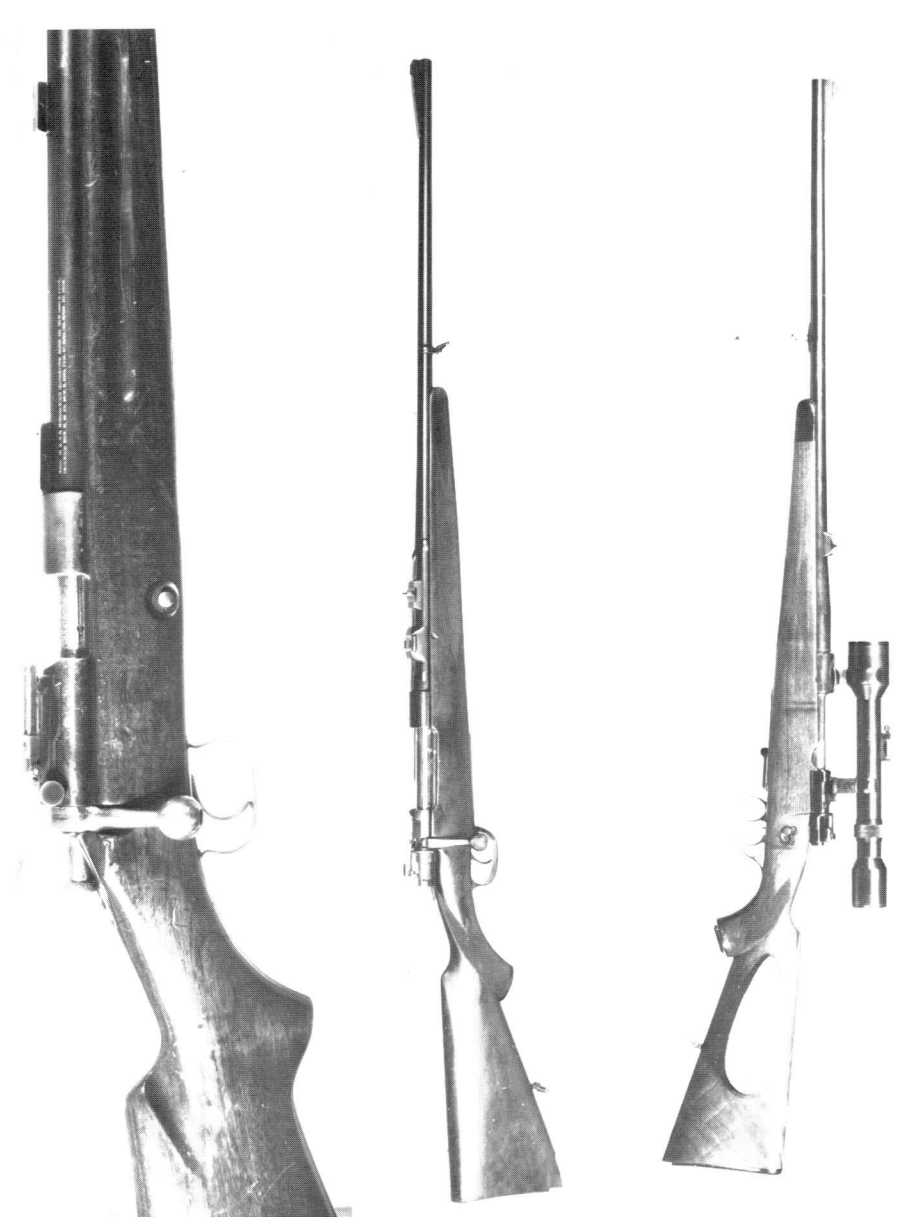

241. Winchester-Gewehr Modell 52. Kaliber 22 Randfeuer, ca. 1928. Modell 52 wurde zum ersten Mal 1919 hergestellt und wird in einer modifizierten Form immer noch gebaut.

242. Halger-Gewehr von Halbe und Gerlich. 1928. Kaliber .280in, Lauflänge 71 cm. Fortschrittlichstes Sportgewehr seiner Zeit.

243. Mauser-Sportgewehr von Christoph Funk aus Suhl. Kaliber 7 x 64 mm, Lauflänge 66 cm. Ca. 1930. Eine klassische europäische Sportbüchse. Man beachte die Greener-Seitensicherung und das 5-fache Zielfernrohr.

244. Gewehr Nr. 4 des British Arsenals. Kaliber .303 in, Lauflänge 63.5 cm. Ca. 1930. Im Grunde genommen eine vereinfachte Version des Gewehrs Nr. 1 (S. M.L.E.). Das verwendete Zielfernrohr war für die Bren Light Machine Gun konstruiert.

245. Mosin-Nagant-Sniper-Gewehr, Modell 1891/30. 7.62 mm russisch.

246. Mauser-Sportgewehr von Mauser, Oberndorf. Kaliber 9.3 x 62 mm, Lauflänge 60 cm. Ca. 1930. Eines der billigen und guten Mauser-Gewehre.

247. Mauser-Sportgewehr von Holland & Holland. Kaliber .375 Magnum, Lauflänge 66 cm. Ca. 1930. Aufgebaut auf dem Mauser-Magnum-Verschluß, sicherlich das beliebteste „mittlere" Kaliber.

248. Bensch-Rest-Gewehr von Niedner. Kaliber 25—35, Lauflänge 66 cm. Ca. 1930. Schaft von Schellhammer, Lauf und Verschluß Modifikationen des Winchester „High Wall"-Verschlusses.

249. Französisches Militärgewehr. Kaliber 7,5 mm, Lauflänge 57 cm. Modell 07/ 15 M 34. Basiert auf dem Berthier-Entwurf von 1892, das Kaliber änderte sich von 8 mm Lebel und das Mannlicher-Magazin wurde durch den Mauser-Entwurf ersetzt.

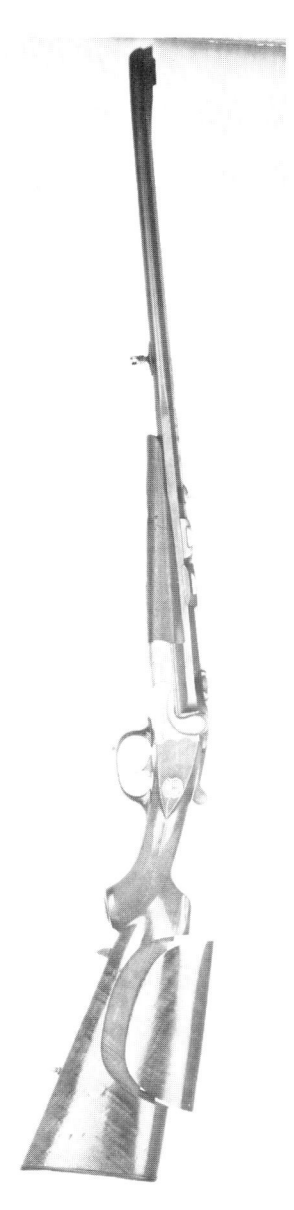

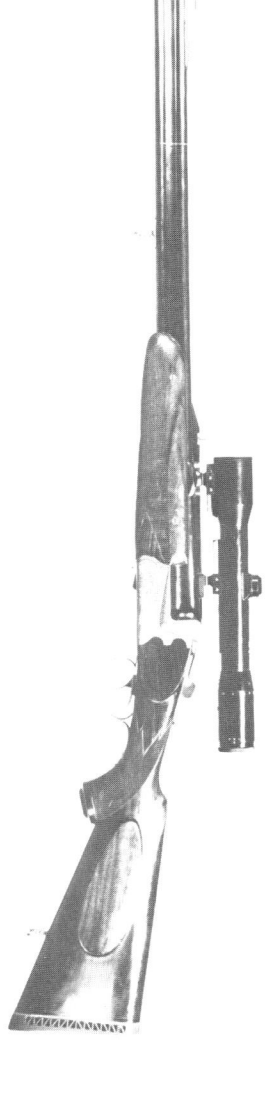

250. Deutsches Sportgewehr von Eduard Kettner aus Köln. Kaliber 8 x 65 R, Lauflänge 60 cm. Ca. 1935. Eine kurze einschüssige Kipplaufbüchse, bekannt als Stutzen. Man beachte die Zielfernrohrhalterung.

251. Ungarisches Gewehr, Modell 1935. Kaliber 8 x 56 R, Lauflänge 61 cm. Man beachte den zweiteiligen Schaft. Während der deutschen Besetzung im Kaliber 7.92 mm mit Mauser-Magazin hergestellt, bekannt als G 98/40.

252. Bockdoppelbüchse von Gebr. Merkel aus Suhl. Kaliber 8 x 60 R Magnum Bombe. Lauflänge 66 cm. Ca. 1935. Die Krönung der Bockdoppelbüchsen. 4-faches Zielfernrohr.

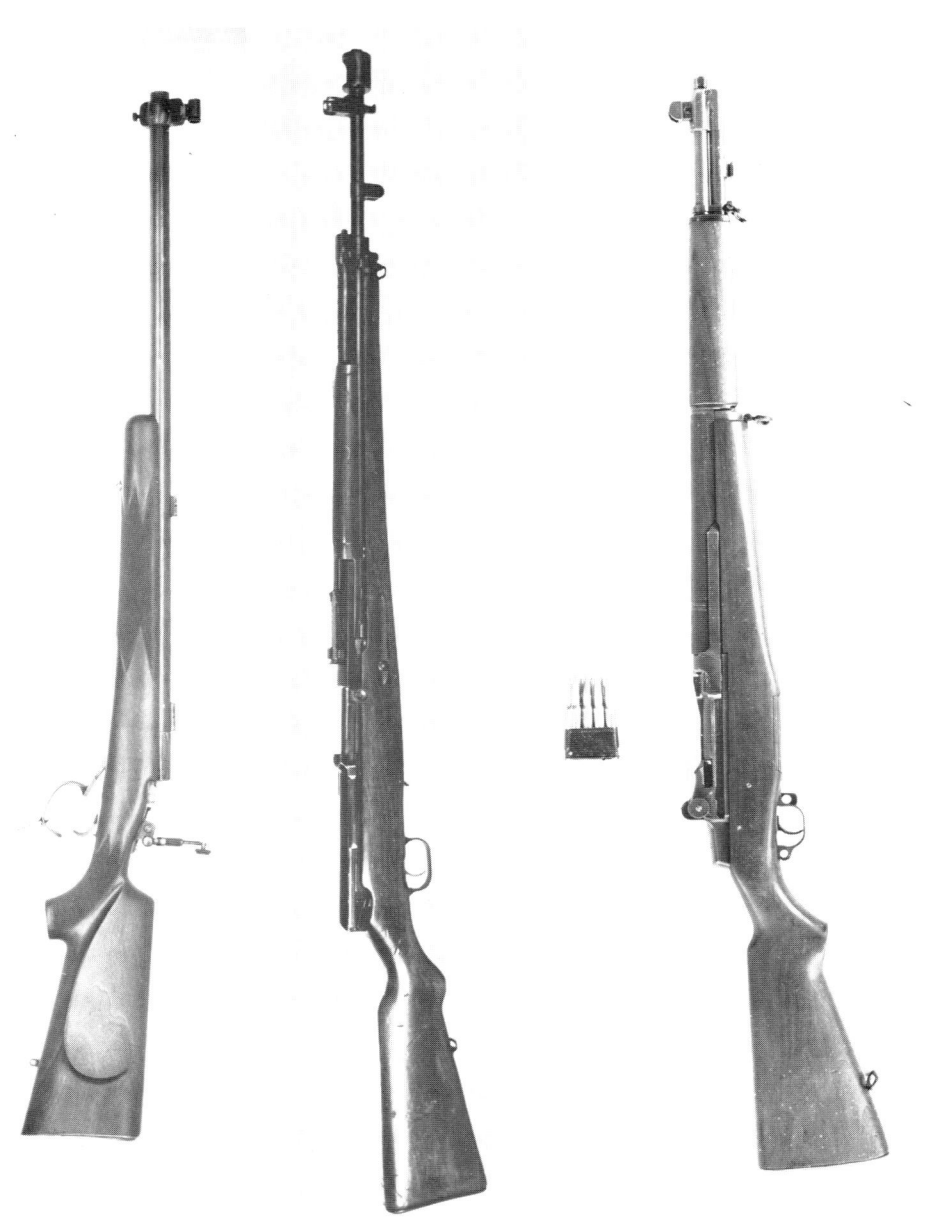

253. Deutsche Scheibenbüchse von „F.L.", Zella-
Mehlis, Thüringen. Kaliber
22 lfB. Lauflänge 71 cm.
1936. Mit offenem Verschluß
dargestellt.

254. Simonov-Gewehr, Modell 1936. Kaliber 7.62 mm,
Lauflänge 61 cm. Russisch.
Im spanischen Bürgerkrieg
getestet.

256. US-Gewehr M 1, 1936.
Kaliber 30—06, Lauflänge
61 cm. Man beachte den Ladestreifen.

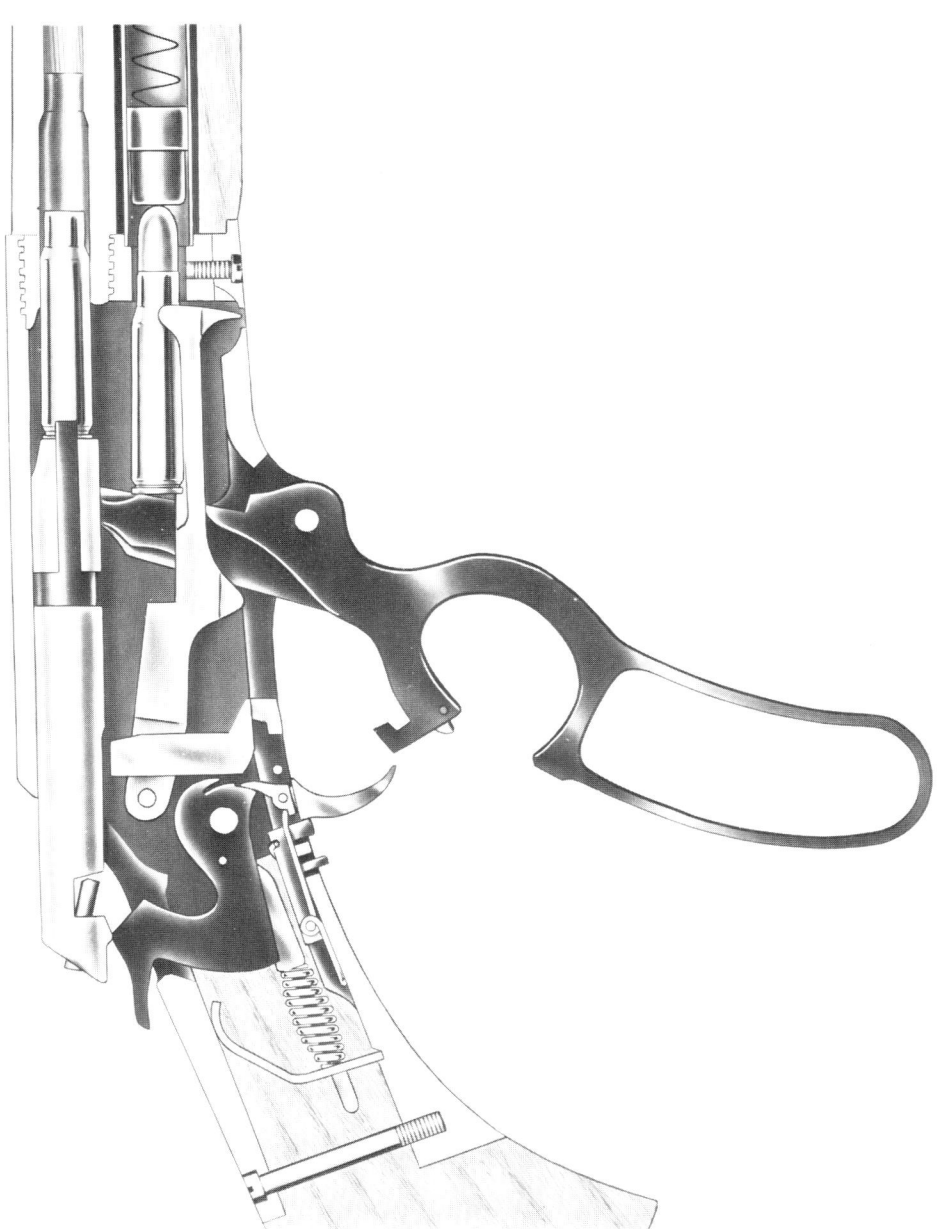

255. Sportgewehr von Marlin. Kaliber .35 Remington, Lauflänge 56 cm 1936. Dieses Modell 336 ist eine Modifikation des Modells 1893 für einfachere Herstellung. Die Darstellung zeigt das Nachladen der Kammer.

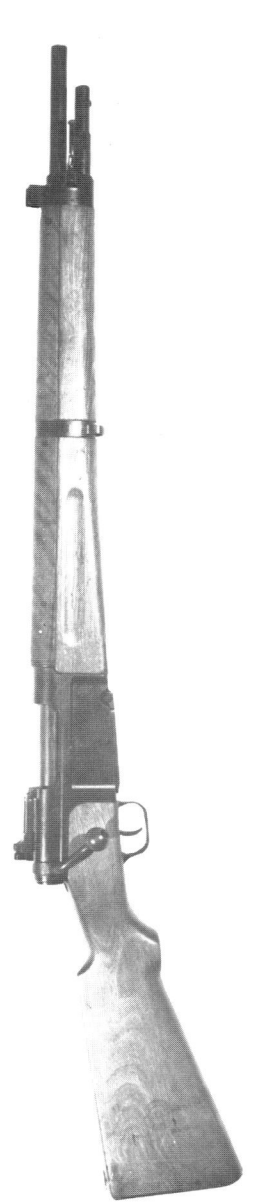

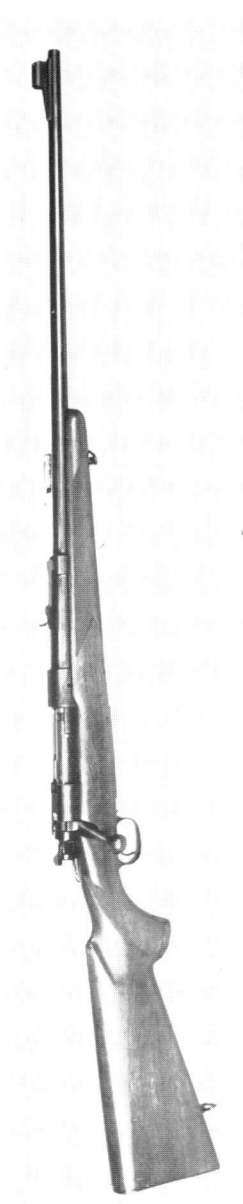

257. Französisches Militärgewehr von M.A.S. Kaliber 7,5 mm, Lauflänge 60 cm. Modell 1936. Für einfache Herstellung entworfen und schon vor der Lieferung veraltet.

258. Sportgewehr von Winchester, Modell 70. Kaliber .220 Swift, Lauflänge 66 cm. 1936. Das Originalmodell 70, das schönste der Winchester-Zylinderverschluß-Gewehre.

259. Tokarev-Gewehr Modell 1938. Kaliber 7,62 mm Russisch, Lauflänge 63,5 cm. Zu schwach für die Verwendung im Felde, wurde es vom M 1940 ersetzt.

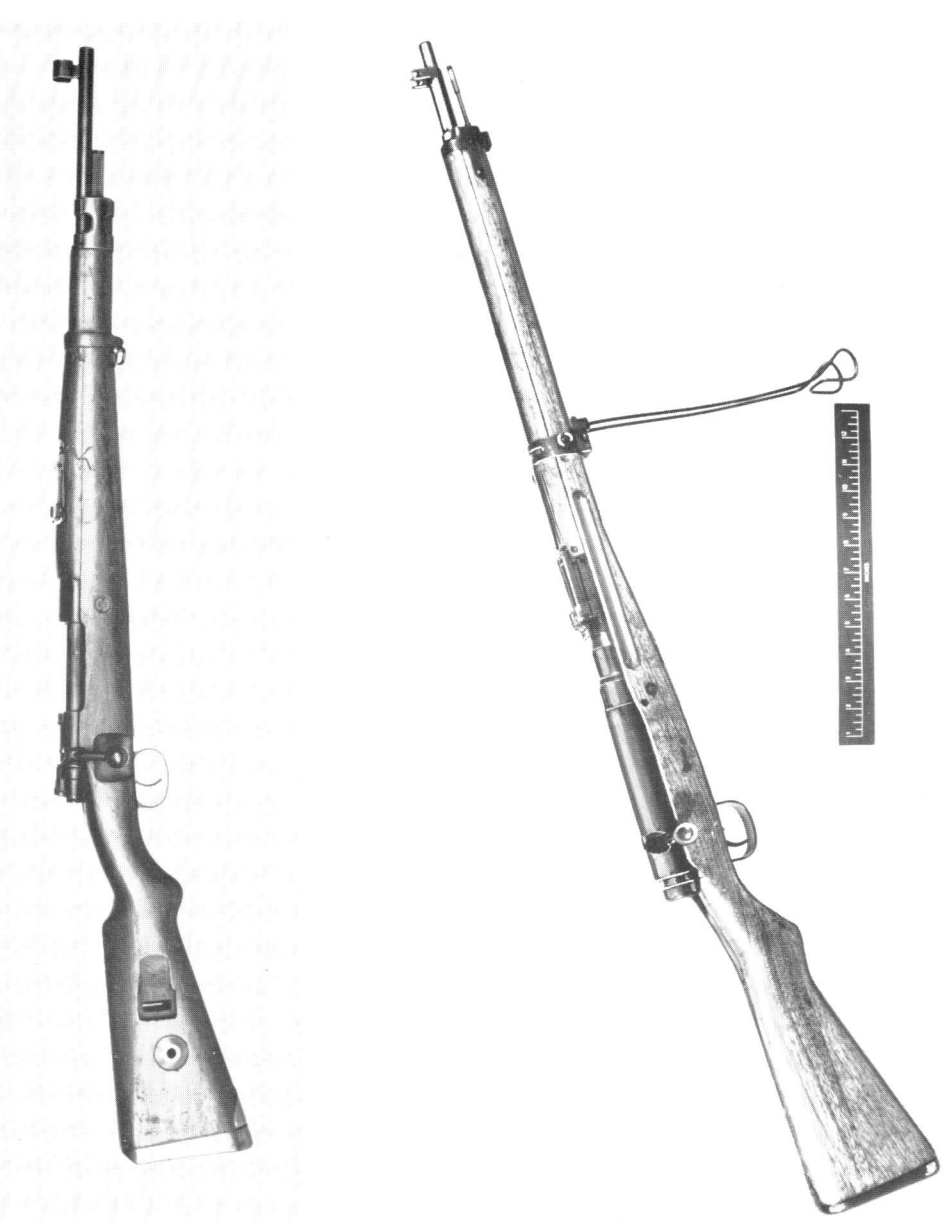

260. Mauser-Karabiner Modell G 33—40; Kaliber 7,92 mm; Lauflänge 46 cm. Tschechische Fertigung. Das modernste 98er Modell.

261. Japanisches Militärgewehr. Kaliber 7,7 mm; Lauflänge 79 cm. Das Modell 99 (1939) war dazu bestimmt, das Modell 38—6,5 mm von 1905 zu ersetzen. An den ersten Stücken war eine Stütze montiert, die jedoch später weggelassen wurde.

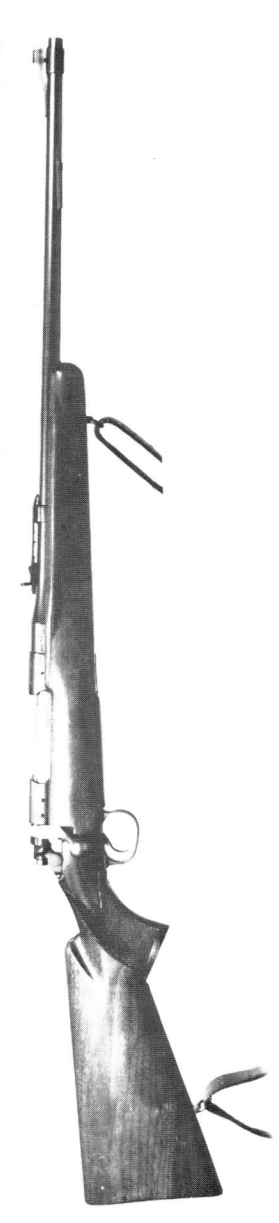

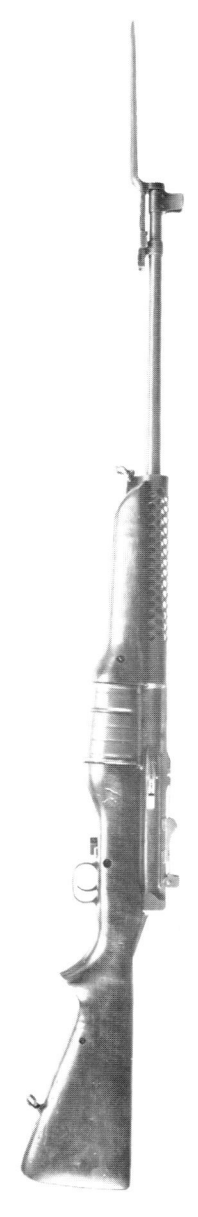

262. Sportgewehr von Remington Arms Company. Kaliber .257in Remington-Roberts; Lauflänge 61 cm, Baujahr 1940. Diese Waffe, die auf dem stark veränderten Verschluß der P-13 basiert, wurde wegen der hohen Herstellungskosten nach dem Zweiten Weltkrieg nicht mehr hergestellt.

263. Automatisches Gewehr von Johr Automatics Inc. Modell 1941. Kaliber .3 06; Lauflänge 56 cm. Von Spezialeinhe der US-Marine im Zweiten Weltkrieg verv det.

264. M 1-Karabiner von verschiedenen Vertragsherstellern. Kaliber .30 M1 Karabiner; Lauflänge 46 cm. Baujahr 1942. Sowohl mit klappbarer Schulterstütze als auch mit hölzernem Kolben hergestellt.

265. De Lisle-Karabiner. Kaliber .45in. Baujahr 1942. Der schallgedämpfte Karabiner verwendet die Patrone .45 A.C.P. und besitzt einen Lee-Enfield-Verschluß.

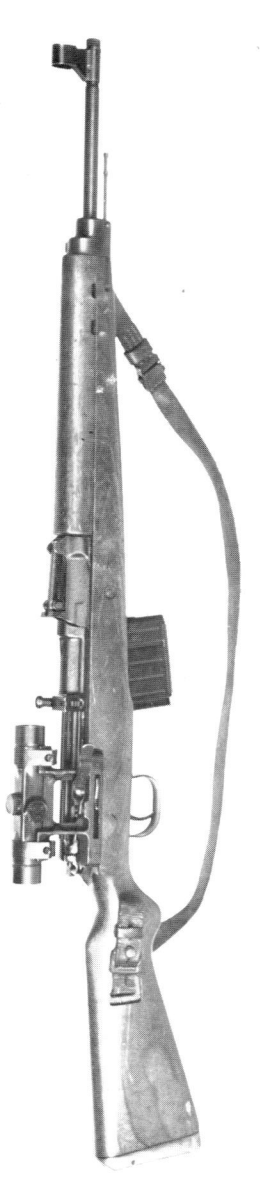

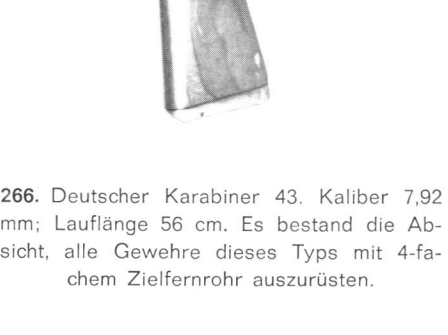

266. Deutscher Karabiner 43. Kaliber 7,92 mm; Lauflänge 56 cm. Es bestand die Absicht, alle Gewehre dieses Typs mit 4-fachem Zielfernrohr auszurüsten.

267. MP 44 Assault. Kaliber 7,92 mm Kurz; Lauflänge 40,5 cm. Der erste erfolgreiche Maschinenkarabiner, der kurze Patronen verwendet.

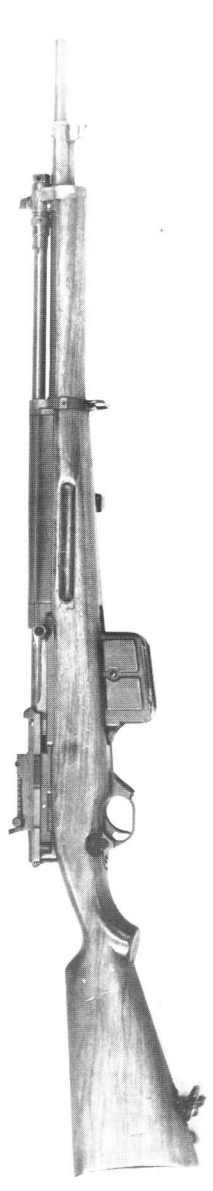

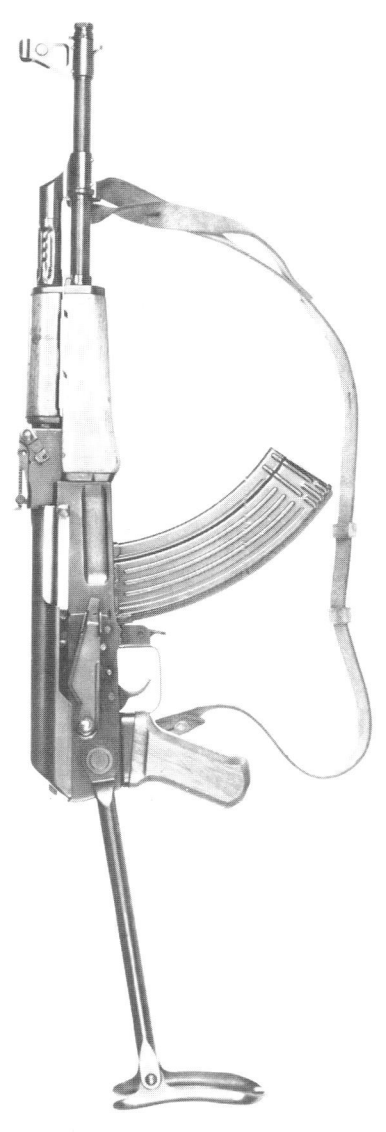

268. Automatisches Gewehr von der Fabrique National. Modell 1949. Kaliber 7,92 mm; Lauflänge 58,5 cm. Auch in Kaliber 7 mm, 30—06 und ähnlichen.

269. AK 47 Maschinenkarabiner von russischen und chinesischen Herstellern. Kaliber 7,62 mm kurz; Lauflänge 40,5 cm. Russisch. Modell 1947. Auch mit hölzernem Kolben hergestellt.

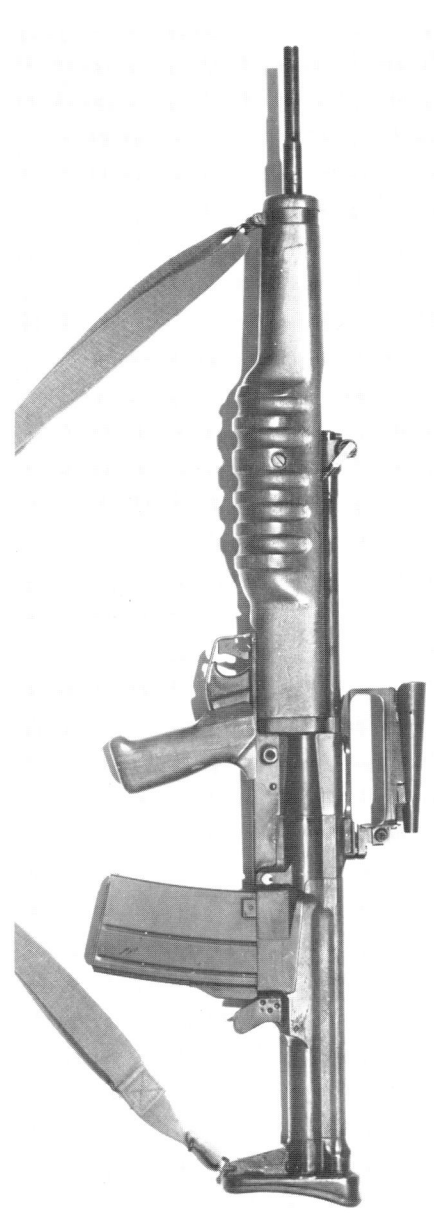

270. EM-2 Gewehr von der Enfield Ordnance Factory. Baujahr 1950. Kaliber .280 kurz. Einige wenige Gewehre wurden im Kaliber 7,62 mm NATO gebaut.

271. Hämmerli Scheibenbüchse. Kaliber .22 R.F. Lauflänge 65 cm. Baujahr 1950.

Original vom Hofe Super-Expreß
5.6 und 7 mm

272. Vom Hofe-Sportgewehr von Gehmann. Kaliber 7 x 66 S.E.; Lauflänge 61 cm. Eine deutsche Nachkriegs-Sportbüchse, die auch im Kaliber 5,6 x 61 geliefert wurde.

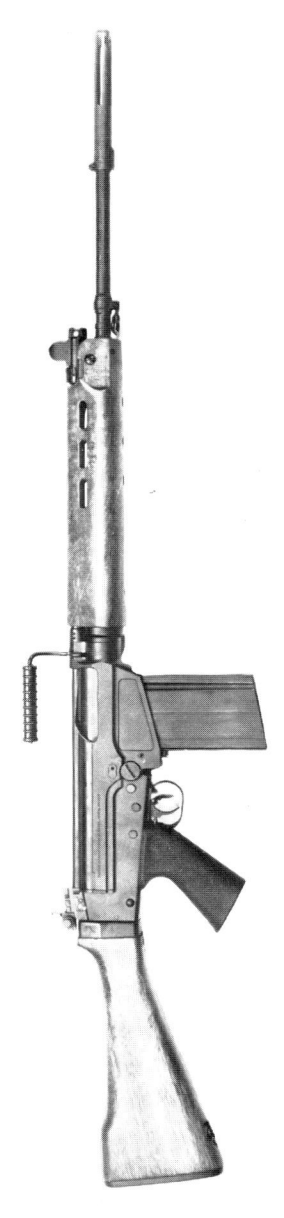

273. AR 10 Gewehr von Fairchild Aeronautics. Kaliber 7,62 mm NATO. Baujahr 1950; Lauflänge 56 cm. Von E. Stoner als Gegenstück zur M-14 konstruiert.

274. L1 A1 Gewehr von Enfield Ordnance Factory. Kaliber 7.62 NATO; Lauflänge 51 cm. Baujahr 1954. Eine FN-Konstruktion.

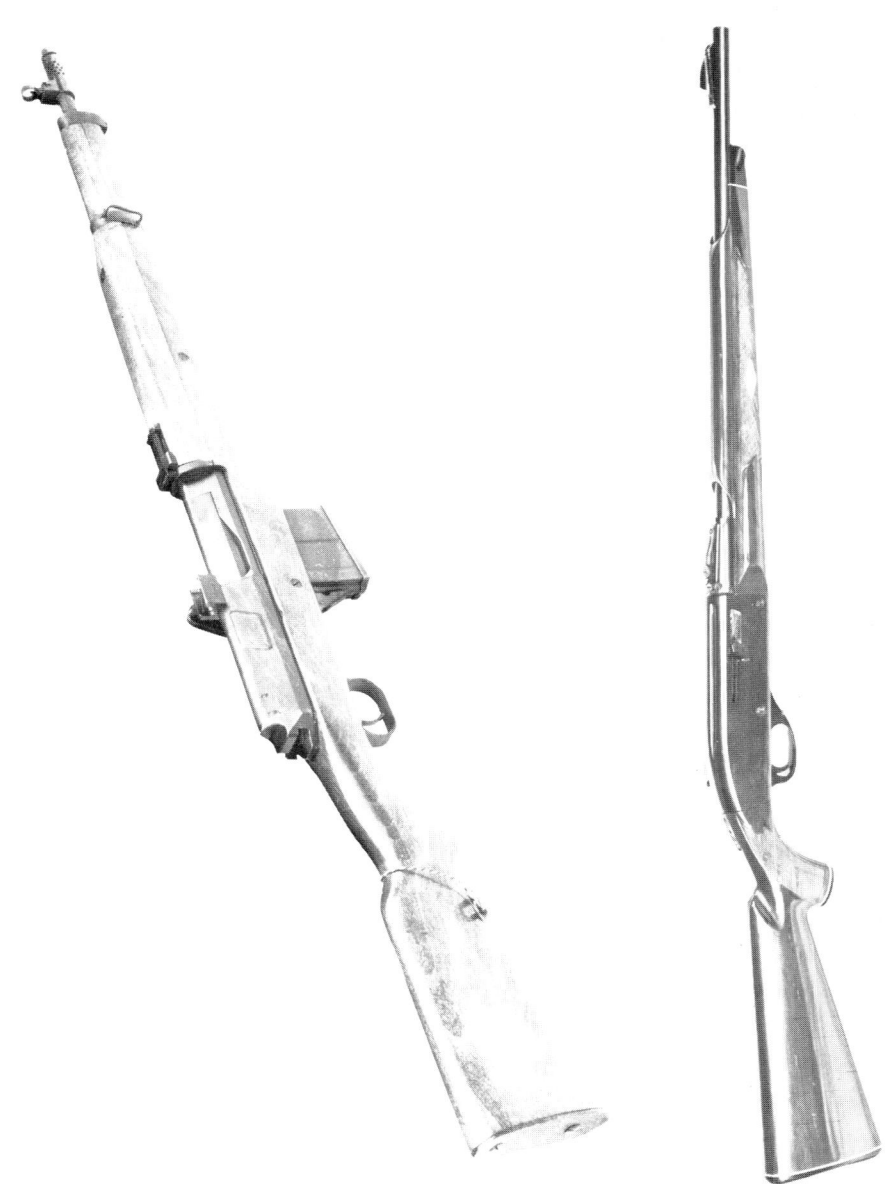

275. Automatisches HAKIM-Gewehr von Egyptian State Arsenals. Kaliber 7,92 mm, Lauflänge 61 cm. Baujahr 1955. An Ägypten waren die Maschinen für die Herstellung des Madsen-Ljungman-Gewehrs verkauft worden.

276. Sportgewehr von Remington Arms Co. Kaliber .22 R.F. Lauflänge 51 cm. Baujahr 1955. Schaft und Verschlußkasten bestehen aus Nylon.

277. 20-faches Scheiben-Zielfernrohr von Lyman Gunsight Company. Bekannt als „Super Targetspot" ist es eines der Standard-Scheibenmodelle. Montiert auf einem Schultz & Larsen M 62 Gewehr.

278. Automatisches G-3 Gewehr von Heckler & Koch. 1960. Kaliber 7,62 mm NATO. Eine Abart des C.E.T.M.E. Gewehrs.

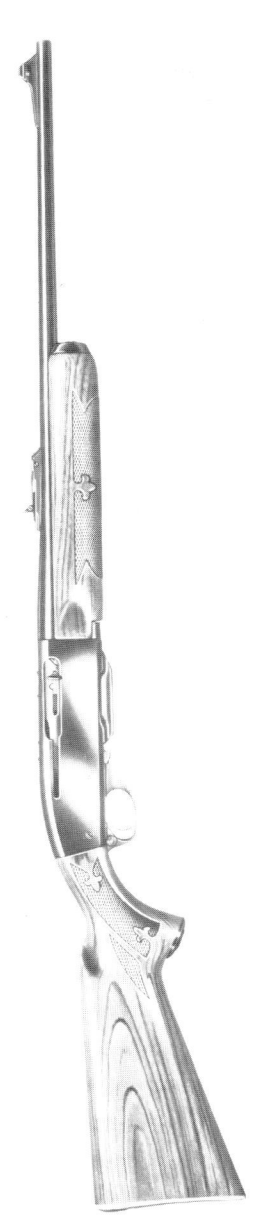

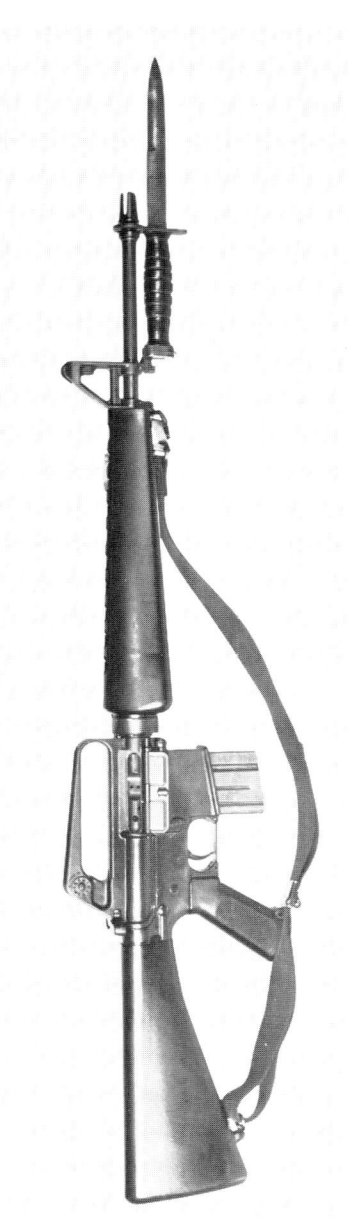

279. Sportgewehr von Remington Arms Co. Kaliber 30—06in; Lauflänge 56 cm. 1960. Das Modell 742 ist in vielen Standard-Kalibern lieferbar. Das gleiche Verschlußkastenstück wird für ein Gleitverschluß-Gewehr verwendet.

280. M-16 Gewehr von Colt Patent Firearms Manufacturing Company. Kaliber 5,56 mm; Lauflänge 51 cm. 1960. Konstruiert von E. Stoner. Heute US Army Standard.

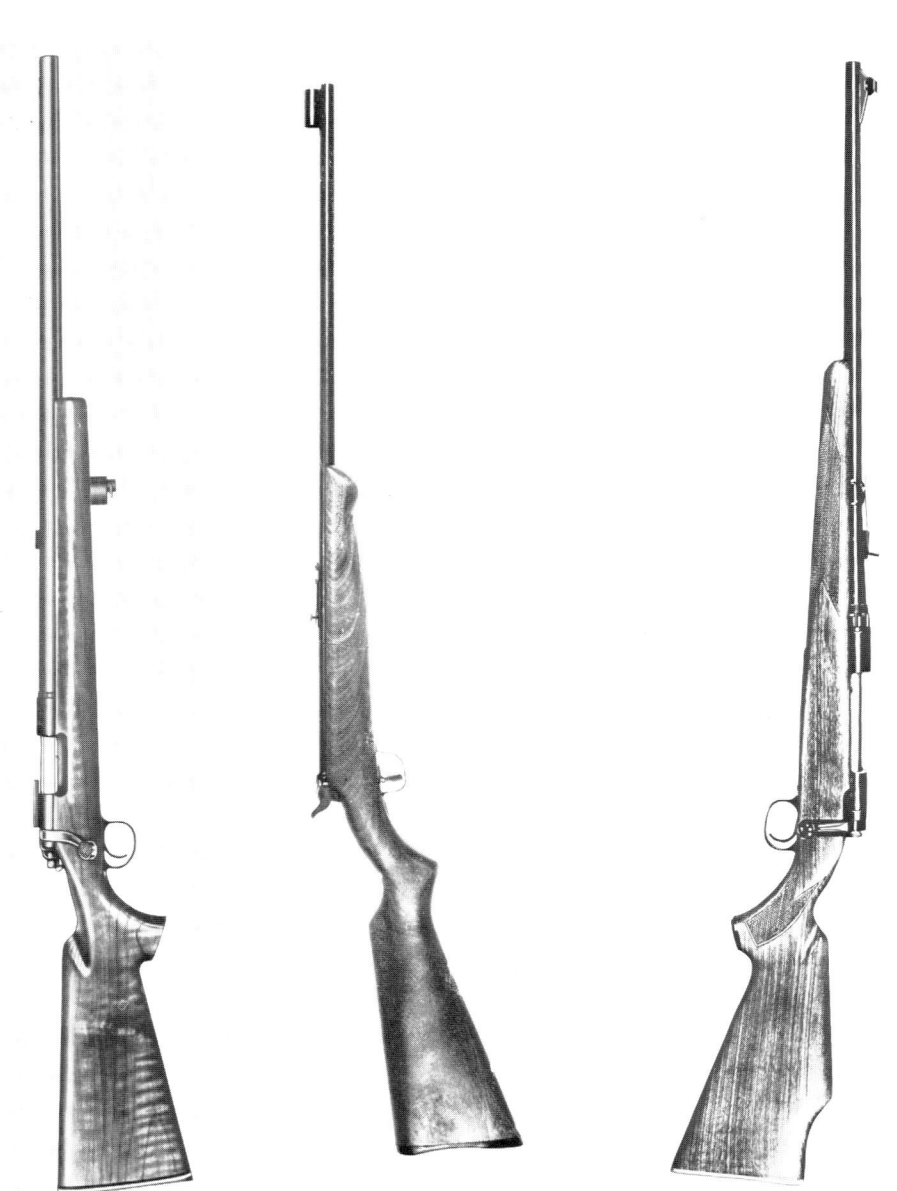

281. Scheibenbüchse von Remington Arms Co. Modell 40 XB Kaliber 7,62 mm NATO; Lauflänge 68,5 cm. 1960. Auch in anderen Scheiben- und Jagdkalibern hergestellt.

282. Sportgewehr von Mendoza. Kaliber .22 R.F. Lauflänge 46 cm. 1960. Ein leichtes, billiges Kleinkalibergewehr, hergestellt in Mexiko.

283. Sportgewehr von Savage Arms Co. Kaliber 7 mm Magnum; Lauflänge 61 cm. 1960. Das Modell 110 ist das erste Seriengewehr, das in Versionen für Linksoder Rechtshänder angeboten wird.

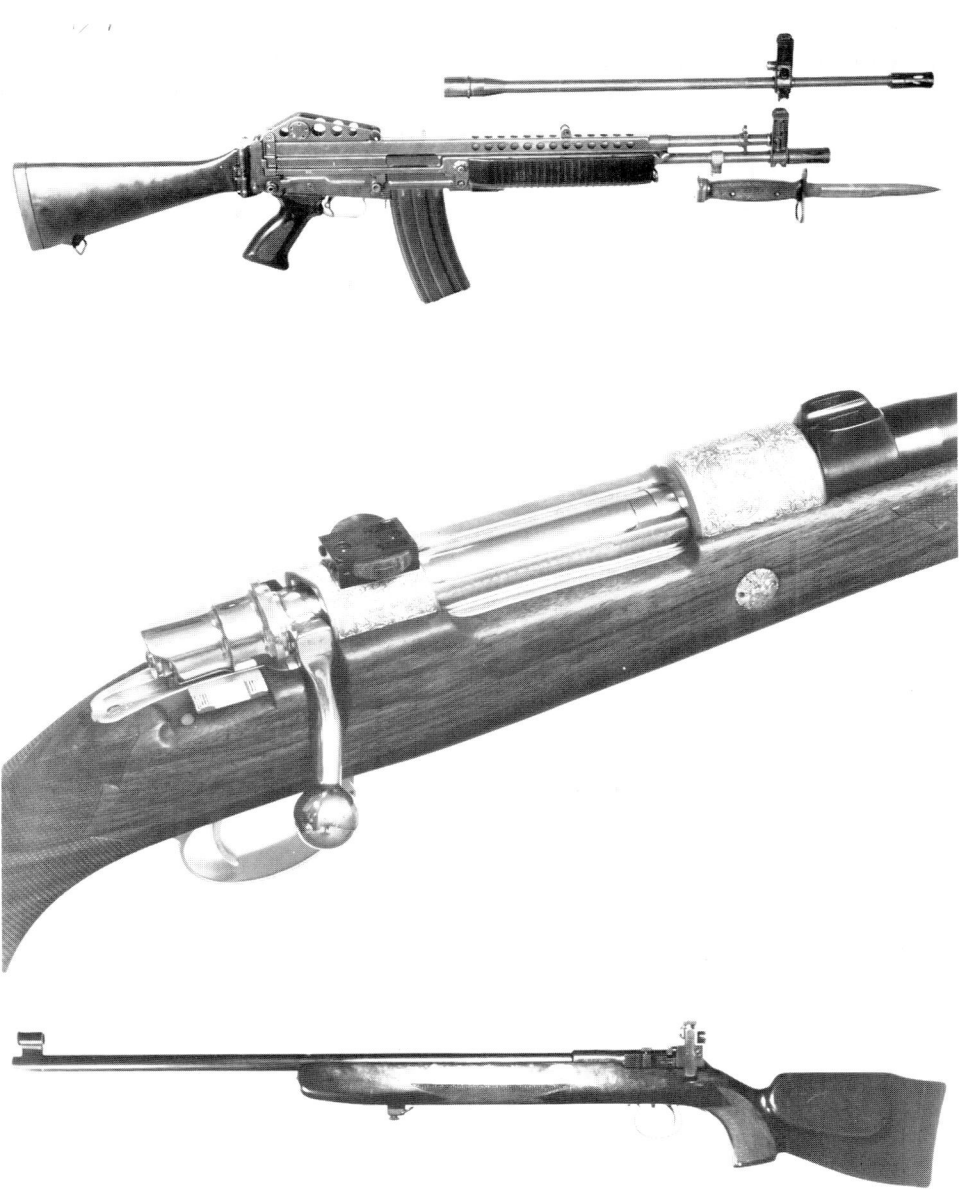

284. Stoner-Gewehr von Cadillac Gauge Company. Modell 1963. Kaliber 5,56 mm. Lauflänge 51 cm. Ein weiterer Stoner-Entwurf. (oben).

285. FN-Mauser-Gewehr, 1965. Kaliber 7 mm. Eine Modifikation des M-98, speziell für Repräsentationszwecke (Mitte).

286. ISU-Scheibenbüchse der Staatlichen Russischen Industrie. Kaliber 22 lfB. Lauflänge 63,5 cm. Das Modell CM-2 wurde nach den Empfehlungen der ISU für Standard-Büchsen gebaut.

287. „Bär"-Sportgewehr der Staatlichen Russischen Industrie. Kaliber 9 × 54 R; Lauflänge 56 cm. 1965. Die Patrone basiert auf der Hülse der wohlbekannten russischen 7,62 mm Patrone.

289. AR-18-Gewehr. Kaliber 5,56 mm; Lauflänge 51 cm. 1965. Konstruiert von E. Stoner und gebaut von Howa Industries in Japan. Dargestellt mit beigeklappter Schulterstütze.

290. Sportkarabiner mit Unterhebelverschluß von Winchester Repeating Arms Company. Kaliber .308 Winchester (7,62 NATO) Lauflänge 51 cm. 1965. Dieses Modell 88 wird sowohl als Gewehr als auch als Karabiner hergestellt.

288. Heutige stehende Position. Man beachte die Ähnlichkeit mit Col. Beaufoy 1808. Ca. 1965.

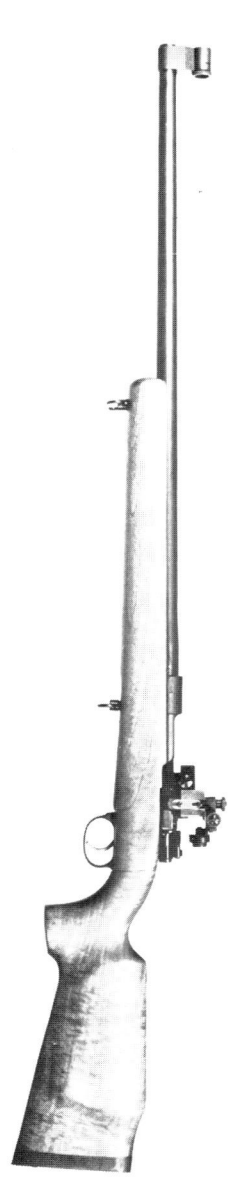

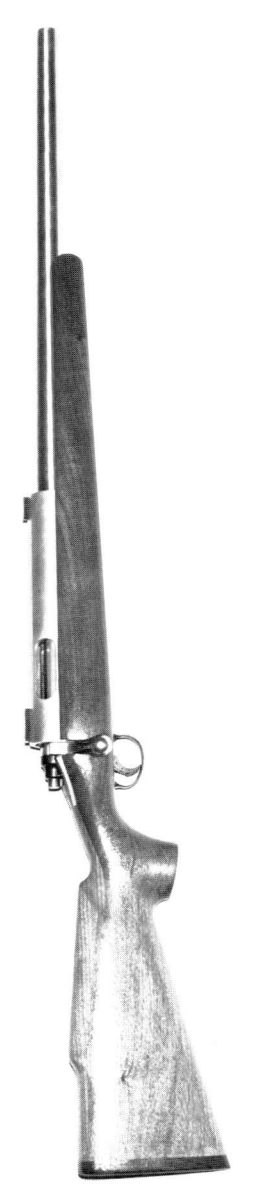

291. NRA-Scheibenbüchse von Schultz & Larsen. Kaliber 7,62 mm NATO; Lauflänge 71 cm. Baujahr 1968. Dieses Modell 58E ist nach NRA-Regeln gebaut.

292. Bench-Rest-Gewehr von C & P Hart. Kaliber .222in; Lauflänge 61 cm, Baujahr 1968. Der Verschluß Remington Modell 722 ist mit einem Aluminium-„Blatt" überzogen, um ihn zu versteifen.

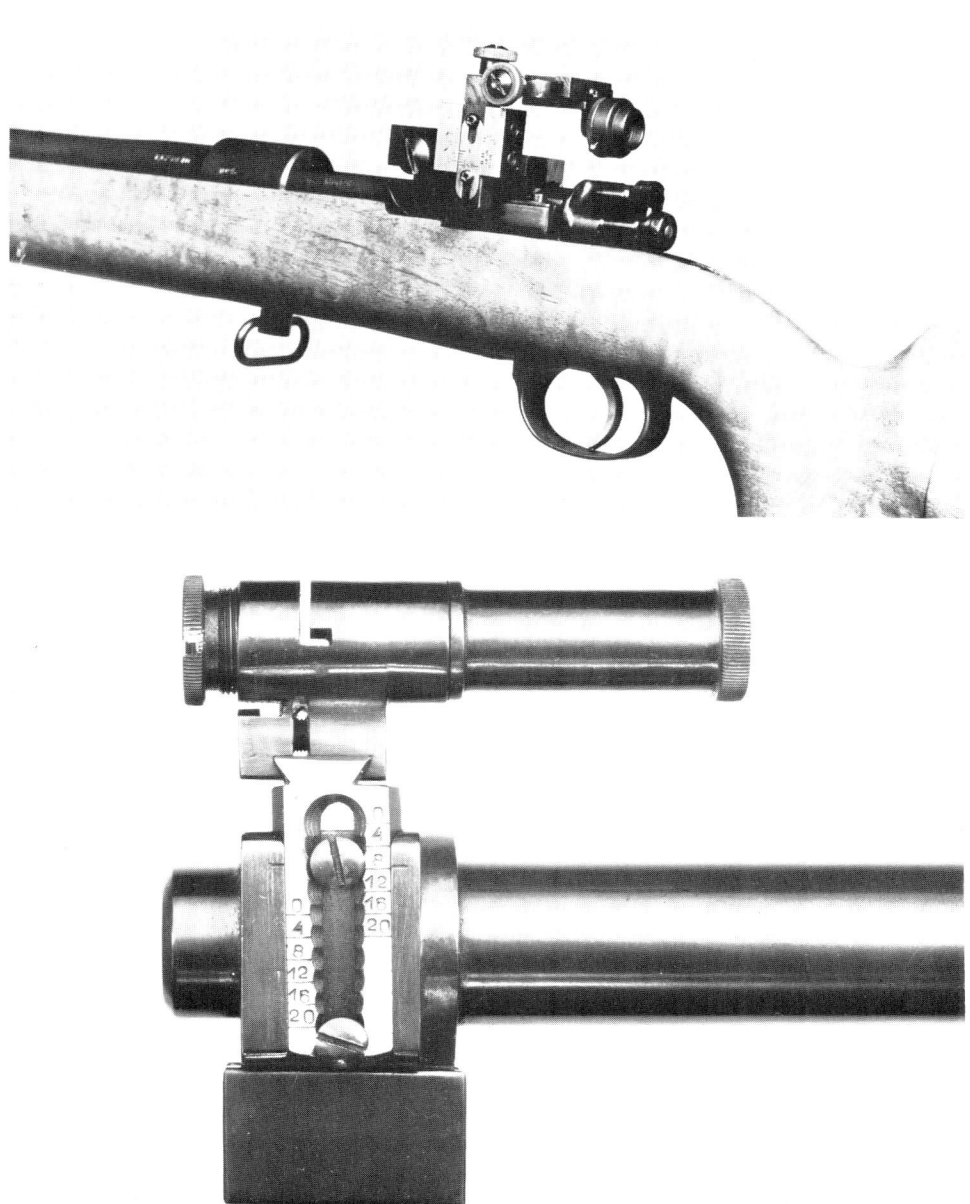

293. Universalvisier von John Wilkes 1969. Das Visier Modell U ist einstellbar auf das Auge. Universalbefestigung für die meisten Scheibenbüchsen (oben).

294. Einstellbares Korn für „Strela" Kleinkaliber-Scheibenbüchse, 1969. Es erlaubt dem Schützen für alle Entfernungen die gleiche Kopfhaltung.

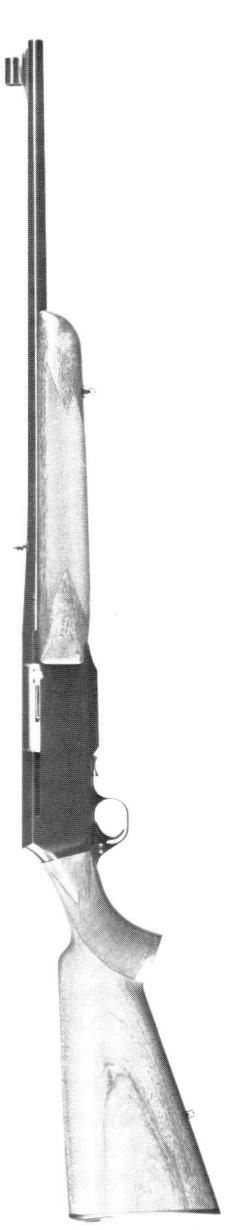

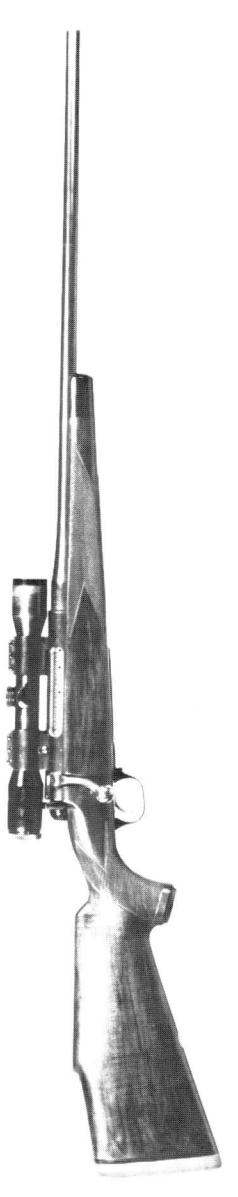

295. Browning-Sportgewehr von Fabrique National. Kaliber 30—06; Lauflänge 56 cm. Baujahr 1969. Ein Selbstlader, der in Standard- und Magnum-Kalibern lieferbar ist. Man beachte den zweiteiligen Schaft.

296. Schultz & Larsen-Sportgewehr von John Wilkes. Kaliber .264 Magnum; Lauflänge 61 cm. Spezialschaft und niedrige Zielfernrohrhalterung für rauhen Gebrauch.